国浩法律文库

资管业务的法律风险把控

②

国浩律师（上海）事务所争议解决法律研究中心 编著

法律出版社 LAW PRESS · CHINA
北京

图书在版编目(CIP)数据

法握全局. 2, 资管业务的法律风险把控 / 国浩律师(上海)事务所争议解决法律研究中心编著. -- 北京 : 法律出版社, 2024

ISBN 978-7-5197-8777-6

Ⅰ. ①法… Ⅱ. ①国… Ⅲ. ①商法-研究-中国 Ⅳ. ①D923.994

中国国家版本馆 CIP 数据核字(2024)第 026221 号

法握全局 2:资管业务的法律风险把控
FAWO QUANJU 2:ZIGUAN YEWU DE FALÜ FENGXIAN BAKONG

国浩律师(上海)事务所争议解决法律研究中心 编著

责任编辑 慕雪丹 章 雯
装帧设计 汪奇峰 鲍龙卉

出版发行 法律出版社
编辑统筹 法商出版分社
责任校对 赵明霞
责任印制 胡晓雅
经　　销 新华书店

开本 710 毫米×1000 毫米 1/16
印张 19.5 **字数** 347 千
版本 2024 年 4 月第 1 版
印次 2024 年 4 月第 1 次印刷
印刷 永清县金鑫印刷有限公司

地址:北京市丰台区莲花池西里 7 号(100073)
网址:www.lawpress.com.cn
投稿邮箱:info@lawpress.com.cn
举报盗版邮箱:jbwq@lawpress.com.cn

销售电话:010-83938349
客服电话:010-83938350
咨询电话:010-63939796

书号:ISBN 978-7-5197-8777-6 **定价**:79.00 元

凡购买本社图书,如有印装错误,我社负责退换。电话:010-83938349

“国浩法律文库”总序

作为我国法治工作队伍的重要组成部分，中国律师已经成为协调推进全面建设社会主义现代化国家、全面深化改革、全面依法治国、全面从严治党的战略布局中一支不可替代、举足轻重的重要力量，并且越来越为党和政府以及社会各界所关注和重视。党的十八届三中全会审议通过的《中共中央关于全面深化改革若干重大问题的决定》特别指出，要“完善律师执业权利保障机制和违法违规执业惩戒制度，加强执业道德建设，发挥律师在依法维护公民和法人合法权益方面的重要作用”；党的十八届四中全会审议通过的《中共中央关于全面推进依法治国若干重大问题的决定》更加明确地指出，要“加强律师队伍思想政治建设，把拥护中国共产党领导、拥护社会主义法治作为律师从业的基本要求，增强广大律师走中国特色社会主义法治道路的自觉性和坚定性”。可以说，对律师行业的发展而言，“这是一个最好的时代”！

在律师业的发展过程中，对律师“专业人士”的角色定位已没有异议，而对于专业人士是应以“学者型”为方向还是以“工匠型”为目标之争却始终存在。其实这应是殊途同归的命题。“学者型”要求才高八斗、出口成章、理论扎实、结合实践，因此注重研讨、注重文章；而“工匠型”也要求一丝不苟、中规中矩、一针见血、心得颇多，所以注重琢磨、注重经验。因此，律师队伍中的“学者们”“工匠们”在日理万机的执业实践中，始终没有放弃研究、忘记总结，不时地成文、著作，并使之成为开拓业务、提高水平的重要手段，而鼓励、引导律师著书立说，一直是律师界的良好传统。

国浩律师事务所作为中国最大的法律服务机构之一，一直专注于服务我国投融资及其相关领域的发展与革新，并坚持在应用法律知识服务于经济社会的同时，不断总结经验，撰写理论与实践相结合的专业文章，并编辑成书。“国浩法律文库”系列丛书就是其成果之一。该丛书因其专业、实用、与时俱进等特点，赢得了各界朋友的较高评价、鼓励和支持。

搭建律师思想碰撞之平台、畅通律师信息传播之渠道、建设律师学问总结之道路、营造律师形象展示之舞台、创建律师文化交流之大厦，这正是我们编辑与出版这一文库的出发点与归宿。

我们真诚地希望“国浩法律文库”能让所有的读者朋友愿意读、读得懂、读后有收获。

中华全国律师协会第六、第七届会长
国浩律师事务所原主席
于 宁

中华全国律师协会监事长
国浩律师事务所首席执行合伙人
吕红兵

简　　目

合规管理篇

专题一　探析资产管理业务投后管理的前置化

专题二　私募基金与资管嵌套的争议与解决

专题三　资管业务中的刑事风险研究及合规路径探究

审慎经营篇

专题四　资管纠纷中管理人审慎投资义务的司法认定

专题五　资管业务中管理人信息披露义务的责任检视与合规路径

法律责任篇

专题六　金融资管产品在销售阶段的法律责任探析

专题七　资管业务托管人法律责任研究报告

专题八　“司法之眼”之下的“打破刚兑”

专题九　资管产品清算相关法律问题研究

纠纷应对篇

专题十　资管纠纷中当事人“起诉路径”与“抗辩策略”的司法实证分析

专题十一　资管纠纷中的内地香港合作

延伸探讨篇

专题十二　我国家族信托业务纠纷类型化探析

详　目

合规管理篇

专题一　探析资产管理业务投后管理的前置化

专题二 私募基金与资管嵌套的争议与解决

专题三　资管业务中的刑事风险研究及合规路径探究

审慎经营篇

专题四　资管纠纷中管理人审慎投资义务的司法认定

专题五 资管业务中管理人信息披露义务的责任检视与合规路径

法律责任篇

专题六　金融资管产品在销售阶段的法律责任探析

专题七　资管业务托管人法律责任研究报告

专题八　“司法之眼”之下的“打破刚兑”

专题九　资管产品清算相关法律问题研究

纠纷应对篇

专题十　资管纠纷中当事人"起诉路径"与"抗辩策略"的司法实证分析

专题十一　资管纠纷中的内地香港合作

延伸探讨篇

专题十二　我国家族信托业务纠纷类型化探析

合规管理篇

专题一

探析资产管理业务投后管理的前置化

国浩律师（上海）事务所　周　蕾　刘文娟

随着《关于规范金融机构资产管理业务的指导意见》的出台，发行资产管理产品的金融机构(以下简称金融资管机构)所应尽到的勤勉尽责义务越来越为公众所重视。在监管机构发布的行政处罚案例以及公开查询到的司法判例中，金融资管机构因违反勤勉尽责义务而被行政处罚或被判决/裁决承担民事赔偿责任的案例屡见不鲜。通过对该类行政处罚案例以及司法判例的归纳梳理，可以发现在资产管理业务中，金融资管机构的投后管理义务是勤勉尽责义务中的重要组成部分，金融资管机构未能全面履行投后管理义务可能是由于：(1)资产管理业务在开展过程中，资产管理产品设立前的相关工作未能全面考虑金融资管机构履行投后管理义务的可行性；(2)金融资管机构负责投后管理的部门/人员对资产管理产品所涉交易主体或者交易结构的特殊性缺乏了解，进而导致投后管理工作存在缺陷。

第一章　概　　述

一、资产管理业务投后管理的基本概念

在中国人民银行、原中国银行保险监督管理委员会(以下简称原银保监会)①、中国证券监督管理委员会(以下简称证监会)、国家外汇管理局于2018年4月27日联合发布的《关于规范金融机构资产管理业务的指导意见》(以下简称《资管新规》)中,资产管理业务被界定为"银行、信托、证券、基金、期货、保险资产管理机构、金融资产投资公司等金融机构接受投资者委托,对受托的投资者财产进行投资和管理的金融服务"。同时,《资管新规》通过列举的方式明确基金管理公司发行的公募基金产品、银行发行的非保本理财产品、信托公司发行的资金信托、保险资产管理机构发行的组合类保险资产管理产品与债权投资计划,以及证券公司及其子公司、期货公司及其子公司、基金管理公司及其子公司发行的私募资产管理计划均属于资产管理产品。

《资管新规》第8条第3款明确规定,若金融资管机构(《资管新规》中所述的"银行、信托、证券、基金、期货、保险资产管理机构、金融资产投资公司等金融机构")未按照诚实信用、勤勉尽责原则切实履行受托管理职责,造成投资人损失的,金融资管机构应依法承担赔偿责任。该项规定亦促使投资人在资产管理产品发生兑付困难时,将焦点汇聚在金融资管机构层面,通过探查金融资管机构是否勤勉尽责,以期让金融资管机构为资产管理产品之兑付不能承担法律责任。

《资管新规》系通过列举的方式规定了金融资管机构作为资产管理产品的管理人所应承担的职责,包括属于资产管理产品发行销售阶段的职责、属于资产管理产品设立后的登记职责等,其中属于资产管理产品存续期间的管理人职责主要包括:对资产管理产品进行会计核算;按交易文件约定进行收益分配;保管资产管理产品所涉业务活动的相关资料等。但笔者注意到,《资管新规》中并提及"投后管理"或"投后管理义务"的概念。经检索发现,在《证券期货经营机构私募资产管理业务管

---

① 原银保监会已于2023年5月18日更名为"国家金融监督管理总局"。

理办法》(2023 修订)(中国证券监督管理委员会令第 203 号)[①]、《理财公司内部控制管理办法》(中国银行保险监督管理委员会令 2022 年第 4 号)[②]以及原银保监会办公厅《关于印发组合类保险资产管理产品实施细则等三个文件的通知》(银保监办发〔2020〕85 号)[③]中,均有出现"投后管理"的表述,但对于"投后管理"的内涵和外延却均没有进行明确的界定。

笔者结合自身在资产管理业务领域的法律服务经验以及《资管新规》等相关法律法规中对于金融资管机构在资产管理产品存续期间的管理人职责规定,认为:对于资产管理产品而言,"投后管理"所针对的阶段是:自资产管理产品设立且金融资管机构按照交易文件的约定开始对资产管理产品所募集的资金进行投资运作之日起,至资产管理产品全部财产清算分配完毕之日止。在这个阶段中,金融资管机构就资产管理产品进行的财产投资管理、交易标的与交易对手的风险管控等一系列的活动,均应属于"投后管理"的范畴。因此,"投后管理"具有周期性长,涵盖内容广的特点,故健全、完善的"投后管理"需要金融资管机构制定具有针对性的流程与制度,对于资产管理产品常见的风险,也需要提前制定风险预案。笔者相信,银行、证券公司、公募基金管理公司等金融资管机构并不缺乏针对"投后管理"所制定的流程、制度,甚至部分金融资管机构已经采用电子化管理的模式,将"投后管理"中的各项工作内容、工作时间节点、工作责任人都予以明确,但为何在此等看似已然完备的设置下,因"投后管理"义务未落实到位而导致金融资管机构被认定为未能勤勉尽责履行受托管理职责,进而被监管部门予以行政处罚或被司法部门判决/裁决承担民事赔偿责任的案例依然屡见不鲜,则是笔者进一步思考的问题。

---

① 参见《证券期货经营机构私募资产管理业务管理办法》(2023 修订)(中国证券监督管理委员会令第 203 号),证监会于 2023 年 1 月 12 日发布,2023 年 3 月 1 日施行,第 62 条规定:"资产管理计划投资于本办法第三十八条第(五)项规定资产的,证券期货经营机构应当建立专门的质量控制制度,进行充分尽职调查并制作书面报告,设置专岗负责投后管理、信息披露等事宜,动态监测风险。"

② 参见《理财公司内部控制管理办法》(中国银行保险监督管理委员会令 2022 年第 4 号),原银保监会 2022 年 8 月 22 日发布并施行,第 18 条第 1 款规定:"理财公司应当建立理财资金投资管理制度,明确投资不同类型资产的审核标准、投资决策流程、风险控制措施和投后管理等内容,并对每笔投资进行独立审批和投资决策,保证资金投向、比例严格符合国家政策和监管要求。"

③ 参见《关于印发组合类保险资产管理产品实施细则等三个文件的通知》(银保监办发〔2020〕85 号),原银保监会于 2020 年 9 月 7 日发布并施行,其中《债权投资计划实施细则》第 12 条第 1 款规定:"保险资产管理机构应当切实履行受托人职责,建立与投资发行分离的专职投后管理团队和完善的投后管理体系,完善风险预警管理机制和风险事件应急处理预案。"

二、主要的投后管理义务

《资管新规》中并无"投后管理"或"投后管理义务"的概念,其他相关法律法规中虽然提及"投后管理",但未对其含义进行明确界定。通过研究金融资管机构开展资产管理产品所需遵守的细化规定,例如,公募基金管理公司开展公募基金业务需遵守的《证券投资基金法》《公开募集证券投资基金运作管理办法》以及保险资产管理公司开展债权投资计划业务需遵守的《债权投资计划实施细则》《保险资金间接投资基础设施项目管理办法》等,笔者进一步通过归纳和梳理,认为金融资管机构的主要投后管理义务具体可细分为内控治理义务、投资管理义务、信息披露义务、信息上报义务及清算义务。

(一)内控治理义务

《资管新规》第8条第2款所列举的金融资管机构所应履行的管理人职责中明确要求管理人对于其管理的不同资产管理产品应该要分别记账,不得混同进行管理,同时对金融资管机构运用资产管理产品的资金开展关联交易进行了严格的规定。[①] 笔者进一步检索了金融资管机构开展资产管理业务所需遵守的细化规定。在保险资产管理机构开展债权投资计划需遵守的《债权投资计划实施细则》中明确规定,保险资产管理机构应当建立专职的投后管理团队以及投后管理体系,其应与投资发行的团队以及体系相互分离,同时明确要求保险资产管理公司应建立风险预警管理机制以及风险事件应急处理预案。[②] 在公募基金管理公司开展公募基金业务需

---

① 参见《资管新规》,中国人民银行、原银保监会、证监会、国家外汇管理局于2018年4月27日发布并生效,第8条规定:"八、金融机构运用受托资金进行投资,应当遵守审慎经营规则,制定科学合理的投资策略和风险管理制度,有效防范和控制风险。金融机构应当履行以下管理人职责:(一)依法募集资金,办理产品份额的发售和登记事宜。(二)办理产品登记备案或者注册手续。(三)对所管理的不同产品受托财产分别管理、分别记账,进行投资。(四)按照产品合同的约定确定收益分配方案,及时向投资者分配收益。(五)进行产品会计核算并编制产品财务会计报告。(六)依法计算并披露产品净值或者投资收益情况,确定申购、赎回价格。(七)办理与受托财产管理业务活动有关的信息披露事项。(八)保存受托财产管理业务活动的记录、账册、报表和其他相关资料。(九)以管理人名义,代表投资者利益行使诉讼权利或者实施其他法律行为。(十)在兑付受托资金及收益时,金融机构应当保证受托资金及收益返回委托人的原账户、同名账户或者合同约定的受益人账户。(十一)金融监督管理部门规定的其他职责。金融机构未按照诚实信用、勤勉尽责原则切实履行受托管理职责,造成投资者损失的,应当依法向投资者承担赔偿责任。"

② 参见《关于印发组合类保险资产管理产品实施细则等三个文件的通知》(银保监办发〔2020〕85号),原银保监会于2020年9月7日发布并实施,其中《债权投资计划实施细则》第12条第1款规定:"保险资产管理机构应当切实履行受托人职责,建立与投资发行分离的专职投后管理团队和完善的投后管理体系,完善风险预警管理机制和风险事件应急处理预案。"

遵守的《公开募集证券投资基金运作管理办法》中,对关联交易的规定严格于《资管新规》,即要求公募基金管理公司作为基金管理人,在运用基金财产从事重大关联交易之前,需提交公司董事会进行审议,并且需要在得到2/3以上独立董事审议批准后方可开展相关交易活动,同时要求公募基金管理公司的董事会应至少每半年对关联交易事项进行审查。①

笔者认为,上述规定中对金融资管机构的要求可归纳理解为投后管理义务中的内控治理义务,即金融资管机构在投后管理过程中,为确保其内部的组织架构、风险管控制度体系及合规体系等内容的构建满足相关法律法规的最低限度要求所履行的义务。由于金融资管机构需遵守的义务来自相关法律法规的明文规定,因此,违反该类义务可能引发的结果主要是来自监管部门的行政处罚。若行政处罚决定书中明确载明了金融资管机构在某一资产管理产品运作过程中存在违反内控治理义务的情形,且该资产管理产品又出现了兑付困难的情况,则投资者大概率会以监管部门对金融资管机构作出的行政处罚决定为佐证,证明金融资管机构存在过错,进而要求金融资管机构就其在该资产管理产品上遭受的损失承担民事赔偿责任。

(二)投资管理义务

投资管理义务是投后管理义务中最庞杂而又最核心的义务。投资管理义务不仅体现在资产管理业务领域的法规中,还较多体现在金融资管机构与投资者签署的基金合同、投资合同及受托合同等交易文件中。

就法规层面而言,《资管新规》第8条第2款所列举的管理人职责包括进行产品会计核算并编制产品财务会计报告、保存受托财产管理业务活动的相关资料、以自身名义代表投资者行使诉讼权利或实施其他法律行为、按照产品合同约定确定收益分配方案并及时向投资者分配收益等,上述职责均对应金融资管机构在投后管理过

① 参见《公开募集证券投资基金运作管理办法》(中国证券监督管理委员会令第104号),证监会于2014年7月7日发布,2014年8月8日施行,第33条规定:"基金管理人运用基金财产买卖基金管理人、基金托管人及其控股股东、实际控制人或者与其有重大利害关系的公司发行的证券或者承销期内承销的证券,或者从事其他重大关联交易的,应当符合基金的投资目标和投资策略,遵循持有人利益优先原则,防范利益冲突,建立健全内部审批机制和评估机制,按照市场公平合理价格执行。相关交易必须事先得到基金托管人的同意,并按法律法规予以披露。重大关联交易应提交基金管理人董事会审议,并经过三分之二以上的独立董事通过。基金管理人董事会应至少每半年对关联交易事项进行审查。"

程中所需履行的投资管理义务。[①] 以上内容在公募基金业务领域的细化规定体现在《证券投资基金法》[②]及《公开募集证券投资基金运作管理办法》[③]中，其明确要求公开募集基金的基金管理人“按照基金合同的约定确定基金收益分配方案，及时向基金份额持有人分配收益”“进行基金会计核算并编制基金财务会计报告”“计算并公告基金资产净值，确定基金份额申购、赎回价格”，同时要求基金管理人运用基金财产进行投资时，不得违反投资比例及投资范围等风险控制指标。在保险资产管理业务领域，《债权投资计划实施细则》明确要求保险资管机构持续跟踪投资计划所涉投

---

① 参见《资管新规》（银发〔2018〕106 号），中国人民银行、原银保监会、证监会、国家外汇管理局于 2018 年 4 月 27 日发布并施行，第 8 条规定：“八、金融机构运用受托资金进行投资，应当遵守审慎经营规则，制定科学合理的投资策略和风险管理制度，有效防范和控制风险。金融机构应当履行以下管理人职责：（一）依法募集资金，办理产品份额的发售和登记事宜。（二）办理产品登记备案或者注册手续。（三）对所管理的不同产品受托财产分别管理、分别记账，进行投资。（四）按照产品合同的约定确定收益分配方案，及时向投资者分配收益。（五）进行产品会计核算并编制产品财务会计报告。（六）依法计算并披露产品净值或者投资收益情况，确定申购、赎回价格。（七）办理与受托财产管理业务活动有关的信息披露事项。（八）保存受托财产管理业务活动的记录、账册、报表和其他相关资料。（九）以管理人名义，代表投资者利益行使诉讼权利或者实施其他法律行为。（十）在兑付受托资金及收益时，金融机构应当保证受托资金及收益返回委托人的原账户、同名账户或者合同约定的受益人账户。（十一）金融监督管理部门规定的其他职责。金融机构未按照诚实信用、勤勉尽责原则切实履行受托管理职责，造成投资者损失的，应当依法向投资者承担赔偿责任。”

② 参见《证券投资基金法》（2015 修正），于 2015 年 4 月 24 日生效并实施，第 19 条规定：“公开募集基金的基金管理人应当履行下列职责：（一）依法募集资金，办理基金份额的发售和登记事宜；（二）办理基金备案手续；（三）对所管理的不同基金财产分别管理、分别记账，进行证券投资；（四）按照基金合同的约定确定基金收益分配方案，及时向基金份额持有人分配收益；（五）进行基金会计核算并编制基金财务会计报告；（六）编制中期和年度基金报告；（七）计算并公告基金资产净值，确定基金份额申购、赎回价格；（八）办理与基金财产管理业务活动有关的信息披露事项；（九）按照规定召集基金份额持有人大会；（十）保存基金财产管理业务活动的记录、账册、报表和其他相关资料；（十一）以基金管理人名义，代表基金份额持有人利益行使诉讼权利或者实施其他法律行为；（十二）国务院证券监督管理机构规定的其他职责。”

③ 参见《公开募集证券投资基金运作管理办法》（中国证券监督管理委员会令第 104 号），证监会于 2014 年 7 月 7 日发布，2014 年 8 月 8 日施行，第 32 条规定：“基金管理人运用基金财产进行证券投资，不得有下列情形：（一）一只基金持有一家公司发行的证券，其市值超过基金资产净值的百分之十；（二）同一基金管理人管理的全部基金持有一家公司发行的证券，超过该证券的百分之十；（三）基金财产参与股票发行申购，单只基金所申报的金额超过该基金的总资产，单只基金所申报的股票数量超过拟发行股票公司本次发行股票的总量；（四）一只基金持有其他基金（不含货币市场基金），其市值超过基金资产净值的百分之十，但基金中基金除外；（五）基金中基金持有其他单只基金，其市值超过基金资产净值的百分之二十，或者投资于其他基金中基金；（六）基金总资产超过基金净资产的百分之一百四十；（七）违反基金合同关于投资范围、投资策略和投资比例等约定；（八）中国证监会规定禁止的其他情形。完全按照有关指数的构成比例进行证券投资的基金品种可以不受前款第（一）项、第（二）项规定的比例限制。基金管理人运用基金财产投资证券衍生品种的，应当根据风险管理的原则，并制定严格的授权管理制度和投资决策流程。基金管理人运用基金财产投资证券衍生品种的具体比例，应当符合中国证监会的有关规定。中国证监会另行规定的其它特殊基金品种可不受上述比例的限制。”

资项目的建设或运营情况,当投资计划所涉抵质押资产价值发生变现风险时须及时告知受益人并采取应对方案等措施。① 就约定层面而言,在公募基金业务领域,投资管理义务大多体现在基金合同中的"基金的投资"章节,该章节一般涉及基金的投资目标、投资范围、投资策略及投资限制等内容。就保险资产管理业务领域中的债权投资计划业务而言,投资管理义务大多体现在投资合同中的投资资金用途的监控、相关风险控制措施的触发监测等条款中。

通过对相关法律法规及实操中的相关交易文件进行梳理归纳,笔者认为投后管理阶段中的投资管理义务具体可以界定为:金融资管机构在投后管理过程中,为确保其管理的资产管理产品的投资内容、投资方向、投资策略等符合相关法律法规规定及交易文件约定所应履行的特定义务,以及在投资管理过程中为实现投资者的投资目的所应履行的其他义务。违反该类义务会导致投资者以受托人未尽审慎投资义务为由主张受托人承担民事赔偿责任。同时,投资管理义务的履行是监管部门日常核查的重点,笔者在对怠于履行投后管理义务而产生的行政处罚案例的研究过程中注意到,因违反投资管理义务而被监管部门予以行政处罚的情形较多,具体详见本专题"第二章　因投后管理义务而产生的行政处罚与民事纠纷案例研究"中"二、怠于履行投后管理义务而产生的行政处罚"项下的内容。

(三)信息披露义务

信息披露义务,顾名思义,是指金融资管机构按照相关法律法规的规定或交易文件的约定,定期或不定期向投资者披露在投后管理过程中涉及的重要信息的义务。《资管新规》在管理人职责条款中明确管理人应办理与受托财产管理业务活动有关的信息披露事项,②而具体的信息披露事项在不同的资产管理产品项下存在不同的要求。在公募基金业务领域,《证券投资基金法》要求公开募集基金的基金管理

① 参见《关于印发组合类保险资产管理产品实施细则等三个文件的通知》(银保监办发〔2020〕85号),原银保监会于2020年9月7日发布并施行,其中《债权投资计划实施细则》第12条第2、3款规定:"保险资产管理机构应当跟踪管理和持续监测融资主体、信用增级和投资项目等,强化内部信用评级管理,有效评估融资主体资信状况、还款能力和信用增级安排的效力,及时掌握资金划拨使用和投资项目建设运营情况,形成内部定期报告机制,全程跟踪管理债权投资计划的投资风险。债权投资计划的抵质押资产价值下降或发生变现风险,影响债权投资计划财产安全的,保险资产管理机构应当及时制定应对方案,提交债权投资计划受益人大会审议后启动止损机制,采取减少投资计划本金、增加担保主体或追加合法足值抵质押品等措施,确保担保足额有效。"

② 参见《资管新规》(银发〔2018〕106号),中国人民银行、原银保监会、证监会、国家外汇管理局于2018年4月27日发布并施行,第8条规定:"八、金融机构运用受托资金进行投资,应当遵守审慎经营规则,制定科学合理的投资策略和风险管理制度,有效防范和控制风险。金融机构应当履行以下管理人职责:……(七)办理与受托财产管理业务活动有关的信息披露事项……"

人应公开披露基金招募说明书、基金合同、基金托管协议、临时报告、基金份额持有人大会决议、基金财产所涉诉讼或仲裁等内容，①同时要求基金管理人应当确保其信息披露的时间满足监管机构的规定，并应保证投资人能够查阅或复制公开披露的信息资料，②《证券投资基金法》亦明确了信息披露的原则性要求，例如，不得虚假记载、误导性陈述或者重大遗漏、对证券投资业绩进行预测等，③《公开募集证券投资基金信息披露管理办法》进一步对基金管理人所需履行的信息披露义务进行细化要求。在保险资产管理业务领域，《债权投资计划实施细则》要求保险资管机构定期披露经审计的融资主体和担保人的年度财务报告、关联交易及专业服务机构的履职情况，④《保险资金间接投资基础设施项目管理办法》明确了受托人应当向委托人、受益人、托管人和独立监督人披露的具体信息范围。⑤

同时，投资者与金融资管机构签署的交易文件亦会对相关法律法规规定的信息披露义务进一步细化，或约定金融资管机构应按照投资者的要求披露其他重要信

---

① 参见《证券投资基金法》(2015 修正)，于 2015 年 4 月 24 日发布并实施，第 76 条规定："公开披露的基金信息包括：(一)基金招募说明书、基金合同、基金托管协议；(二)基金募集情况；(三)基金份额上市交易公告书；(四)基金资产净值、基金份额净值；(五)基金份额申购、赎回价格；(六)基金财产的资产组合季度报告、财务会计报告及中期和年度基金报告；(七)临时报告；(八)基金份额持有人大会决议；(九)基金管理人、基金托管人的专门基金托管部门的重大人事变动；(十)涉及基金财产、基金管理业务、基金托管业务的诉讼或者仲裁；(十一)国务院证券监督管理机构规定应予披露的其他信息。"

② 参见《证券投资基金法》(2015 修正)，于 2015 年 4 月 24 日发布并实施，第 75 条规定："基金信息披露义务人应当确保应予披露的基金信息在国务院证券监督管理机构规定时间内披露，并保证投资人能够按照基金合同约定的时间和方式查阅或者复制公开披露的信息资料。"

③ 参见《证券投资基金法》(2015 修正)，于 2015 年 4 月 24 日发布并实施，第 77 条规定："公开披露基金信息，不得有下列行为：(一)虚假记载、误导性陈述或者重大遗漏；(二)对证券投资业绩进行预测；(三)违规承诺收益或者承担损失；(四)诋毁其他基金管理人、基金托管人或者基金销售机构；(五)法律、行政法规和国务院证券监督管理机构规定禁止的其他行为。"

④ 参见《关于印发组合类保险资产管理产品实施细则等三个文件的通知》(银保监办发〔2020〕85 号)，原银保监会于 2020 年 9 月 7 日发布并施行，其中《债权投资计划实施细则》第 13 条规定："保险资产管理机构管理债权投资计划，除按照《保险资金间接投资基础设施项目管理办法》第八章规定披露信息外，还应当定期披露经审计的融资主体和担保人年度财务报告、债权投资计划涉及的关联交易和专业服务机构履行职责等情况。信息披露规则由注册机构另行制定。"

⑤ 参见《保险资金间接投资基础设施项目管理办法》(中国保险监督管理委员会令 2016 年第 2 号)，原中国保险监督管理委员会于 2016 年 6 月 14 日发布，2016 年 8 月 1 日施行，第 61 条规定："受托人应当按照投资计划约定向委托人、受益人、托管人和独立监督人披露下列信息：(一)投资计划设立情况，包括委托人和受益人范围和数量、资金总额等；(二)投资计划运作管理情况，包括受托人、项目、融资主体、信用增级最新情况、收益和本金支付情况、投资管理情况、投资计划终止以及财产的归属和分配情况、投资计划协助关联方与投资计划相关当事人发生他项交易的情况等；(三)重大事项、突发紧急事件和拟采取的措施；(四)投资计划季度、半年、年度管理报告，其中年度管理报告应当附经会计师事务所审计的财务会计报告；(五)投资计划约定或者法律、行政法规以及中国保监会和有关监管部门规定披露的信息。"

息。例如,在保险资管业务领域,《保险资金间接投资基础设施项目管理办法》虽然规定受托人应当披露"重大事项、突发紧急事件和拟采取的措施"①,但未明确此类重要事项和突发紧急事件的范围和标准。实操中,受托人一般会在与投资人签署的受托合同中明确约定当投资计划发生何种重大事项时受托人需向投资人履行信息披露义务,例如,约定当融资主体发生破产、合并、清算等引起主体资格消灭的情形或融资主体涉及重大诉讼、仲裁或发生交叉违约等情形时,受托人应在知悉此类事项后的一定期限内告知投资人。

正是由于信息披露义务的具体要求在相关法律法规或者交易文件中均有明确,投资者作为信息披露的接收方,其通常可以清晰地举证金融资管机构是否依法依约履行信息披露义务。当金融资管机构实际未能尽职履行此类义务时,投资人即可主张由金融资管机构承担相关民事赔偿责任,具体可详见本专题"第二章 因投后管理义务而产生的行政处罚与民事纠纷案例研究"中"三、怠于履行投后管理义务而产生的民事纠纷"项下的内容。

(四)信息上报义务

不同于信息披露义务的对象是投资者,信息上报义务的对象是金融资管机构所对应的监管部门。信息上报义务系指金融资管机构应当按照相关法律法规的规定及监管部门的要求定期或不定期向监管部门上报在投后管理过程中所涉重要信息的义务。《资管新规》在信息上报义务方面分别明确了金融资管机构需定期将风险准备金的使用情况②、资产管理产品的净值审计结果报送监管部门③,同时明确金融资管机构应当建立资产管理产品统一报告制度,通过建立资产管理产品信息系统,

---

① 《保险资金间接投资基础设施项目管理办法》(中国保险监督管理委员会令 2016 年第 2 号),原中国保险监督管理委员会于 2016 年 6 月 14 日发布,2016 年 8 月 1 日施行,第 61 条规定:"受托人应当按照投资计划约定向委托人、受益人、托管人和独立监督人披露下列信息:……(三)重大事项、突发紧急事件和拟采取的措施……"

② 《资管新规》(银发〔2018〕106 号),中国人民银行、原银保监会、证监会、国家外汇管理局于 2018 年 4 月 27 日发布并生效,第 17 条规定:"金融机构应当按照资产管理产品管理费收入的 10% 计提风险准备金,或者按照规定计量操作风险资本或相应风险资本准备。风险准备金余额达到产品余额的 1% 时可以不再提取。风险准备金主要用于弥补因金融机构违法违规、违反资产管理产品协议、操作错误或者技术故障等给资产管理产品财产或者投资者造成的损失。金融机构应当定期将风险准备金的使用情况报告金融管理部门。"

③ 《资管新规》(银发〔2018〕106 号),中国人民银行、原银保监会、证监会、国家外汇管理局于 2018 年 4 月 27 日发布并生效,第 18 条第 1 款规定:"金融机构对资产管理产品应当实行净值化管理,净值生成应当符合企业会计准则规定,及时反映基础金融资产的收益和风险,由托管机构进行核算并定期提供报告,由外部审计机构进行审计确认,被审计金融机构应当披露审计结果并同时报送金融管理部门。"

由金融资管机构将相关资产管理产品的信息报送至相关数据库。①《资管新规》系对金融资管机构信息上报义务的原则性要求,而不同的资产管理业务领域对于信息上报的内容、时间及形式要求可能存在差别。

就公募基金业务而言,《公开募集证券投资基金运作管理办法》明确当公募基金产品出现连续60个工作日基金份额持有人数量不满200人或者基金资产净值低于5000万元情形时,应当向证监会报告并提出解决方案。② 在保险资产管理业务领域,《债权投资计划实施细则》明确当债权投资计划存续期间发生重大风险事件或可能影响债权投资计划安全的其他事件时,保险资产管理机构应当立即采取有效措施,并将相关情况在规定时间内上报原银保监会及注册机构等监管部门;③《保险资金间接投资基础设施项目管理办法》亦明确受托人的职责包括将突发紧急事件向有关当事人和监管部门报告、将投资计划发生实质性变更的内容及相关文件报送监管部门等。④ 此外,在保险资管业务领域实操中,中国保险资产管理业协会亦向各保险资管机构下发过产品存续期信息报送相关的规范性文件,明确保险资产管理机构应当向中国保险资产管理业协会报告的各类月度报告、产品变更报告、季度报告、年度报告、清算报告及风险事项报告的上报时间及流程。

由于信息上报义务主要系金融资管机构对于监管部门应履行的义务,故金融资

---

① 《资管新规》(银发〔2018〕106号),中国人民银行、原银保监会、证监会、国家外汇管理局于2018年4月27日发布并施行,第25条第1款规定:"建立资产管理产品统一报告制度。中国人民银行负责统筹资产管理产品的数据编码和综合统计工作,会同金融监督管理部门拟定资产管理产品统计制度,建立资产管理产品信息系统,规范和统一产品标准、信息分类、代码、数据格式,逐只产品统计基本信息、募集信息、资产负债信息和终止信息。中国人民银行和金融监督管理部门加强资产管理产品的统计信息共享。金融机构应当将含债权投资的资产管理产品信息报送至金融信用信息基础数据库。"

② 参见《公开募集证券投资基金运作管理办法》(中国证券监督管理委员会令第104号),证监会于2014年7月7日发布,2014年8月8日施行,第41条第1款规定:"按照本办法第十二条第一款成立的开放式基金,基金合同生效后,连续二十个工作日出现基金份额持有人数量不满二百人或者基金资产净值低于五千万元情形的,基金管理人应当在定期报告中予以披露;连续六十个工作日出现前述情形的,基金管理人应当向中国证监会报告并提出解决方案,如转换运作方式、与其他基金合并或者终止基金合同等,并召开基金份额持有人大会进行表决。"

③ 参见《关于印发组合类保险资产管理产品实施细则等三个文件的通知》(银保监办发〔2020〕85号),原银保监会于2020年9月7日发布并施行,其中《债权投资计划实施细则》第15条规定:"债权投资计划存续期间发生异常、重大或突发等风险事件或可能影响债权投资计划安全的其他事件,保险资产管理机构应当立即采取有效措施,启动风险处置预案,并在5个工作日内向受益人、独立监督人等相关当事人和银保监会、注册机构履行信息披露或报告义务。"

④ 参见《保险资金间接投资基础设施项目管理办法》(中国保险监督管理委员会令2016年第2号),原中国保险监督管理委员会于2016年6月14日发布,2016年8月1日施行,第28条规定:"受托人应当履行下列职责:……(十六)受益人大会实质性变更投资计划的,及时将有关投资计划变更的文件资料报送中国保监会;(十七)遇有突发紧急事件,及时向有关当事人、中国保监会和有关监管部门报告……"

管机构应上报信息的类型、内容、频次等均在相关法律法规或监管部门下发的规范性文件中有明确的规定。根据笔者的观察,对于定期应上报的信息,通常金融资管机构均可按照规定按期完成;但对于一些重大的突发情况,金融资管机构可能会存在一时疏忽,未能在规定期限内履行信息上报义务,因而受到监管部门的行政处罚。

(五)清算义务

资产管理产品的终止环节均涉及清算,作为资产管理产品的管理人,金融资管机构亦承担组织、参与资产管理产品清算工作的义务。笔者认为,金融资管机构对资产管理产品清算义务的履行系其投后管理义务中的最后一个环节,但从实操来看,该环节却也是最容易被忽视的环节。实际上,司法实践中因金融资管机构未履行到位清算义务引发的民事纠纷不胜枚举。笔者注意到,《资管新规》中并未提及金融资管机构需承担的清算义务,但各资产管理产品对应的相关法规中对于清算义务作出了规定,例如《证券投资基金法》明确了基金管理人在基金合同终止时组织清算组对基金财产进行清算的义务,同时规定清算组的成员中包括基金管理人。① 同样,在保险资产管理业务领域,《保险资产管理产品管理暂行办法》明确了保险资产管理机构在保险资产管理产品终止时所应履行的组织开展清算工作的义务;②《保险资金间接投资基础设施项目管理办法》明确了受托人完成投资计划清算工作的时间,并要求受托人向有关当事人及监管部门出具经审计的清算报告。③

尽管各资产管理产品对应的相关法规中明确了金融资管机构对资产管理产品承担清算义务,但清算义务的具体内容和要求并不全然有明确的规定,因此,笔者认为资产管理产品所涉交易文件更应就金融资管机构在资产管理产品清算阶段应履行的义务进行明确约定,以便金融资管机构与投资者发生争议时,可以佐证自身已按照交易文件约定的内容、步骤完成相应清算工作。

---

① 参见《证券投资基金法》(2015修正),于2015年4月24日发布并实施,第81条规定:“基金合同终止时,基金管理人应当组织清算组对基金财产进行清算。清算组由基金管理人、基金托管人以及相关的中介服务机构组成。清算组作出的清算报告经会计师事务所审计,律师事务所出具法律意见书后,报国务院证券监督管理机构备案并公告。”

② 参见《保险资产管理产品管理暂行办法》(中国银行保险监督管理委员会令2020年第5号),于2020年3月18日发布,2020年5月1日施行,第29条规定:“保险资管产品终止的,保险资产管理机构应当按照银保监会要求和产品合同约定,组织开展清算工作,并及时履行报告义务。”

③ 参见《保险资金间接投资基础设施项目管理办法》(中国保险监督管理委员会令2016年第2号),原中国保险监督管理委员会于2016年6月14日发布,2016年8月1日施行,第18条规定:“投资计划终止后,受托人应当在终止之日起90日内,完成投资计划清算工作,并向有关当事人和监管部门出具经审计的清算报告。受益人、投资计划财产的其他权利归属人以及投资计划的相关当事人应当在收到清算报告之日起30日内提出意见。未提书面异议的,视为其认可清算报告,受托人就清算报告所列事项解除责任,但受托人有不当行为的除外。”

第二章　因投后管理义务而产生的行政处罚与民事纠纷案例研究

一、资产管理业务投后管理的现状

不同的资产管理产品针对投后管理均有其对应的法律法规规定或监管要求，部分监管细则中甚至对金融资管机构的投后管理岗位的建设有要求，例如《证券期货经营机构私募资产管理业务管理办法》（2023 修订）第 62 条规定，证券期货经营机构应当设置专岗负责投后管理，又如原银保监会办公厅《关于印发组合类保险资产管理产品实施细则等三个文件的通知》规定，保险资产管理机构应当建立与投资发行分离的专职投后管理团队和完善的投后管理体系。对于投后管理义务，虽有或详或略的明文规定，但根据笔者对实践的观察，金融资管机构长期以来“重投前、轻投后”的现象仍较为普遍，这从绝大多数金融资管机构的投前人员与投后人员数量配置的失衡上可窥得一二。对于资产管理产品而言，“投后管理”所针对的阶段为：自资产管理产品设立且金融资管机构按照交易文件的约定开始对资产管理产品所募集的资金进行投资运作之日起，至资产管理产品全部财产清算分配完毕之日止。在该等周期内，金融资管机构是否可以尽职履行其应承担的“投后管理义务”，在较大程度上取决于其投后管理岗位的相关人员能否履职到位。金融资管机构管理的资产管理产品周期相对较长，公募基金产品甚至属于不定期产品，致使投后管理工作存在更多的不确定性。金融资管机构的投后管理人员需要面对大量的、复杂的存续资产管理产品以及不断新增的资产管理产品。由于资产管理产品具有周期长、不确定性强、数量多的特征，金融资管机构本应配置更多投后管理人员以面对庞杂的投后管理工作需要，但实践中投前业务岗位的人员数量往往远多于投后管理岗位。

同时，与传统的银行信贷业务相比，资产管理产品的交易结构设置较为复杂，因此金融资管机构作为管理人被要求承担更多的受托管理职责，故其在进行投后管理时无法直接照搬银行信贷业务的贷后管理模式。另外，相较于传统的银行信贷业务，资产管理业务起步较晚，不具备银行贷款业务已建立成熟的贷后管理体系，也缺乏银行贷款业务中已形成的贷后管理数据。因此,金融资管机构对资产管理产品的投后管理体系建设需在实践中摸索与完善。

笔者认为,正是由于上述两个原因,金融资管机构因违反投后管理义务而被行政处罚或被判决/裁决承担民事赔偿责任的案例才在监管机构发布的行政处罚案例以及公开查询到的司法判例中层出不穷。

二、怠于履行投后管理义务而产生的行政处罚

笔者查询了证监会官网①、原银保监会官网②及中国证券投资基金业协会官网③(以下简称基金业协会)于2022年1月至2022年7月披露的行政处罚案例,共统计到373例,其中证监会系统、原银保监会系统及基金业协会披露的行政处罚案件数分别为285例、67例、21例。④ 通过对这些行政处罚案例进行归纳梳理,笔者发现在证监会系统披露的行政处罚案例中与投后管理有关的行政处罚案件共计79例,在原银保监会系统披露的行政处罚案例中共有34例与投后管理有关的行政处罚案件,在基金业协会披露的行政处罚案例中共有6例与投后管理有关的行政处罚案件,剩余的行政处罚案件属于经笔者判断后与投后管理无关或根据现有披露的行政处罚决定书无法判断是否与投后管理有关的案件。各监管系统在2022年1月至2022年7月披露的行政处罚案例具体情况见表1-1。

表1-1 行政处罚案件统计

单位:例

三个监管系统披露的行政处罚数据统计(2022年1月至2022年7月)				
	案件总数	与投后管理有关的行政处罚	与投后管理无关的行政处罚	无法判断投前还是投后的行政处罚
证监会系统	285	79	181	25
原银保监会系统	67	34	27	6
基金业协会	21	6	14	1
合计	373	119	222	32

① 证监会官方网站:http://www.csrc.gov.cn/。

② 原银保监会官方网站:http://www.cbirc.gov.cn/cn/view/pages/index/index.html;已于2023年5月18日更名为"国家金融监督管理总局"。

③ 基金业协会官方网站:https://www.amac.org.cn/。

④ 因证监会、原银保监会及基金业协会官方网站披露的行政处罚案例由笔者人工进行统计并整理,故可能存在遗漏情形。

笔者分别统计了三个监管系统各自作出的与投后管理有关的行政处罚案件数量占笔者筛选出的与投后管理有关的行政处罚案件总数的比例,其中证监会系统作出的与投后管理有关的行政处罚案件数占比最大,具体占比为66%,见图1-1。

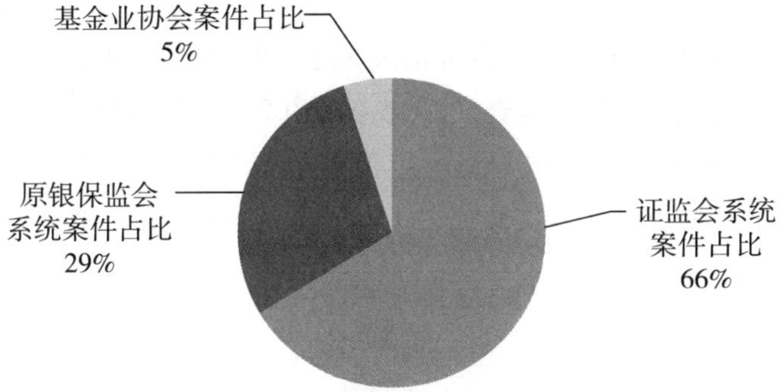

图1-1　各监管系统项下"与投后管理有关"的行政处罚案件占比

通过对上述各监管系统披露的与投后管理有关的行政处罚案件的进一步归类整理,笔者发现这些行政处罚案例分别涉及违反"内控治理义务"、"投资管理义务"、"信息披露义务"以及"信息上报义务",但未发现因违反"清算义务"而被予以行政处罚的案件。笔者认为,出现该情形的主要原因可能如笔者在上文所述,尽管相关法规中就金融资管机构对各资产管理产品承担清算义务均有明确的规定,但针对清算义务的具体内容以及细化要求却未有明确翔实的规定。

各监管系统在2022年1月至2022年7月披露的与投后管理相关的行政处罚案件具体情况见表1-2。

表1-2　违反投后管理义务相关的行政处罚案件统计①

单位:例

三个监管系统在各类投后管理义务中的行政处罚数据统计					
	与内控治理义务相关的行政处罚	与投资管理义务相关的行政处罚	与信息披露义务相关的行政处罚	与信息上报义务相关的行政处罚	与清算义务相关的行政处罚
证监会系统	14	39	16	7	0
原银保监会系统	3	22	3	3	0
基金业协会	0	1	1	5	0
合计	17	62	20	15	0

① 因单个行政处罚案件可能因两种或两种以上义务的违反而被予以行政处罚,因此表1-2数据与表1-1数据存在无法对应的情形。

笔者进一步就各监管系统对金融资管机构违反不同的投后管理义务而作出的行政处罚案件进行梳理和统计,具体如下。

(一)因违反"内控治理义务"而产生的行政处罚

三个监管系统作出的与违反"内控治理义务"相关的行政处罚案件共计17例,分别来自证监会系统与原银保监会系统,基金业协会在该段期间内未披露此类行政处罚案件。各监管系统对金融资管机构违反"内控治理义务"而作出的行政处罚案件数在违反内控治理义务案件在各系统合计数中的占比见图1-2。

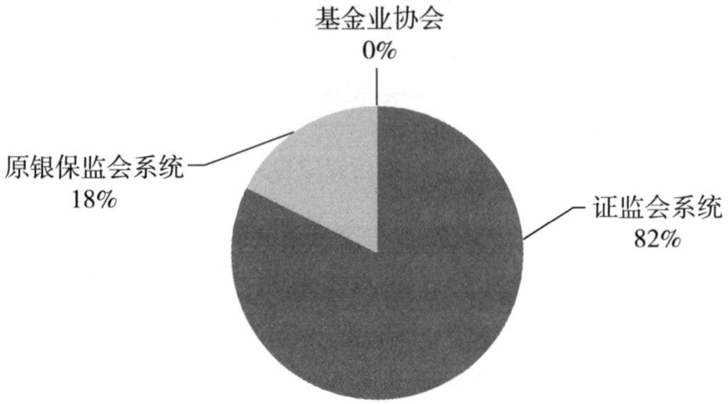

图1-2 各监管系统项下与违反"内控治理义务"相关的处罚案件占比

(二)因违反"投资管理义务"而产生的行政处罚

笔者注意到,三个监管系统作出的与违反"投资管理义务"相关的行政处罚案件,在各类违反投后管理义务导致的行政处罚案件中数量最多,共计62例。该数据也进一步印证了笔者的观点,即投资管理义务是投后管理义务中最庞杂而又最核心的义务。在这62例行政处罚案件中,证监会系统共作出39例,原银保监会系统共作出22例。各监管系统因金融资管机构违反"投资管理义务"而作出的行政处罚案件数占违反"投资管理义务"案件总数的比例见图1-3。

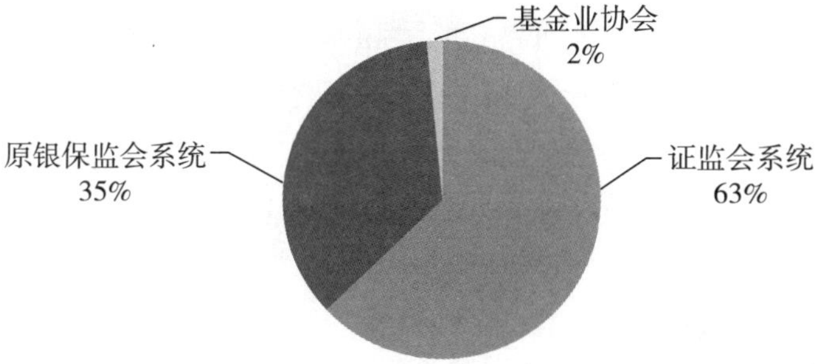

图 1－3　各监管系统项下与违反“投资管理义务”相关的处罚案件占比

（三）因违反“信息披露义务”或“信息上报义务”而产生的行政处罚

就“信息披露义务”与“信息上报义务”而言，三个监管系统作出的与其相关的行政处罚案件分别为 20 例与 15 例。针对违反“信息披露义务”而作出的行政处罚中，有 16 例来自证监会系统。针对违反“信息上报义务”而作出的 15 例行政处罚中，证监会系统共作出 7 例，基金业协会共作出 5 例。

各监管系统因金融资管机构违反“信息披露义务”而作出的行政处罚案件数占违反“信息披露义务”案件总数的比例以及各监管系统因金融资管机构违反“信息上报义务”而作出的行政处罚案件数占违反“信息上报义务”案件总数的比例见图 1－4与图 1－5。

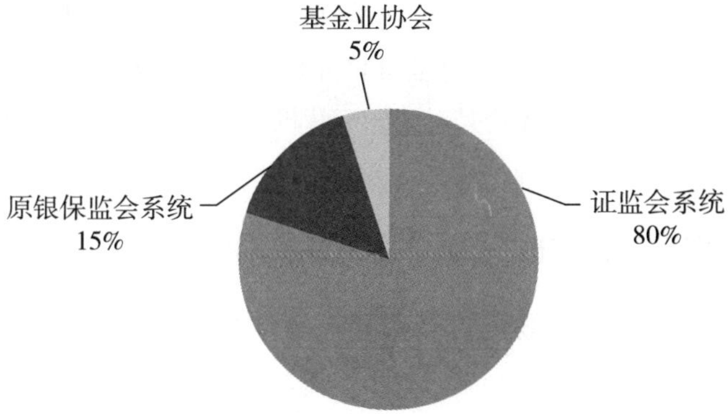

图 1－4　各监管系统项下与违反“信息披露义务”相关的处罚案件占比

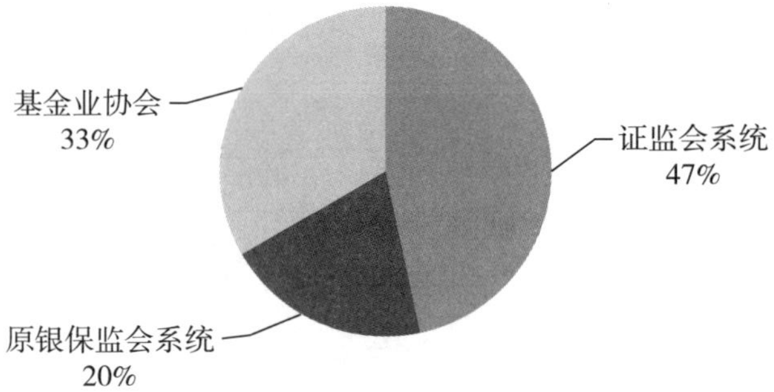

图1-5　各监管系统项下与违反“信息上报义务”相关的处罚案件占比

从上文的分析中，笔者注意到证监会系统针对违反各类投后管理义务所作出的行政处罚案件数量最多。虽然无法进一步探究此类行政处罚是源自监管部门的例行检查，还是源自投资者向监管部门的投诉，但笔者认为从数据可知，证监会系统对于金融资管机构的监管相对更为严格。不过，在金融资管业务日益严格的监管趋势下，笔者认为国家金融监督管理总局（原银保监会）对其监管的银行、信托公司、保险资产管理公司所开展的资产管理业务的投后管理核查亦会日趋增多。

同时，笔者注意到，因三个监管系统的行政处罚权限不同，故其对违反各类投后管理义务作出的行政处罚类型亦存在区别。就证监会系统而言，一般的处罚类型包括责令改正、一定期限内限制被处罚主体开展业务及对相关业务分管负责人或相关责任人责令处分等；就原银保监会系统而言，其对金融资管机构的处罚类型一般为高额罚款，对个人则可能处以禁止终身从事银行业工作的处罚；就基金业协会而言，其作出的处罚类型一般包括一定期限内暂停私募基金备案、对机构撤销管理人登记并取消会员资格、对个人取消基金从业资格并加入黑名单等。由此可见，因违反投后管理义务导致的行政处罚无论是对金融资管机构还是相关责任人个人而言，均可能造成严重的后果。

三、怠于履行投后管理义务而产生的民事纠纷

随着资产管理业务的蓬勃发展，因资产管理产品无法实现预期收益和本金兑付而产生的民事法律纠纷也日渐趋增，其中一部分是金融资管机构作为管理人，代表资产管理产品通过司法手段向交易对手方或者信用增级提供方主张权益；另一部分是投资者主张金融资管机构未能勤勉尽责地履行受托管理职责，并要求其对投资者所遭受的损失承担赔偿责任。笔者对第二类案例进行了集中检索和研读，以期进一步了解在此类案例中，金融资管机构被法院认定承担赔偿责任或者法院未支持投资人提出诉请的关键因素。

根据北京金融法院于2022年8月作出的中国民生信托有限公司与韩某茜营业信托纠纷二审民事判决书,①中国民生信托有限公司(以下简称民生信托)即因未能勤勉尽责地履行受托管理职责,被北京市东城区人民法院认定就投资人韩某茜所受的损失承担赔偿责任,且经二审审理后,北京金融法院维持一审原判。

在该案中,韩某茜作为委托人,与民生信托于2020年12月31日签订《信托合同》,约定信托单位封闭期为191天,并于2021年1月5日将1500万元投入民生信托设立的"中国民生信托—中民汇丰2号集合资金信托计划"(以下简称汇丰2号信托计划)。根据民生信托发布的公告,韩某茜对汇丰2号信托计划的持仓金额为1500万元,份额确认日期为2021年1月5日,预计到期日为2021年5月14日。

根据《信托合同》的约定,汇丰2号信托计划为非公开发行的私募产品,属于固定收益类集合资金信托计划。封闭期内,委托人持有的信托单位不得赎回;封闭期届满,信托公司作为受托人按照《信托合同》的约定对受益人进行信托利益的分配,信托单位的封闭期不可延长。同时,《信托合同》明确约定了信托计划的投资范围。汇丰2号信托计划成立后,民生信托在2021年第一季度和第二季度管理报告中披露汇丰2号信托计划部分客户资金出现延期兑付的情况,其后续将加快推动资产变现和处置。民生信托在2021年6月至9月向韩某茜账户共计转入1,057,941.6元,剩余款项无法兑付。韩某茜认为汇丰2号信托计划的投资比例不符合规定且民生信托违反诚信义务,遂将其诉至法院。

该案例无论是在一审或二审阶段,最大的争议焦点均为民生信托是否履行了诚实信用、谨慎有效的受托管理义务。因此,法院从以下方面对民生信托作为汇丰2号信托计划受托人的履职情况展开分析:

首先,根据《信托合同》的约定,汇丰2号信托计划属于固定收益类集合资金信托计划。根据《资管新规》的规定,汇丰2号信托计划投资于存款、债券等债权类资产的比例不应低于80%。但民生信托公司在一审法院释明后拒绝提供汇丰2号信托计划的投资明细。因此,一审法院依职权调取了汇丰2号信托计划的交易流水。根据交易流水显示的信息,汇丰2号信托计划专户在收到韩某茜汇入的1500万元后,向民生信托设立的永丰1号信托计划专户转入88,000,000元、永丰2号信托计划专户转入8,000,000元。一审法院再次调取了永丰1号信托计划和永丰2号信托计划的专户交易流水,确认永丰1号信托计划专户在取得汇丰2号信托计划转入的资金后,再次向民生信托设立的永丰2号、汇丰3号信托计划的专户进行投资;永丰

① 参见北京金融法院民事判决书,(2022)京74民终417号。

2 号信托计划专户在取得汇丰 2 号信托计划转入的资金后,再次向民生信托设立的其他信托计划的专户进行投资。据此,一审法院认定民生信托运用汇丰 2 号信托计划的财产对其设立并管理的其他信托计划进行投资,使由其设立并管理的不同信托计划进行循环互相交易,违反《资管新规》的相关规定;同时,一审法院因此认定汇丰 2 号信托计划投资存款、债券等债权类资产的比例明显低于监管部门要求的 80%,民生信托未履行《信托合同》约定的投资管理义务。

其次,民生信托在投后管理阶段未能按照《信托合同》的约定履行信息披露义务。根据《信托合同》的约定,自信托计划成立之日起,民生信托应按自然季度制作信托资金管理报告,信息披露的内容包括每个工作日在公司网站公布一次信托单位净值,且当信托计划在存续期内发生重大事项时,民生信托应通知信托份额的受益人,并向其提出受托人采取的应对措施,前述重大事项包括信托财产可能遭受的重大损失、所投资各类资产的发行人存在重大信用风险可能导致无法到期足额偿付、信托计划进入延长期等。但根据判决书的记载,民生信托发布的汇丰 2 号信托计划季度管理报告未对各信托单位的资金运用进行充分披露。同时,民生信托在重大事项披露中也未按照《信托合同》的约定,披露发生重大事项的具体情形及其是否符合《信托合同》关于重大事项的类型的约定。在汇丰 2 号信托计划出现延期兑付时,民生信托亦未披露其在该情况下所采取的应对措施。前述信息披露不充分的行为导致投资人无法知晓各信托单位是否存在认购/申购信托公司信托计划、证券公司资产管理计划、基金公司及基金子公司资产管理计划等进行投资的情况,以及投资范围是否符合《信托合同》及监管部门要求的投资限制的情形,投资者也无法获知后续的信托财产处置及受托人的应对措施。一审法院认为,民生信托作为汇丰 2 号信托计划的受托人,其未对投资人充分进行信息披露的行为严重损害了投资人的知情权。

在该案中,民生信托在投后管理阶段未能尽到"投资管理义务"与"信息披露义务"是其最终被认定须向投资人承担民事赔偿责任的关键原因之一。在投资管理义务层面,《信托合同》签署后,民生信托在投后管理阶段对信托财产的运用管理未遵循《资管新规》以及《信托合同》的投资管理要求。笔者注意到,在此类案件中,由于投资人无法获取资产管理产品具体的投资明细,因而金融资管机构已依法依约履行投资管理义务的举证责任一般由金融资管机构承担。如在该案中,韩某茜主张汇丰 2 号信托计划的投资比例不符合规定,庭审中法院要求民生信托提供汇丰 2 号信托计划的投资明细。虽然民生信托拒绝向法院提供相关材料,但一审法院仍依职权调取了相关信托计划专户的银行流水信息,并据此作出认定。由此可见,在该类案件中，如果金融资管机构无法证明自身尽到了投后管理义务，则其需要承担最终的不利结果。在信息披露义务层面，《信托合同》虽已明确约定了具体的信息披露要求，但在投后管理的实际操作中，民生信托为何未按照约定执行是值得思考的问题。如上文所述，信息披露义务一方面源自法律法规或者监管规定的明文要求，另一方面来自资产管理产品交易文件的明文约定。当投资人以金融资管机构侵害了自身知情权而要求金融资管机构承担民事赔偿责任时，法院对金融资管机构“是否保护了投资人知情权”的判断在很大程度上取决于金融资管机构是否可以证明其已按照法律法规、监管规定以及交易文件的要求履行了信息披露义务，这在仲某娟与上海财通资产管理有限公司（以下简称财通资管）其他合同纠纷案①及徐某进与联储证券有限责任公司（以下简称联储证券）合同纠纷案②中均可得到印证。

2016 年 8 月 2 日，仲某娟（作为投资者）与财通资管（作为资产管理人）、宁波银行股份有限公司（作为资产托管人）签订《财通资产—阳光保险集团股权收益权投资 2 号特定多个客户专项资产管理计划资产管理合同》（以下简称《资管合同》），约定财通资产—阳光保险集团股权收益权投资 2 号特定多个客户专项资产管理计划（以下简称阳光资管计划）的资金主要用于受让 E 公司持有的西藏 D 公司 100% 的股权对应的收益权[该收益权具体为：西藏 D 公司通过持有 A 公司 100% 股权而间接控制阳光保险集团股份有限公司（以下简称阳光保险集团）1.74 亿股股权对应的收益权]，并由 E 公司在约定的期限届满后回购该标的资产（股权收益权）。阳光资管计划设置的风控措施包括保证担保、股权质押、公司监管，其中保证担保为：某集团及其实控人朱某夫妇为 E 公司履行的全部义务提供无限连带责任保证担保；股权质押担保为：A 公司将其持有的 1.74 亿股阳光保险集团股权（质押股份）为 E 公司履行的全部义务提供股权质押担保；公司监管措施系指财通资管保管 E 公司及标的载体的公章、法定代表人名章、合同章、财务章等。

2017 年 3 月 28 日，A 公司的股东西藏 D 公司退出，新增股东阜宁 G 公司。财通资管在阳光资管计划 2017 年第一季度报告和 2017 年第二季度报告中告知投资者该项股权变动事宜，并进一步说明上述 1.74 亿元股权质押状态未受影响。2018 年 6 月，担保人（某集团及其实控人朱某夫妇）因涉嫌集资诈骗、非法吸收公众存款等犯罪被立案侦查。因 E 公司未按约履行回购标的资产，且担保人未能履行担保义务，导致阳光资管计划无法进行清算和分配。

仲某娟认为财通资管未履行《资管合同》项下的主要义务，如未按《资管合同》

---

① 参见上海金融法院民事判决书，(2021)沪 74 民终 1377 号。

② 参见上海金融法院民事判决书，(2021)沪 74 民终 1379 号。

的约定进行股权质押、履行监管义务等,遂要求解除《资管合同》并要求财通资管返还其投资款、支付利息损失。

针对仲某娟的主张,一审法院及二审法院均从财通资管作为管理人是否已经全面履行了信息披露义务、是否为委托人的最大利益有效履行了相关防范和控制风险的谨慎管理义务等方面对财通资管是否应当被归责进行分析。首先,就信息披露义务而言,财通资管在《资管合同》成立后在其官方网站上定期披露阳光资管计划的各项报告;在案涉《资管合同》项下的资产被公安机关查封、冻结后,财通资管及时在其官方网站上对相关情况进行了公告,并设立了信息披露专项窗口,用于与投资者进行沟通。据此,法院认定财通资管已经履行了《资管合同》约定的信息披露义务。其次,就谨慎管理义务而言,财通资管在庭审过程中就其作为专业机构在投后管理阶段已履行了谨慎管理义务进行了详细陈述。第一,A 公司持有的 1.74 亿股阳光保险集团股权已为阳光资管计划设定了质押且质押率不超过 50%;第二,西藏 D 公司转让 A 公司股权并非财通资管所能控制,且该项股权转让不影响 E 公司的回购义务,亦不会造成阳光资管计划的风险显著增加;第三,在某集团及其实际控制人涉嫌集资诈骗、非法吸收公众存款等犯罪被相关公安机关立案侦查后,财通资管第一时间成立项目风险专项处置工作小组,及时向监管部门进行了沟通与汇报,并积极争取相关部门的支持。同时,财通资管聘请律师事务所对相应底层资产采取了法律保全措施。一审法院认为财通资管已经履行了相应的信息披露义务、谨慎管理义务等,驳回原告仲某娟的全部诉讼请求,二审法院维持原判。

而在徐某进与联储证券合同纠纷案中,法院则结合监管部门对联储证券的行政处罚决定以及其他案件事实,对联储证券是否妥善履行信息披露义务进行了综合论证。

2016 年 12 月 14 日,联储证券推广设立联储证券聚诚 5 号集合资产管理计划(以下简称聚诚 5 号资管计划),该计划投资标的是陕西国际信托公司(以下简称陕西国际信托)作为受托人设立的信托计划。该信托计划以信托资金受让江苏宏图高科技股份有限公司(以下简称宏某 1)对宏图三胞高科技术有限公司(以下简称宏某 2)享有的 24 亿元应收账款,宏某 1 向信托计划承诺到期溢价回购该等债权,并于 2016 年 12 月 1 日与陕西国际信托签署《回购协议》。《回购协议》第 8 条明确约定了触发宏某 1 提前回购的情形。就前述回购义务,三胞集团有限公司(以下简称三胞集团)和袁某作为保证人与陕西国际信托签订《保证合同》,约定对宏某 1 的溢价回购义务承担连带保证责任。2017 年 1 月 12 日,徐某进与联储证券签订了《聚诚 5 号资管合同》认购聚诚 5 号资管计划份额,认购金额 1500 万元。

聚诚5号资管计划成立后,宏某1多次为其下属公司和关联方提供巨额担保。同时,宏某1和南京B股份公司持续多次发布三胞集团质押、被轮候冻结其持有的宏某1和南京B股份公司将近100%股份的公告,且宏某1持续发布其涉及多起重大诉讼和仲裁案件以及其董事和高级管理人员发生重大变更的公告。

徐某进主张联储证券在管理聚诚5号资管计划中存在完全的过错,其认为联储证券未进行有效监管、风险控制(包括聚诚5号资管计划成立后任由其多次发生底层资产对外提供担保、重大交易、涉及重大诉讼等事项),造成其损失,并以此为由要求其赔偿投资本金、利息等全部损失。

对于联储证券在对聚诚5号资管计划进行投后管理的阶段是否尽到谨慎勤勉的管理义务这一问题,法院认为:在资金监管方面,聚诚5号资管计划筹集资金已依照《聚诚5号资管合同》投资于信托计划,并用于受让应收账款,陕西国际信托对此予以确认,相关债权亦可得到确认,故聚诚5号资管计划的资金用途未违反《聚诚5号资管合同》以及相关《信托合同》的约定,因此联储证券不存在违约行为;在风险控制层面,在风险事件发生前,宏某1和保证人虽有持续对外提供担保以及高级管理人变动的情况,但并不属于《聚诚5号资管合同》明确约定的禁止行为,联储证券是否采取相应措施仍属于自身商业判断范围,法院未有发现联储证券存在明显失职逾矩的行为,且在风险事件发生后,联储证券已在较短时间内要求宏某1履行提前回购义务并提起仲裁程序,符合《聚诚5号资管合同》中对管理人要求的相关约定。

笔者注意到,根据徐某进与联储证券有限责任公司合同纠纷二审民事判决书的记载,一审法院在事实查明部分认定深圳A局因联储证券“部分涉案资管计划信息披露不及时、销售不规范、份额种类划分不当、合同条款缺失、资管业务内部控制不到位”于2019年12月11日向其出具行政处罚决定,并对联储证券采取责令暂停私募资产管理业务6个月的行政监管措施。二审法院在审理过程中出示了证监会深圳C局作出的答复函,载明聚诚5号资管计划存在信息披露不及时的情况。虽然在判决书中法院未在论证过程中提及这些行政处罚,但其结合案件事实最终综合认定联储证券存在信息披露方面的瑕疵,并根据联储证券公司的过错程度,酌定联储证券就投资人的部分损失承担赔偿责任。

通过前述三例民事纠纷案件可知,金融资管机构在投后管理过程中能否按照法律法规及交易文件的要求履行投资管理及信息披露等投后管理义务并留存相关证据,是其在此类民事纠纷案件中能否胜诉的关键之一。在仲某娟与财通资管其他合同纠纷案中,正是由于财通资管在投后管理过程中按照《资管合同》的约定按时履行信息披露义务,才可使其在庭审过程中充分举证其在信息披露义务层面不存在任何违约行为;而在民生信托与韩某茜营业信托纠纷案中,民生信托作为金融资管机构在投后管理阶段所履行的信息披露义务以及投资管理义务均存在瑕疵,进而被法院认定需要就投资者的损失承担赔偿责任。笔者尤其关注徐某进与联储证券合同纠纷案,因为在该案件中法院通过监管部门的行政处罚决定确认联储证券存在对案涉资产管理计划信息披露不及时的情形,故而综合其他案件事实最终认定联储证券承担部分法律责任。

在日益严格的监管趋势以及资产管理产品底层交易对手违约事件不断增加的情况下,可以预见监管部门对于金融资管机构开展资产管理业务的投后管理核查将会日趋增多,投资人对于金融资管机构履行投后管理义务是否到位的关注度亦会不断加强,金融资管机构如何减少其在投后管理过程中存在的过失并确保其就投后管理义务的履行已精准留痕,系金融资管机构亟待解决的重大问题。

第三章　投后管理的前置化

一、投后管理前置化提出的原因

正如笔者在本专题初提出的疑问，实操中，银行、证券公司、公募基金管理公司等金融资管机构并不缺乏针对“投后管理”所制定的流程与制度，但其因“投后管理”义务未落实到位而被监管部门予以行政处罚或被司法部门判决/裁决承担民事赔偿责任的案例却仍层出不穷，笔者结合在实务中了解的信息以及对相关行政处罚案件与民事争议纠纷案例的梳理与研究，认为金融资管机构目前的投后管理工作可能存在如下问题：

首先，相较于金融资管机构管理的资产管理产品数量与规模，其配置的投后管理人员远远不够。因此，为避免投后管理工作出现差错，金融资管机构通常会设置模式化的投后管理流程和要求，以进一步帮助投后管理人员提升工作效率。但如今资产管理业务正不断创新以获取竞争力，较之传统的银行信贷，资产管理产品的交易结构设置也已越发复杂，所涉交易主体亦趋增多，这意味着针对不同的资产管理产品，其投后管理工作的关注点无法再固化，而需要根据不同产品的特殊情况作出相应调整。例如仲某娟与财通资管其他合同纠纷案中，案涉资产管理产品投前设置的风控措施较为复杂，涉及的主体包括提供保证担保的公司及其实际控制人、提供股权质押的质押人、质押股权所对应的标的公司等。投后管理人员只有对资产管理产品的交易结构以及所涉交易主体进行充分了解，才能在投后管理阶段对各类突发情况是否触发信息披露、信息上报等义务的履行作出判断，并及时履行该义务。投后管理人员若一味按照固化的流程与模式进行投后管理工作，则容易发生贻误。

其次，在实践中，对资产管理产品所涉交易主体或者投资标的的尽职调查工作通常由金融资管机构的投前业务部门、合规风控部门等参与，交易主体需承担的义务亦相应地由这些部门根据尽职调查结果在交易文件中设置，例如当交易结构中信用增级措施为抵押时，为确保抵押率符合监管要求或金融资管机构的内部风控要求，在投前设计抵押合同时，可能会要求抵押人定期对抵押物进行评估以确认抵押物的财产价值。交易文件中的此类设置即需要投后管理人员在投后管理阶段定期核查抵押人是否按照交易文件约定提交财产评估报告,并判断财产评估报告显示的抵押物价值是否可以满足交易文件设置的抵押率要求。若未能满足,则投后管理人员需进一步根据交易文件的约定确认由此触发的其他风险管控措施,并根据法律法规、监管部门的要求以及交易文件的约定判断是否需要进一步履行信息披露或信息上报义务。若该抵押物属于在建工程,在资产管理产品存续期间,投后管理人员还需要关注抵押物的建设情况,当在建工程建设完毕后,则需要督促抵押人将在建工程抵押权登记转变为房屋抵押权登记。

笔者在实务中还发现,资产管理产品的交易文件中设置的多项风险管控措施条款,均需在投后管理工作中被特殊关注,但投后管理人员并未参与交易文件的设置,因而缺失了对此类风控措施条款对应投后管理工作的可行性判断,例如交易文件中约定若交易主体(包括合并报表范围内的子公司)发生重大争议(包括未决诉讼、已决诉讼或仲裁),金融资管机构可以采取相应管控措施,但条款对重大争议的标准却未作明确说明。由于交易文件的该项设置,金融资管机构在投后管理工作中对于交易主体是否存在重大争议应承担关注义务,无明确的重大争议认定标准会进一步增加投后管理工作的难度。

通过上述分析不难看出,不同资产管理产品在投后管理阶段的特殊要求往往来源于其设立之前根据尽职调查结果而设置的交易文件的约定。如果投后管理人员对资产管理产品的交易结构、交易主体以及交易文件的内容缺乏了解,则其在投后管理阶段容易产生履职不到位的情形。因此笔者认为,投后管理应当予以前置化,即投后管理人员应提前参与了解不同资产管理产品的交易结构与交易主体;针对投后管理措施的设置应由投后管理人员共同参与,提前予以安排;在资产管理产品正式设立前,提前梳理交易文件中针对投后管理所需关注的特殊工作,例如定期抵押物财产评估报告的落实等。

二、投后管理前置化的建议

投后管理人员在投前工作中的缺失,可能导致投前与投后的"信息脱钩",进而造成金融资管机构履行投后管理义务存在瑕疵。笔者认为,投后管理前置化的目的即为解决"信息脱钩"问题,投后管理的前置化可以归纳为三个"提前",即提前参与、提前安排和提前梳理。

(一)投后管理人员参与到资产管理产品设立前的相关工作

由于金融资管机构的投前业务岗位与投后管理岗位所配置的人员数量存在较

大的差异，因此要求投后管理人员参与到投前的尽职调查工作中在实操上存在一定的困难。但笔者认为，投后管理岗位中应设置专人负责参与资产管理产品设立前的相关工作，包括根据资产管理产品的立项报告、投前业务部门提交的内部尽职调查报告、内部合规风险评估报告等文件了解资产管理产品交易主体、交易结构是否存在特殊设置，并进一步判断此类特殊设置将对投后管理工作所带来何种影响。举例来看，若资产管理产品的交易主体系上市公司，则不论自身或合并报表范围的重要子公司发生风险事件，其通常采用公告方式对信息予以披露，因而针对该主体，投后管理工作中就需要定期或不定期核查上市公司刊登的公告信息以核查是否存在触发交易文件风险管控措施的情形。

（二）针对资产管理产品设置的投后管理工作需提前安排

投后管理工作不仅包括针对投资标的或相关交易主体的投资管理义务，还包括对投资人的信息披露义务，两者存在联动关系。例如，交易文件中设置当融资主体资产负债率超过一定阈值时，金融资管机构即可要求融资主体提前偿付本息。这意味着在投后管理阶段，对于融资主体，金融资管机构需要关注其资产负债率的具体变化；对于投资人，金融资管机构要求融资主体提前偿付本息势必造成资产管理产品的提前分配，故该项权利的行使对投资人具有重大影响，因此金融资管机构需要向其披露相关信息。投后管理人员针对交易文件的上述设置，需要提前考虑与安排如下事项：(1)融资主体的资产负债率是随时变动的数值，以何等时间节点的资产负债率作为判断依据更有利于投后管理；(2)前述确定的时间节点是否在与融资主体签署的交易文件中有明确体现；(3)与融资主体签署的交易文件中是否明确要求融资主体在该时间节点提供证明其资产负债率的相关文件。

实际操作中，在资产管理产品的存续期内，当投后管理人员开展投后管理工作或监管部门提出要求时，往往需要交易主体配合提供相关信息或者资料，因此，交易文件中需设置可以向相关主体提出此类要求的条款依据。笔者认为，若投后管理人员能在资产管理产品交易文件设计阶段就将法律法规、监管要求及金融资管机构内部管控的规则进行梳理，并要求外部律师或者投前业务部门在交易文件予以落实，或能有效减少金融资管机构在投后管理阶段因无法找到交易文件条款依据而进入被动僵局的情况。

（三）在资产管理产品设立前梳理投后管理工作

笔者相信，金融资管机构针对法律法规规定的以及监管部门要求的投后管理义务的梳理已较为完善,且已体现在金融资管机构内部制定的投后管理相关制度或者流程中。因此,金融资管机构更容易在交易文件安排的事项上出现投后管理义务履职过失。承接上文所提,投后管理人员应将其对于投后管理的要求提前安排在资产管理产品的交易文件中,为后续顺利开展投后管理工作提供支撑。由于资产管理产品存续周期长,因此在提前作出相关安排后,笔者认为,还有一个关键步骤需要完成,即投后管理人员应对资产管理产品所涉及的全部投后管理工作进行梳理,如具体工作内容、工作落实时间、协助落实的职能部门等。参考律师在起草企业常规合同模板时的做法,律师通常会采用通用条款与特殊条款相互结合的方式,通用条款用以满足企业就此类业务的常规要求,特殊条款则体现在企业与交易对手之间的特别约定中。笔者认为,投后管理工作的梳理也应区分常规工作以及特殊工作。常规工作系针对法律法规以及监管部门要求的投后管理义务而梳理的,针对不同资产管理产品均需实施的工作;特殊工作系投后管理人员针对特定资产管理产品的交易文件设置的需要特别开展的工作。

对投后管理工作的提前梳理,可以有效降低在资产管理产品存续期内由于金融资管机构岗位人员流动可能导致的投后管理工作疏忽,同时还可以提升金融资管机构的投后管理工作效率。根据梳理内容进行的投后管理工作亦能为金融资管机构勤勉尽责履行投后管理义务留痕,使金融资管机构在面对诉讼纠纷时能提交相关证据佐证自身已履职到位,从而降低承担投资人损失的风险。

(四)对投前业务部门加强有关投后管理工作的培训

除上述三个"提前"外,笔者认为投后管理前置化亦包括让投前业务部门提前了解投后管理工作的关注点。实际操作中,投前业务部门系产生金融资管机构经营业绩的主要部门,其工作重点自然在于业务的推进。因此,投前业务部门对业务推进和落地中的合规标准、风险标准较为熟悉,但对法律法规以及监管部门针对投后管理的要求可能不甚了解,这导致了投前业务部门在与相关交易主体的磋商谈判过程中,可能遗漏资产管理产品设立后在投后管理工作层面所需落实的相关要求。例如在保险资产管理业务领域,根据《债权投资计划实施细则》的要求,如果债权投资计划在存续期间发生风险事件,保险资产管理机构应在 5 个工作日内向投资人履行信息披露义务,并向相关监管主体履行信息报告义务。但该项义务可以充分履行的前提系保险资产管理机构能在发生风险事件时尽早知晓,而该前提的保障则需要债权投资计划的交易主体知悉何谓"风险事件",并在知晓"风险事件"发生后尽快通知保险资产管理机构。这就需要投前业务部门在与交易主体的磋商谈判中,要求交易主体履行此类通知义务，并能向交易主体解释其履行通知的必要性。

因此，笔者认为，针对投前业务部门设置投后管理工作的培训确有必要。通过培训，将金融资管机构在投后管理工作中的风控关注点、合规管控点告知投前业务部门，亦有利于投前业务部门在前端开展业务的过程中判断交易对手或者标的项目是否符合合格标准。该合格标准并非仅指交易对手或者标的项目符合投前的业务落地标准，也包括评判交易对手在投后能否配合金融资管机构开展后续的相关监督管理工作。

结　语

资产管理产品投前业务的拓展系金融资管机构经营业绩的来源，投后管理义务的有效履行是防范金融资管机构因未勤勉尽责而受到行政处罚或承担民事责任的保障。笔者认为，资产管理产品的投前工作与投后管理并不能因其在界定上存在明确的时间节点区分而被"割裂"对待。投后管理工作存在过失，不应只着眼于投后管理人员未按照法律法规的规定、监管要求或交易文件的约定履行某项职责，而更应全面进行剖析，包括交易主体是否根据法律法规和监管要求对金融资管机构的投后管理工作予以配合，该配合义务是否已落实于交易文件之中，交易文件本身设置的内容在投后管理工作中是否具有可执行性，其他应该承担协助投后管理工作的职能部门是否存在过错等。根据以往业务经验以及对相关案例的研究，笔者认为，只有整个金融资管机构内部做到投前投后的联动协调，才能进一步保障金融资管机构尽职履行投后管理义务，使投后管理工作效益最大化、效率最优化。

专题二

私募基金与资管嵌套的争议与解决

国浩律师（上海）事务所 邹 菁 吴雄雁 乐 维

私募基金适用的规定较为分散、所涉当事主体众多、法律关系相对复杂，其与资产管理产品的嵌套，将进一步增加交易结构和法律关系的复杂性。与之相应，在私募基金嵌套交易中，发生潜在争议和纠纷的风险也更高，所涉法律风险也更加凸显。如何更好地认识、解决和防范私募基金嵌套交易中存在的相关法律风险，值得我们做相应研究和讨论。

第一章　几个法律概念

为更好地开展本专题的相关讨论，以下几个法律概念值得我们先行梳理和厘清。

一、私募基金

根据《私募投资基金监督管理条例》等有关规定，私募基金，即私募投资基金，是指在中华人民共和国境内，私募基金管理人以非公开方式向投资者募集资金设立的投资基金。

值得关注的是，涉及以非公开募集资金，并以进行投资活动为目的设立的公司或者合伙企业，资产由私募基金管理人或者普通合伙人管理的，本质上也将被视为私募基金业务活动，适用私募基金相关规范。

二、资管产品

现行法律、行政法规并未明确“资管产品”的具体含义。根据《关于规范金融机构资产管理业务的指导意见》（以下简称《资管新规》），资管业务，是指银行、信托、证券、基金、期货、保险资管机构、金融资产投资公司等金融机构接受投资者委托，对受托的投资者财产进行投资和管理的金融服务。据此，资管产品一般是指银行、信托公司、证券公司、基金管理公司、期货公司、保险公司、金融资产投资公司及前述机构依法设立的从事资产管理业务的子公司等机构依法发行的资产管理产品，包括银行理财产品、证券期货资管计划、信托计划、保险资产管理产品等。

对于私募基金是否属于资产管理产品，因大家对私募基金管理人的性质存有不同理解而持有不同的观点。基于私募基金具有“受人之托，代人理财”的资产管理业务的本质属性，以及其受《资管新规》约束，并结合中国证券投资基金业协会（以下简称基金业协会）在《私募投资基金登记备案办法》对“资管产品”的定义包括“在协会备案的私募基金”，我们认为，私募基金属于资管产品范畴。

三、嵌套

基于本专题讨论之目的,从狭义上理解,嵌套系指某一资管产品通过对其他资管产品的投资而间接投资于底层资产。而从广义上理解,资管产品投资于其他资管产品的收(受)益权,亦系嵌套的一种特殊表现形式。①

① 基于嵌套的本质以及司法实务的认定,在本专题中对“嵌套”持广义上的理解。

第二章　嵌套模式分类与嵌套原因分析

一、嵌套模式分类

根据不同的分类标准，可将私募基金与资管产品的嵌套模式作不同的分类。

（一）按嵌套层数划分

按嵌套层数，可分为单层嵌套和多层嵌套。

（二）按嵌套对象性质划分

按嵌套对象性质，可分为对资管产品的嵌套、对资管产品收（受）益权的嵌套以及对其他特殊目的载体的嵌套。

（三）按嵌套与被嵌套关系划分

按嵌套与被嵌套关系，可分为私募基金嵌套其他资管产品和其他资管产品嵌套私募基金。

二、嵌套原因分析

（一）实现杠杆作用

通过嵌套其他资管产品，尤其是通过投资其他结构化资管产品，可以更好地撬动杠杆资金，有效放大投资资金，进而满足对底层资产投资的资金需求。例如，信托计划认购合伙型基金的优先级份额，并最终投资于房地产项目。

（二）扩大投资范围

各资管产品投资范围的差异逐渐缩小，但受限于监管要求，部分资管产品仍仅能投资于特定资产，而无法直接对某些底层资产进行投资。为此，部分资管产品为实现对该等底层资产的投资，需要通过嵌套其他资管产品，进而间接投资于相关底层资产。例如，组合类保险资管产品通过嵌套保险私募基金，并最终投资于城市更新项目。

(三)交易结构需要

在部分交易中,为借助相关资管产品在合格基础资产创设、资产风险隔离、投资范围等方面的优势,出于交易结构合规搭建的需要,亦会采用嵌套模式。例如,在部分资产证券化产品中,定向资产支持票据、资产支持专项计划通过嵌套私募基金或信托计划最终投资于底层基础资产。

(四)规避监管

实务中,相关方出于规避投资范围、监管指标、隐藏资金来源或隐匿底层资产等目的,通过搭建嵌套架构进行监管或制度套利,也并不鲜见。例如,理财资金通过嵌套信托计划,再由信托计划投资于专项资管计划,并最终投资于房地产项目。

第三章 嵌套政策演变

一、嵌套的发展

我国资管产品嵌套的发展，大致经历了起源发展阶段、相对粗放发展阶段和逐渐规范发展阶段三个阶段。

（一）起源发展阶段（2005年至2011年）

资管产品嵌套最早起源于银信合作。2005年4月20日，中国人民银行、原中国银行业监督管理委员会（以下简称原银监会）发布《信贷资产证券化试点管理办法》，试点信贷资产证券化，也拉开了银信合作的序幕。而后，原银监会相继出台了《银行与信托公司业务合作指引》（银监发〔2008〕83号）、《关于进一步规范银信合作有关事项的通知》（银监发〔2009〕111号）、《关于规范银信理财合作业务有关事项的通知》（银监发〔2010〕72号）、《关于进一步规范银信理财合作业务的通知》（银监发〔2011〕7号）等一系列规定，以规范银信业务合作。在该阶段，资管产品嵌套主要表现为银行理财与信托计划的嵌套。

（二）相对粗放发展阶段（2012年至2015年）

受限于银信合作的限制要求，银行开始寻找其他合作渠道。2012年，中国证券监督管理委员会（以下简称证监会）发布《证券公司客户资产管理业务管理办法》，同时实施《基金管理公司特定客户资产管理业务试点办法》，鼓励证券公司和基金管理公司创新，扩大证券公司和基金管理公司资管产品的投资范围。原中国保险监督管理委员会发布《关于保险资产管理公司有关事项的通知》（保监发〔2012〕90号），允许保险资管公司按照有关规定设立子公司，开展专项资产管理业务；发布《关于保险资金投资有关金融产品的通知》（保监发〔2012〕91号），明确保险资金可以投资商业银行理财产品、银行业金融机构信贷资产支持证券、信托公司集合资金信托计划、证券公司专项资产管理计划、保险资管公司基础设施投资计划、不动产投资计划和项目资产支持计划等金融产品。至此，大资管时代拉开帷幕。在该阶段，除原有的银信合作外,资管嵌套进一步拓展至银证、银基、信证、信保等模式。

(三)逐渐规范发展阶段(2016 年至今)

2016 年,证监会修正《证券公司风险控制指标管理办法》,并发布实施《基金管理公司子公司管理规定》,要求证券公司和基金管理子公司实施净资本管理,证券公司和基金管理子公司的通道成本优势消失,通道等非标准化业务大幅下降。2017 年,原银监会发布《关于规范银信类业务的通知》(银监发〔2017〕55 号),对银信类(银信通道)业务进行规范。2018 年,原银监会发布《关于进一步深化整治银行业市场乱象的通知》(银监发〔2018〕4 号),以进一步整治影子银行和交叉金融产品风险(违规开展同业、理财、表外、合作业务)等银行业市场乱象;发布《商业银行委托贷款管理办法》,明确银行委托贷款资金不能为受托管理的他人资金,限制银证和银基类非标业务。同年,证监会窗口指导叫停券商集合和基金子公司投资信托、委贷备案;中国证券投资基金业协会发布《私募投资基金备案须知》(2018 年 1 月 12 日),明确通过委托贷款、信托贷款等方式从事借贷活动,不属于私募基金范围。而后,中国人民银行、原中国银行保险监督管理委员会(以下简称原银保监会)、证监会、国家外汇管理局联合印发《资管新规》(银发〔2018〕106 号),在按照产品类型统一监管标准的同时,明确要求消除多层嵌套,抑制通道业务。在该阶段,随着资管嵌套监管力度的不断加大、监管标准的逐渐统一,资管嵌套业务逐渐步入规范发展阶段。

二、多层嵌套的限制

按照现行监管政策,监管部门要求资管机构在开展资管业务时,应消除多层嵌套,抑制通道业务。其中,根据《私募投资基金监督管理条例》,私募基金的投资层级应当遵守国务院金融管理部门的规定;根据《资管新规》,资管产品可以再投资一层资管产品,但所投资的资管产品不得再投资公募证券投资基金以外的资管产品。

基于现行规定及监管口径,私募基金与资管产品的嵌套操作具体如表2 -1和表2 -2所示。

表 2－1　资管产品嵌套私募基金

嵌套产品	理财产品				信托计划	保险资管产品			证券期货私募资管计划	私募基金		
	商业银行		理财子公司		单一/集合	组合类产品	股权投资计划	债权投资计划	专项/集合	私募证券投资基金	私募股权投资基金	私募资产配置基金
	公募	私募	公募	私募								
私募证券投资基金	×	×	√	√	√	○	×	×	√	√	×	√
私募股权投资基金	○	○	○	√	√	○	√	×	√	×	√	√
私募资产配置基金	×	×	×	√	√	×	○	×	√	√	√	√

注：1. ×表示不得嵌套投资相关产品；√表示可以嵌套投资相关产品；○表示可以嵌套投资特定产品。

2. 商业银行（公募/私募）理财产品、理财子公司（公募）理财产品可以投资于金融资产投资公司的附属机构依法设立的私募股权投资基金。分级理财产品不得投资其他分级资管产品。

3. 组合类保险资管产品可以投资于保险私募基金。

4. 债权投资计划可以投资于以私募股权投资基金为投资标的的私募资产配置基金。

表 2－2　私募基金嵌套资管产品

嵌套产品			私募证券投资基金	私募股权投资基金	私募资产配置基金
银行理财产品	商业银行	公募	×	×	√
		私募	×	×	√
	理财子公司	公募	×	×	√
		私募	×	×	√
信托计划	单一/集合		√	√	√

续表

嵌套产品		私募证券投资基金	私募股权投资基金	私募资产配置基金
保险资管产品	组合类产品	×	×	×
	股权投资计划	×	√	√
	债权投资计划	×	×	√
证券期货私募资管计划	专项/集合	√	√	√
私募基金	私募证券投资基金	√	×	√
	私募股权投资基金	×	√	√
	私募资产配置基金	√	√	√

三、多层嵌套限制的豁免

除下列情形外,资管产品原则上只能嵌套一层资管产品:

1. 根据《私募投资基金监督管理条例》,符合国务院证券监督管理机构规定条件,将主要基金财产投资于其他私募基金的私募基金不计入投资层级;创业投资基金、政府产业投资基金的投资层级,由国务院有关部门规定。

2. 根据《资管新规》,资产管理产品在嵌套投资一层资产管理产品后,其所投资的资产管理产品可以再投资于公募证券投资基金。

3. 根据《关于进一步明确规范金融机构资产管理产品投资创业投资基金和政府出资产业投资基金有关事项的通知》,符合要求的创业投资基金和政府出资产业投资基金接受资产管理产品及其他私募投资基金投资时,该两类基金不视为一层资产管理产品。

4. 根据《〈资管细则〉适用问题解答(三)》①,依法设立的公益(慈善)信托、家族信托投资证券期货经营机构私募资产管理计划的,不视为一层嵌套,该私募资产管理计划可以再投资其他资产管理产品。

5. 按照基金业协会目前办理基金产品备案的实操口径,私募基金嵌套私募基金(在不涉及其他金融资管产品的情形)时,并未严格适用只能嵌套一层的相关要求。但值得特别关注的是,根据证监会于2023年12月8日发布的《私募投资基金监督

① 该规定系证监会针对《证券期货经营机构私募资产管理业务管理办法》及其配套规则(《资管细则》),向证券期货经营机构刊发的有关政策执行口径。

管理办法(征求意见稿)》,私募基金可以再投资一层资产管理产品或者私募基金,所投产品不得再投资公募证券投资基金以外的其他的资管产品或者私募基金,法律、行政法规和国家另有规定的除外。如未来前述规定得以保留并落地,则届时私募基金嵌套私募基金时也不得超过一层,即便是在不涉及其他金融资管产品的情形。

第四章　嵌套法律风险

一、多层嵌套的效力问题

在多层嵌套交易中，司法机构一般会对相关法律关系进行穿透式审查，并据此认定相关当事方之间构成的法律关系及其效力。

就多层嵌套交易合同而言，其作为相关当事方的真实意思表示，在不违反法律、行政法规强制性规定或不存在其他无效事由的情形下，司法机构一般会基于“尊重当事人意思自治”以及“保护商事契约及鼓励交易”等原则，认定为合法有效，对相关当事方具有法律约束力。例如，在上诉人南昌农村商业银行股份有限公司与被上诉人内蒙古银行股份有限公司、民生证券投资有限公司、民生证券股份有限公司合同纠纷案［案号：(2016)最高法民终215号］中，最高人民法院认为：一审判决认定南昌农村商业银行股份有限公司与内蒙古银行股份有限公司签订的《定向资管计划收益权转让协议》有效，并无不当，本院予以维持。南昌农村商业银行股份有限公司上诉提出本案合同因违反法律强制性规定、金融监管禁止性和强制性规定而无效的意见，理据不足，本院不予支持。又如，在上诉人张某东与被上诉人优选资本管理有限公司及第三人张某合同纠纷案［案号：(2019)京01民终10584号］中，北京市第一中级人民法院认为：《收益权转让合同》和《份额转让合同》内容不存在违反法律法规强制性规定或损害社会公共利益的情形，故一审法院认定上述合同合法有效并无不当，本院对张某东该项上诉意见不予支持。

但如相关合同违反法律、行政法规的(效力性)强制性规定或违背公序良俗的，则相关合同将被认定为无效。例如，在上诉人上银瑞金资本管理有限公司与被上诉人华某其他合同纠纷案［案号：(2021)沪74民终387号］中，上海金融法院认为：上银瑞金、华某本意在通过份额收益权转让及回购、应收账款质押等形式上的合同关系，实现双方场外股票融资的真实交易目的。上述场外股票融资行为，违反了《证券法》关于融资融券业务特许经营的强制性规定。上银瑞金资本管理有限公司在两个资管计划下履行管理职责，是两个资管计划相互衔接的重要一环，其亦应知晓融资资金实质上来源于银行借款，违反相应的银行监管政策，亦不利于维护金融市场的透明度和社会公共利益的保护。综上,《资产管理计划份额收益权转让及回购合同》应为无效合同。

值得特别关注的是,在 2023 年 9 月 1 日《私募投资基金监督管理条例》实施之前,有关多层嵌套限制的监管规定多体现于部门规章之中,且司法实务中大多认为违反规章一般不会影响合同效力,但如果该规章的内容涉及金融安全、市场秩序、国家宏观政策等公序良俗的,则存在被认定为合同无效的法律风险;正如《全国法院民商事审判工作会议纪要》第 31 条之规定“【违反规章的合同效力】违反规章一般情况下不影响合同效力,但该规章的内容涉及金融安全、市场秩序、国家宏观政策等公序良俗的,应当认定合同无效。人民法院在认定规章是否涉及公序良俗时,要在考察规范对象基础上,兼顾监管强度、交易安全保护以及社会影响等方面进行慎重考量,并在裁判文书中进行充分说理”。

《私募投资基金监督管理条例》实施后,其作为行政法规且直接明确规定“私募基金的投资层级应当遵守国务院金融管理部门的规定”;如此,针对违反投资层级的嵌套交易安排,其法律效力的不确定性风险增大,未来司法机关就该问题的裁判尺度值得我们进一步密切关注。

二、通道安排的效力问题

《资管新规》实施之前以及在资管新规过渡期内,在通道业务未违反法律、行政法规效力性强制性规定的情形下,司法机构通常基于当事方的意思自治原则来认定通道业务的法律效力,以及各方在通道业务中的权利和义务。例如,在上诉人深圳市西丽报恩福地墓园有限公司与被上诉人光大兴陇信托有限责任公司等借款合同纠纷案[案号:(2015)民二终字第 393 号]中,最高人民法院认为:根据当前国家金融监管原则,金融机构不得为其他金融机构的资管产品提供规避投资范围、杠杆约束等监管要求的通道服务……但本案所涉信托贷款发生在 2011 年,属上述金融监管政策实施前的存量银信通道业务……本院认为,深圳市西丽报恩福地墓园有限公司所提案涉信托借款合同系商业银行为规避正规银行贷款而借助信托渠道谋取高息并构成以合法形式掩盖非法目的的上诉理由,没有法律依据。案涉《单一资金信托合同》和《信托资金借款合同》系各方当事人的真实意思表示,且不违反法律、行政法规的强制性规定,本院对深圳市西丽报恩福地墓园有限公司有关合同无效的上诉请求,依法不予支持。在上诉人北京北大高科技产业投资有限公司与被上诉人光大兴陇信托有限责任公司等借款合同纠纷案[案号:(2015)民二终字第 401 号]中,最高人民法院亦持相同观点。

《资管新规》过渡期结束之后，金融审判与金融监管的衔接加强，司法机构对于通道业务法律效力的认定存在较大的不确定性（尤其是涉及以金融创新为名掩盖金融风险、规避金融监管、进行制度套利的通道业务），其法律效力的司法认定值得我们密切关注。

三、收益权转让相关风险

根据司法判例，在与收益权相关的交易模式系有关当事方真实意思表示，且未违反法律、行政法规强制性规定的情形下，目前绝大多数法院对当事方基于协议约定而确定的收益权内容及其转让的法律效力均持肯定态度。例如，在上诉人世欣荣和投资管理股份有限公司与被上诉人长安国际信托股份有限公司、天津鼎晖股权投资一期基金（有限合伙）、天津鼎晖元博股权投资基金（有限合伙）、天津鼎晖股权投资管理中心（有限合伙）、原审第三人天津东方高圣诚成股权投资合伙企业（有限合伙）信托合同纠纷案［案号：（2016）最高法民终19号］中，最高人民法院认为：长安国际信托股份有限公司与天津鼎晖股权投资一期基金、天津鼎晖元博股权投资基金分别在相应《股票收益权转让协议》中约定，股票收益权内容包括天津鼎晖股权投资一期基金持有的9,003,983股、天津鼎晖元博股权投资基金持有的2,539,585股合计11,543,568股股票的处置收益及股票在约定收益期间所实际取得的股息及红利、红股、配售、新股认股权证等孳息。该约定明确了长安国际信托股份有限公司所取得的涉诉股票收益权的数量、权利内容及边界，已经使得长安国际信托股份有限公司取得的涉诉股票收益权明确和特定，受托人长安国际信托股份有限公司也完全可以管理运用该股票收益权。所以，信托财产无论是天津东方高圣诚成股权投资合伙企业按照涉诉两份《信托合同》交付给长安国际信托股份有限公司的112,031,000元资金，还是长安国际信托股份有限公司以上述资金从天津鼎晖股权投资一期基金、天津鼎晖元博股权投资基金处取得的股票收益权，均系确定。世欣荣和投资一期基金公司主张涉诉两份《信托合同》中信托财产不确定，缺乏事实基础，对其主张本院不予支持。类似司法案例还包括（2016）最高法民终215号、（2021）沪74民初745号、（2022）沪74执异83号等案件。

尽管收益权转让在效力认定方面的法律风险较低，但收益权作为一项财产权利，其在某种程度上虽与基础资产以及基础资产的其他权利相分离，收益权的实现又直接取决于对基础资产的控制以及基础资产的运营和处置变现情况。因此，基于基础资产而衍生的收益权有其自身特殊性，其在交易环节中具有自身特殊的法律风险。

(一)转让方重复处置或对基础资产设立权利负担的风险

除银行业信贷资产登记流转中心为信贷资产收益权的转让提供集中登记服务外,其他特定资产收益权的转让并不存在登记或公示平台,且收益权的转让双方通常并不向收益权所涉义务人通知收益权转让的事实,有关收益权的交易通常具有较强的私密性,一般公众难以通过公开渠道了解、查询相关信息。就此而言,转让方在将特定资产收益权进行转让后存在将其向其他第三方进行重复转让的潜在风险。另外,因基础资产收益权转让时,其与基础资产的二分性,转让方在将基础资产收益权转让后,亦存在转让方在该类基础资产之上再行设立抵押、质押等权利负担的法律风险。

(二)受让方权利主张对象受限

因特定资产收益权所涉义务人通常为特定资产持有人之外的第三方,且特定资产收益权转让并不涉及基础资产本身的转让。就此而言,在相关义务方怠于或拒不履行特定资产收益权所涉债务清偿或款项支付义务时,受限于合同相对性,受让方通常无法直接向该义务方主张相关权利,而仅能依据特定资产收益权转让合同的安排,通过特定资产持有人间接地向相关义务方主张相关权利。

(三)转让方破产隔离阻断缺失

因特定资产收益权的转让方在转让收益权时,基础资产本身并未随收益权一并转让。因此,在转让方发生破产情形时,基础资产无法与转让方的其他财产实现破产隔离。在此情形下,受让方基于特定资产收益权而享有的权益的实现将直接受到十分不利的影响。

综上,在特定资产收益权的交易中,受让方通常承担着更大的法律风险。且在实务中,受让方往往只能通过协议约定或某些特定安排的方式对特定资产收益权交易过程中可能出现的潜在风险进行预防(如受让方在投前加强对基础资产合法有效性等事项的审查、明确转让方在特定情形下的回购义务或差额补足义务、通过在收益权所涉基础资产上设立抵/质押担保实现对基础资产的控制、由第三方债务人将特定资产收益权所涉款项直接向受让方清偿或支付至转让方与受让方共同监管的银行账户、设定明确的违约责任以增加转让方的违约成本等),而无法完全规避。

四、底层诉权的行使问题

嵌套交易安排下,投资人的权利救济途径难度更高:

投资人可向其所投产品(上层产品)及其管理人追责,但此类情形下投资人的主张一般限于管理人“过错赔偿责任”或“违约责任”,更多体现为一种替代、补充责任,且上层产品管理人最终责任或赔偿金额的确定一般又以底层资产价值或损失的确定为前提。鉴于此,投资人直接向上层产品管理人追责或不能达到投资人的诉求,往往是不得已而为之的替代选项。

如投资人拟直接对底层项目及其管理方进行追责,因投资人并未与底层产品(下层产品)或底层标的存在直接的合同关系,其底层诉权的行使或因此受限,底层诉权的法律依据有待确定,实践中或存在不同的观点。

(一)委托人的介入权

该观点依据《民法典》第 925 条“受托人以自己的名义,在委托人的授权范围内与第三人订立的合同,第三人在订立合同时知道受托人与委托人之间的代理关系的,该合同直接约束委托人和第三人;但是,有确切证据证明该合同只约束受托人和第三人的除外”。据此直接约束投资人与底层项目方。值得注意的是,委托人的介入权在嵌套交易安排中的适用存在以下两点障碍:

1. 私募法律关系一般认定为“信托关系”而非“委托关系”,如中国证券投资基金业协会负责人就发布《关于进一步规范私募基金管理人登记若干事项的公告》答记者问中明确指出:“信托关系是私募基金赖以存在发展的基础法律关系,私募基金管理人须履行诚实信用、专业勤勉的受托人义务。”例如,在永泰能源股份有限公司、鑫元基金管理有限公司公司债券交易纠纷案[案号:(2019)最高法民终 704 号]中,最高人民法院即认为:案涉鑫元基金 - 鑫合通 7 号资管计划是根据江苏张家港农村商业银行股份有限公司的委托,由鑫元基金管理有限公司对委托人委托设立的基金财产独立管理的需要而设立,江苏张家港农村商业银行股份有限公司与鑫元基金管理有限公司构成信托法律关系。在武汉祥盛鑫商贸有限公司、上海锐懿资产管理有限公司股权转让纠纷案[案号:(2020)鄂 01 民终 11193 号]中,湖北省武汉市中级人民法院亦持此观点并强调:根据《信托公司私人股权投资信托业务操作指引》第 11 条:“信托公司应当以自己的名义,按照信托文件约定亲自行使信托计划项下的被投企业的相关股东权利,不受委托人、受益人干预。”

2. 退一步而言,如将私募法律关系认定为“委托关系”,介入权的适用还需满足前提条件“第三人在订立合同时知道受托人与委托人之间的代理关系的”,即需要证明嵌套交易安排中,底层项目方明确知晓下层产品的投资行为系代上层产品及其投资人而为之。例如,在大连天神娱乐股份有限公司等与恒丰银行股份有限公司合同纠纷案[案号:(2021)京民终442号]中,北京市高级人民法院即持此观点,认为:完整的证据链能够证明大华汇通公司(代表华诚5号资管计划)作为恒丰银行股份有限公司的受托人,以自己的名义与大连天神娱乐股份有限公司等合伙人订立《合伙协议》,大连天神娱乐股份有限公司在订立《合伙协议》时知道大华汇通公司与恒丰银行股份有限公司之间的代理关系,故该合同直接约束恒丰银行股份有限公司和大连天神公司。因此,本案符合《民法典》第925条规定的"受托人以自己的名义,在委托人的授权范围内与第三人订立的合同,第三人在订立合同时知道受托人与委托人之间的代理关系的,该合同直接约束委托人和第三人"的情形,恒丰银行股份有限公司提起本案诉讼,是适格原告。

(二)代位权

该观点依据《民法典》第535条"因债务人怠于行使其债权或者与该债权有关的从权利,影响债权人的到期债权实现的,债权人可以向人民法院请求以自己的名义代位行使债务人对相对人的权利,但是该权利专属于债务人自身的除外"。据此给予投资人对底层项目方的直接诉权。值得注意的是,代位权在嵌套交易安排中的适用也存在限制:

1. 代位权适用于债权债务关系中,如嵌套交易为权益投资安排,代位权较难适用;

2. 代位权的行使需要以债权到期为前提,对投资人而言,需承担相应的证明责任。

(三)派生诉讼

有观点以公司法、合伙企业法项下派生诉讼的规定作为投资人底层诉权的依据;如《公司法》第151条第2款规定,"监事会、不设监事会的有限责任公司的监事,或者董事会、执行董事收到前款规定的股东书面请求后拒绝提起诉讼,或者自收到请求之日起三十日内未提起诉讼,或者情况紧急、不立即提起诉讼将会使公司利益受到难以弥补的损害的,前款规定的股东有权为了公司的利益以自己的名义直接向人民法院提起诉讼"。[①]《合伙企业法》第68条规定,"有限合伙人的下列行为,不视

---

① 《公司法》于2023年12月29日修订,该条款已调整为第189条第2款:"监事会或者董事会收到前款规定的股东书面请求后拒绝提起诉讼,或者自收到请求之日起三十日内未提起诉讼,或者情况紧急、不立即提起诉讼将会使公司利益受到难以弥补的损害的,前款规定的股东有权为公司利益以自己的名义直接向人民法院提起诉讼。"

为执行合伙事务:……(七)执行事务合伙人怠于行使权利时,督促其行使权利或者为了本企业的利益以自己的名义提起诉讼”。该观点较代位权似乎更进一步,但其适用也存在限制:

1. 派生诉讼仅适用于合伙型、公司型的私募产品,并不能涵盖契约型私募产品;

2. 派生诉讼的适用以“管理人或相关主体”怠于履责,以及产品受到损害为前提,对投资人而言其负有较严格的证明责任;

3. 更为重要的是,嵌套安排项下存在多层结构;上层产品投资人在上层产品管理人怠于履责的情况下,可以向下层产品及管理人主张权利,但上层产品投资人较难直接为了下层产品利益而对底层项目方提起诉讼。

五、原状分配的法律风险

上层产品投资人行使底层诉权存在各种限制,实践中,管理人或通过“原状分配”将底层权益给到投资人,投资人以现状直接取得底层权益,管理人也借由“原状分配”完成其分配或清算责任。原状分配在信托领域较为常见,且相关安排在《信托法》《信托公司集合资金信托计划管理办法》中有部分规定。原状分配在私募基金领域并无直接的法规依据但其在私募领域(尤其是嵌套交易安排下)适用的潜在问题值得关注。

(一)原状分配性质认定尚无定论

1. 权利继受说

该观点的依据有《公司法》第186条第2款“公司财产在分别支付清算费用、职工的工资、社会保险费用和法定补偿金,缴纳所欠税款,清偿公司债务后的剩余财产,有限责任公司按照股东的出资比例分配,股份有限公司按照股东持有的股份比例分配”①;《合伙企业法》第89条“合伙企业财产在支付清算费用和职工工资、社会保险费用、法定补偿金以及缴纳所欠税款、清偿债务后的剩余财产,依照本法第三十三条第一款的规定进行分配”;《信托法》第54条“信托终止的,信托财产归属于信托文件规定的人;信托文件未规定的,按下列顺序确定归属:(一)受益人或者其继承人;(二)委托人或者其继承人”。

该观点认为公司/合伙企业清算后,剩余财产归属投资人;除财产性权利外,投

① 《公司法》于2023年12月29日修订,该条款已调整为第236条第2款:“公司财产在分别支付清算费用、职工的工资、社会保险费用和法定补偿金,缴纳所欠税款,清偿公司债务后的剩余财产,有限责任公司按照股东的出资比例分配,股份有限公司按照股东持有的股份比例分配。”

资人可据此取得底层资产的股东/合伙人身份。该观点对相关法律规定作了一个扩大化的解读,或存在一定风险。例如,在石河子协和医院有限责任公司与吴某柏股东资格确认纠纷案[案号:(2017)兵民再21号]中,新疆维吾尔自治区高级人民法院生产建设兵团分院认为:有限责任公司具有人合性,要成为公司的股东,不仅需要有一定的出资额,还需要与其他股东之间存在相互信任的关系。正是因为有限责任公司人合性较强,股权的管理属性并不弱于财产属性,而管理属性增强时,股权即具有一定的人身性质。因此,公司法人被注销后,其股东直接继承公司股权不符合公司法立法本意。

2. 权利转让说

该观点认为原状分配的实质是底层权益的转让,需进一步区分底层权益的性质;如为债权转让,需履行通知义务;如为股权/份额转让,则需考虑企业的人合性,需进一步讨论:(1)股东/合伙人身份取得;(2)其他股东/合伙人优先购买权等问题。实践中,底层权益如为公司股权、合伙企业份额,权益原状分配需完成工商变更登记/备案程序,以确保投资人权益的外部公示效力;市场监督管理部门对原状分配仍将其视为权利转让对待和处理。例如,在武汉祥盛鑫商贸有限公司、上海锐懿资管有限公司股权转让纠纷案[案号:(2020)鄂01民终11193号]中,湖北省武汉市中级人民法院认为:上海锐懿资管有限公司未经原股东龙源投资公司同意,即擅自依据所谓的信托合同将其股东权利让渡于武汉祥盛鑫商贸有限公司,使其早在2018年1月就开始实际参与龙源文旅公司的经营决策,行使股东权利(该部分事实经庭审调查两上诉人均予以确认)行为,无论其套上"隐名股东显名化"抑或"原状分配"的外衣均无法遮挡其行为实质的违法性,且该行为从根本上破坏了龙源文旅公司的人合性。综上,该案所涉《股权转让协议》并非属于隐名股东显明化,而是属于公司股东对外转让股权的法律行为。

无论何种观点,如底层权益为股票,均涉及证券过户问题。目前股票非交易过户项下并无原状分配直接对应的途径,可能适用的路径为:(1)"法人资格丧失所涉证券过户";(2)证监会正在启动的私募股权创投基金向投资者实物分配股票试点("中国证监会认定的其他情形")。

(二)嵌套交易安排下涉及多次原状分配

嵌套交易项下,鉴于每层产品决策机构参与主体不同,且涉及外部程序(如工商变更登记)要求,上层产品投资取得底层权益涉及多次原状分配,难以通过一次原状分配实现上层产品投资人持有底层项目权益的目的。

另外,值得特别关注的是:(1)在涉及股权原状分配时,往往还涉及底层项目其他股东的配合,如其他股东拒不配合,则相关操作也难以推进;(2)在进行原状分配时,下层产品对底层项目方所享有的诉权(如股权回购请求权)能否由上层产品及/或上层产品投资人承继,也存在极大的不确定性及操作障碍。

第五章　嵌套风险防范

一、合规设计嵌套模式

为避免多层嵌套交易在司法机构穿透式审查的情形下，被以“违反法律、行政法规的强制性规定”或“违反公序良俗”等事由而认定为无效的法律风险，相关当事方在设计交易结构时，应尽量避免开展违反监管规定的多层嵌套交易。换句话说，在实务中，应基于现行监管要求，结合具体项目的实际需求，在合法合规的基础上来设计嵌套交易结构，包括嵌套的投资层级满足法律规定的要求以及避免开展不合规的通道业务等，以保障嵌套交易安排的法律效力。在设计交易结构以及设置嵌套安排时，应特别关注“创新交易模式”，尤其是以金融创新为名掩盖金融风险、规避金融监管、进行制度套利的违规交易行为。

二、穿透核查底层资产

在嵌套交易安排中，底层基础资产的情况将直接影响整个嵌套交易（尤其是上层资管产品和上层投资者）的安全性。因此，在涉及嵌套安排的交易中，应特别对底层资产进行穿透式核查，包括但不限于在交易前充分做好法律、财务等尽职调查工作，核查清楚基础资产的权属、权利受限/瑕疵或涉及基础资产权益的特殊安排等事项，并在相关交易文件中明确界定清楚底层资产的范围、现状以及责任方的违约责任等安排，做好对底层资产的定期核查等投后管理工作。

三、底层诉权链接安排

嵌套交易安排中，依据法律法规直接主张底层诉权存在较大难度，实践中一般与原状分配相结合。为确保原状分配的顺利实施，需要在不同层级的产品或底层项目协议中落实原状分配条款，且条款内容及适用情形应尽量保持一致性。此外，为避免其他股东/合伙人人合性（包括身份取得、其他主体优先购买权等）导致的潜在限制，协议中建议对优先购买权等内容作进一步的排除和明确。

四、原状分配风险规避

为了切实有效保障上层产品或上层产品投资人能够通过下层产品原状分配的方式,取得下层产品对底层项目所享有的权益(包括对底层项目相关义务方的权利)。在下层产品对底层项目开展投资时,应在相关交易文件中明确下层产品原状分配的安排及其实施方式,以及所涉当事方的配合义务和其违约责任,即应特别明确:下层产品在特定情形下,有权以原状分配的方式将其对底层项目所享有的权益(包括其对底层项目相关义务方的权利)直接分配给其投资人;在该分配后,下层产品的投资人届时可以其自身的名义直接主张底层项目的权益(包括对底层项目相关义务方行使诉权);底层项目所涉当事方对前述安排不持异议并将予以积极配合,否则应承担约定的违约责任。

结　语

私募基金与资管产品的嵌套,有着其自身的商业逻辑及合理性。同时,该嵌套安排通常涉及多个主体,法律关系交织复杂,存在法律关系如何确定、效力如何认定、底层资产如何控制、各方权责如何划分、投资者如何维权等诸多潜在的法律问题和风险。就此,在实务中,涉及私募基金与资管产品的嵌套交易安排时,有必要通过合规设计嵌套结构、穿透核查底层资产、提前考虑退出安排等方式来避免和防范相关法律风险。另外,在《私募投资基金监督管理条例》实施后,司法实务中有关“嵌套交易安排效力问题”的裁判标准及尺度是否会发生新的变化,值得我们持续关注。

专题三

资管业务中的刑事风险研究及合规路径探究

国浩律师（上海）事务所　刘　悦　虞佳臻　郭已颖

2020 年 3 月起，最高人民检察院在 4 个省市的 6 个检察院进行试点，开展刑事合规不起诉制度，分别是上海市浦东新区、金山区，江苏省张家港，深圳市宝安区、南山区，山东省临沂郯城县人民检察院。

2022 年最高人民检察院工作报告指出：着力营造安商惠企法治化营商环境。疫情多点散发，经济承压，更需以法治稳企业稳预期、保就业保民生……进一步抓实在辽宁、江苏、广东等 10 个省市检察机关开展的涉案企业合规改革试点：依法可不捕、不诉的，责成涉案企业作出合规承诺、切实整改；与国务院国有资产监督管理委员会、全国工商联等 8 部门共建第三方监督评估机制，司法、执法、行业监管联手，以严管体现厚爱。湖北一民营企业在经营中涉嫌犯罪，检察机关办案中促其合规整改，6 个月后，经第三方严格评估、确认合格，依法决定不起诉。该企业整改后生产经营步入正轨，新增投资上亿元，带动就业上百人。同时，还在 2022 年的工作安排上强调，“对国企民企、内资外资、大中小微企业等各类市场主体予以同等司法保护，全面推开涉案企业合规改革，落实第三方监督评估机制。持续深化知识产权综合司法保护，更好服务数字经济和创新发展”。因此，可以看出，对于涉刑企业进行刑事合规改革成为不容忽视的主要举措。

资管企业触及刑事风险，不仅会造成金融风险的产生，也不利于金融市场的稳定，容易引发群体性事件，影响社会稳定。资管行业有刑事合规的必要性。探索刑事合规在资管领域的开展，能够为涉刑的资管企业出罪或者减免罪责提供新的突破口，同时也能给资管企业赋能，使其在法治经济的环境下继续做大做强，繁荣社会主义市场经济，避免资管企业因刑事犯罪而陷入法律风险、信用风险及金融风险。

第一章 资管业务中的刑事风险及刑事合规概述

一、资管业务中刑事风险高发的原因

第一，烦琐的金融法律法规、规章及制度。我国在探索金融改革的过程中，为应对不断出现的金融问题及金融风险，我国相继出台了各式各样的法律、法规、部门规章等，并且解释时代的发展和金融格局的演变，不断对上述法律、法规、部门规章等进行动态调整，但是部分资管公司法律知识储备得不及时，容易涉及刑事法律风险。正如前几年的金融创新，不少 P2P 公司在国内孕育，一度活跃了金融市场，但随着全球经济形势的变化，不少资管公司无力正常运转，资金链断裂，造成群体性事件。为此，国家出台政策，给予一定宽限期去获取牌照，一些资管企业未及时申请相关牌照，从而涉足的刑事法律风险。

第二，企业未建立行之有效的管理模式，造成上令下不达，上行下不效。在一些资管类企业的犯罪中，存在诸多类似的情况。对于颇具规模的资管企业来说，由于公司林立，且“中枢”与“末端”的公司之间缺乏有效的信息沟通及管理，容易造成总部的命令与要求，在对具体末端公司的管理上存在流于形式的现象，导致末端公司唯利至上。尤其是对于资管类企业中的客服人员的管理，往往会自行设定模板，罔顾公司禁令，对投资人采取欺骗、诱骗的话术，欺骗投资人入金，或者不在意投资人是否为合格投资人，一律邀请入金等。这种疏于对末端管理的后果，便是对资管企业造成灭顶之灾。

第三，法律意识的淡薄与企业文化的塑造。企业一旦成立，便成了法律体系中的拟制人。在一些资管公司内部，由于金融法律知识的欠缺，以及企业缺乏对企业文化的塑造、疏于对企业高级管理人员的法治宣讲，从而导致了刑事风险，最常见的便是挪用资金或者职务侵占等。资管企业的盈利模式在于吸与投，对于铺子过大的企业，一旦某个环节存在资金链风险，一些资管企业便会考虑挪用其他资金或者是客户专项资金的情况。更有甚者认为企业资金就是自己的资金，直接将资管资金肆意使用，从而引发群体性事件。

二、资管业务中的刑事犯罪的特征

第一,犯罪更为复杂、手段更为隐秘。由于资管业务的模式多种多样,因此,犯罪的手段也呈现多样化,更为复杂。譬如保理企业在获得底层资产后的资产转让;将自有资金购买债权后,将债权分割融资,融到资金后再度购买债权,以此往复。虽然模式上都是转让资产获得融资,但是否是真实的转让行为,对于认定行为性质有着不同的结果。如果是虚假的资产转让,则会构成非法吸收公众存款罪,会被认为是名为转让实为借贷。而如果是真实的资产转让行为,则就不应当认定为是非法吸收公众存款。因此,在资管企业行为的研判上,应当结合金融法规、政策、规章以及《民法典》中关于物权更迭的情况来具体分析。

第二,犯罪人大部分为欠缺法律意识的高知分子。涉嫌金融类犯罪的自然人大部分为高知分子,一方面是因为招聘门槛较高,另一方面是金融的复杂性决定了只有高知才能踏足该领域。但普遍而言,他们大部分存在违法性认识错误的问题。金融法律法规在不断变化,但资管行业的人员将主要精力花费在研究产品上,很少会及时关注行业法规。由于没有刑事实务经验,他们对于业务性质的审查也疏于形式在进入刑事诉讼领域后,才会顿时发现行为已经触及刑法。

第三,大部分为资金链断裂,投资人举报而案发。资金链是资管企业的血液,出现资金链断裂,加上投资人挤兑,矛盾一旦激化,公安机关就有可能介入,就很有可能进入刑事诉讼的领域。因此,资管企业一旦涉刑,很有可能发生群体性事件。

三、资管类犯罪案件中刑事司法规制趋势

第一,着重于涉案财产的处理问题。在资管类犯罪案件的处理中,司法部门非常重视资产追缴问题。资管企业进入刑事诉讼领域,通常会引发群体性事件,许多正常经营的企业受不了投资人的挤兑,也会发生资金链断裂的情况。为安抚投资人情绪,司法机关往往会非常重视财产的追缴问题。

第二,处理结果与退赔情况相挂钩。实践中,对于资管业务来说,其处理结果往往与退赔情况相挂钩。对于资管公司的主要负责人,会在公安侦查阶段予以取保候审,让其筹措资金退赔。检察院阶段的量刑建议,也与退赔情况相挂钩。

第三,对于资管类案件,司法实践大部分会考虑单位犯罪,因为单位可以独立适用罚金刑,另外还可以追究直接责任人员和直接主管人员的刑事责任,并处或者单处罚金。此外,对于资管企业的相关负责人,也是司法实践打击的重点。企业高级管理人员涉刑率也一直居高不下。

四、资管业务中刑事合规的必要性

（一）弥补公司漏洞，消除刑后危害

根据现有的案例和政策精神来说，涉案企业进行刑事合规，最直接的益处就是能够争取检察机关作出不起诉决定。对于不起诉的案件，涉案企业就不存在刑事污点，企业在今后的生产经营中不会因此在业务上受到影响。

对于企业家来说，因单位犯罪一般采用双罚制，对单位判处罚金后，也要对直接负责的主管人员和直接责任人员定罪量刑。而我国刑罚带来的后果不仅仅是一时的自由刑抑或是罚金刑，而是对于受刑者及其血亲来说，存在诸多资格限制，譬如从事特定职业或者担任一定公司职务等。

通过企业刑事合规，争取检察机关的不起诉决定，也能够相应地使直接负责的主管人员和直接责任人员免受刑事处罚，以此避免一连串的“法外危害”。

（二）规范企业运转，落实责任主体

通过企业刑事合规，可以完善公司的内部治理，使得所有生产、经营活动能有章可循、有规可依，使得每一个环节都有明确的负责人负责。

在内部制度不全的企业当中，存在诸多不规范的生产、经营的操作规范，不仅会使得企业陷入巨大的民事、行政、刑事风险，还会让法定代表人面临巨大的法律风险。原因依旧在于实践过程中对“直接负责的主管人员和直接责任人员”的认定上，司法经验往往会指导办案人员将法定代表人作为第一责任人而追究其刑事责任，但事实上，法定代表人通常会因为事务繁忙而不可能事无巨细，亲力亲为。在进行企业刑事合规过程中，通过完善企业的内部职责分工，明确责任承担，即使最终涉刑，也能明确刑责归属。

根据我国《刑法》第37条之一的规定，“因利用职业便利实施犯罪，或者实施违背职业要求的特定义务的犯罪被判处刑罚的，人民法院可以根据犯罪情况和预防再犯罪的需要，禁止其自刑罚执行完毕之日或者假释之日起从事相关职业，期限为三年至五年”。由于我国对资管业务实行行业准入，对于因资管业务涉嫌刑事犯罪的个人或者企业来说，可能会颁布禁止令，限制个人或者企业在一定期限内再度进入资管行业。

刑事责任犹如“达摩克利斯之剑”悬在各部门负责人头上，从而督促他们能够更加谨慎负责地管理好各部门。

(三)加强合规管理,防范经营风险

通过企业刑事合规管理,可以完善企业相关制度,从而能够规范企业的运行,在制度层面上杜绝企业贪腐等情况的发生。例如,严格财务管理制度、报销制度等,防止虚假报销的发生;完善专款专用、用款审批等制度,避免挪用资金的发生;完善公章保管及使用等制度,避免出现表见代理等情况发生,造成巨大的民事风险等。以上都是经营中常发的风险,可以通过企业刑事合规来进行规避。

第二章　最高人民检察院和最高人民法院工作报告中反映的资管涉刑情况

根据2022年最高人民检察院工作报告,“积极参与金融风险防范化解。设立驻中国证监会检察室,联合公安部、中国证监会专项惩治证券违法犯罪,集中办理19起重大案件,指导起诉康得新案、康美药业案,助力依法监管资本市场,维护投资者合法权益。起诉金融诈骗、破坏金融管理秩序犯罪4.3万人,同比上升3.3%;会同公安部督办36起重大非法集资案。依法惩治涉虚拟货币、网贷平台等新型金融犯罪。协同中国人民银行发布典型案例,起诉洗钱犯罪1262人,同比上升78.5%。从严追诉洗钱犯罪,让上游‘罪’与‘赃’无处遁形”。根据2022年最高人民法院工作报告,“促进金融市场健康发展。依法严惩金融证券犯罪,审结操纵市场、内幕交易、非法集资、洗钱等犯罪案件1.3万件……”

因此,对于金融行业的刑事打击力度是呈现上升趋势的。当然在资管行业中不仅仅涉及前述罪名。

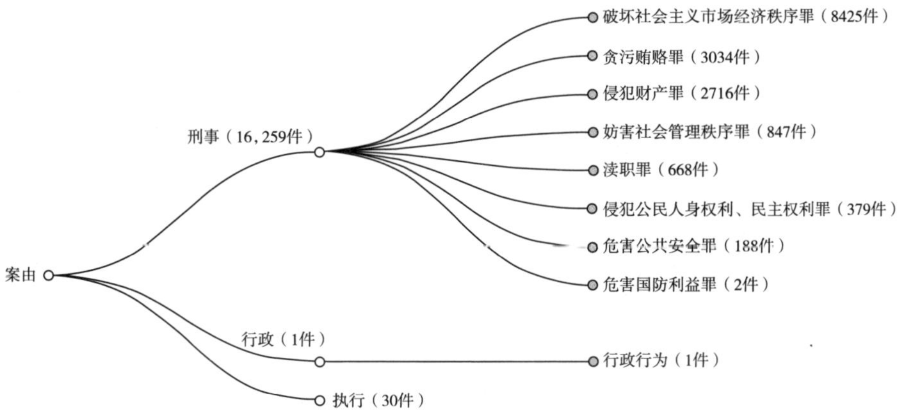

图3-1　涉及关键词为“资产管理”的刑事案件检索汇总

注:通过“威科先行”以“资产管理”为关键词,案由选择“刑事”,在裁判文书中进行检索得到的树状图。

从图 3 - 1 显示的信息可以看出,对于资管行业来说,主要的罪名集中于破坏社会主义市场经济秩序罪、贪污贿赂罪及侵犯财产罪中。当然由于资管公司的名称不同,在检索中存在一定的变数。

对涉及"资产管理"的刑事案件,进一步按当事人类型进行检索,可以发现,大量的资管企业构成犯罪,如图 3 - 2 所示,50% 的案件会被认定为单位犯罪,追究单位以及直接负责的主管人员和直接责任人员的刑事责任。

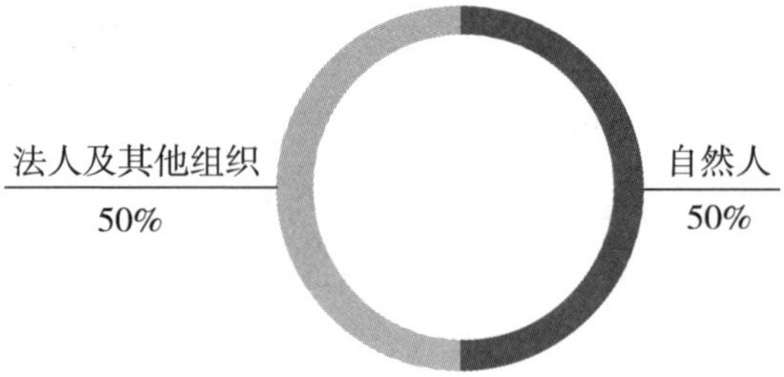

图 3 - 2　涉及"资产管理"刑事案件当事人类型统计

第三章　资管业务中常见犯罪分析

一、在设立阶段常见犯罪分析

《刑法》第174条第1款　【擅自设立金融机构罪】未经国家有关主管部门批准，擅自设立商业银行、证券交易所、期货交易所、证券公司、期货经纪公司、保险公司或者其他金融机构的，处三年以下有期徒刑或者拘役，并处或者单处二万元以上二十万元以下罚金；情节严重的，处三年以上十年以下有期徒刑，并处五万元以上五十万元以下罚金。

相关规定 ▶▶

1. 最高人民检察院、公安部《关于公安机关管辖的刑事案件立案追诉标准的规定(二)》(2022修订)

2. 最高人民法院《全国法院审理金融犯罪案件工作座谈会纪要》

合规建议 ▶▶

1998年7月13日，国务院发布了《非法金融机构和非法金融业务活动取缔办法》，该办法于2011年1月8日完成了修订。一方面，国家在清退没有相关资质的非法金融机构；另一方面，国家也在规范金融机构的市场准入。

因此，资管公司在设立时一定要明确向哪个监管部门报批。近年来，由于行政机构变动及相应职权调整较多，例如原中国保险监督管理委员会(以下简称原保监会)与原中国银行业监督管理委员会(以下简称原银监会)合并成了原中国银行保险监督管理委员会(以下简称原银保监会)，相应的职权也会有所调整。再如在保险行业，有时候中国人民银行负责批准的事项可能就会调整到原保监会等。由于资管行业中的资产体量巨大，为维护经济市场的秩序，防范金融风险，国家会对该行业实施准入机制。设立资管公司必须明确所涉方向及对应的报批机构，否则就有擅自设立金融机构的风险。

该罪名是行为犯,只要具备擅自设立的行为就构成犯罪。该追诉标准中提到的金融机构筹备组织应当达到有实无名的程度,即虽然金融机构尚在筹备当中,但是已经具有相应规模,并且实质上达到了金融机构的规模等。

二、在募集阶段常见犯罪分析

(一)非法吸收公众存款罪

《刑法》第176条 【非法吸收公众存款罪】非法吸收公众存款或者变相吸收公众存款,扰乱金融秩序的,处三年以下有期徒刑或者拘役,并处或者单处罚金;数额巨大或者有其他严重情节的,处三年以上十年以下有期徒刑,并处罚金;数额特别巨大或者有其他特别严重情节的,处十年以上有期徒刑,并处罚金。

单位犯前款罪的,对单位判处罚金,并对其直接负责的主管人员和其他直接责任人员,依照前款的规定处罚。

有前两款行为,在提起公诉前积极退赃退赔,减少损害结果发生的,可以从轻或者减轻处罚。

相关规定 ▶▶

1. 最高人民法院《关于审理非法集资刑事案件具体应用法律若干问题的解释》(2022修正)

2. 最高人民检察院、公安部《关于公安机关管辖的刑事案件立案追诉标准的规定(二)》(2022修订)

3. 最高人民法院《关于非法集资刑事案件性质认定问题的通知》

4. 最高人民法院、最高人民检察院、公安部《关于办理非法集资刑事案件适用法律若干问题的意见》

5. 最高人民法院、最高人民检察院、公安部《关于办理非法集资刑事案件若干问题的意见》

合规建议 ▶▶

非法吸收公众存款罪是资管行业最常面临的罪名之一。为了防范金融风险,保护投资人的合法权益以及保护商业银行的融资业务,该罪名应运而生。

非法吸收公众存款罪最早是由1995年发布的《商业银行法》第11条第2款规定,"未经国务院银行业监督管理机构批准,任何单位和个人不得从事吸收公众存款等商业银行业务”。在司法实践中，是否构成非法吸收公众存款罪，主要是考虑以下几个方面：

第一，非法性，即未经有关部门依法批准或者借用合法经营的形式吸收资金；对于融资行为而言，是需要经过有关部门依法批准的。这主要关系到资金的安全问题。但是在资管类业务中要明确，具体企业实施的是吸收存款的行为还是转让资产的行为。如果存在资产的转让，符合一般商业逻辑的行为就不能认定为吸收存款的行为。无论是资产转让还是金融融资，司法实践中更为关切的是投资人是否取得了相关资产，并且能否通过自身努力去维权等，以此来判断行为到底是资产转让行为抑或金融融资行为。

在构成要件上，非法吸收公众存款罪要求未经有关部门依法批准，然而批准不同于备案，批准是一种行政许可的行为，而备案并非行政许可，仅仅是一个登记的形式要件，便于有关监管部门随时掌握相关情况的行为。实践中，对于基金募资来说，是要进行一个备案登记。

第二，社会性，即通过媒体、推介会、传单、手机短信等途径向社会公开宣传；对于私募产品来说，不得通过向社会公开宣传的方式进行产品推荐。根据《证券投资基金法》的有关规定，私募基金一旦存在“名为私募，实为公募”的情形，就难逃非法吸收公众存款的嫌疑。

第三，利诱性，即承诺在一定期限内以货币、实物、股权等方式还本付息或者给付回报。资管公司应当特别注意对投资人宣传的管理，一方面，返本付息的高昂回报会与利诱性相挂钩；另一方面，根据委托理财合同中的保本条款是无效的，基于保本条款建立起来的投资协议也是无效的，并且该无效条款还存在缔约过失的存在。因此，对于资管公司而言，应当在投资人投资时就告知产品风险，不予承诺高额利息。

第四，公开性，即向社会公众（社会不特定对象）吸收资金。此处不得不提的是私募基金的融资。私募基金最近几年也时常面临涉嫌非法吸收公众存款罪的窘迫情境，主要在于其对投资人资格的审查上。2018 年 4 月 27 日，中国人民银行、原银保监会、中国证券监督管理委员会（以下简称证监会）、国家外汇管理局发布的《关于规范金融机构资产管理业务的指导意见》，第 5 条规定，“资产管理产品的投资者分为不特定社会公众和合格投资者两大类。合格投资者是指具备相应风险识别能力和风险承担能力，投资于单只资产管理产品不低于一定金额且符合下列条件的自然人和法人或者其他组织”。因此，产品面向的是否为合格投资人，基本上是每个涉嫌非法吸收公众存款罪的刑事案件中，侦查机关都热衷于问的一个问题。

(二)集资诈骗罪

《刑法》第 192 条 【集资诈骗罪】以非法占有为目的,使用诈骗方法非法集资,数额较大的,处三年以上七年以下有期徒刑,并处罚金;数额巨大或者有其他严重情节的,处七年以上有期徒刑或者无期徒刑,并处罚金或者没收财产。

单位犯前款罪的,对单位判处罚金,并对其直接负责的主管人员和其他直接责任人员,依照前款的规定处罚。

相关规定 ▶▶

1. 最高人民法院《关于审理非法集资刑事案件具体应用法律若干问题的解释》(2022 修正)

2. 最高人民法院《全国法院审理金融犯罪案件工作座谈会纪要》

3. 最高人民检察院、公安部《关于公安机关管辖的刑事案件立案追诉标准的规定(二)》(2022 修订)

合规建议 ▶▶

实践中,对于集资诈骗罪的认定一般是非法吸收公众存款罪的事前、事中、事后产生了非法占有目的的情况下,将行为认定为集资诈骗罪,因而在非法占有目的的认定上,是集资诈骗罪认定的一个关键。

主观方面的认定既可以根据客观行为来推定(一般是在相关司法解释对基础行为作出规定,只要存在基础行为就推定为存在非法占有目的),也可以根据行为人的主体供述作为证据来证明。为解决非法占有目的的认定问题,相关司法解释给出了集中推定行为人具有非法占有目的的基础行为,具体而言包括以下几种:(1)集资后不用于生产经营活动或者用于生产经营活动与筹集资金规模明显不成比例,致使集资款不能返还的;(2)肆意挥霍集资款,致使集资款不能返还的;(3)携带集资款逃匿的;(4)将集资款用于违法犯罪活动的;(5)抽逃、转移资金、隐匿财产,逃避返还资金的;(6)隐匿、销毁账目,或者搞假破产、假倒闭,逃避返还资金的;(7)拒不交代资金去向,逃避返还资金的;(8)其他可以认定非法占有目的的情形。

第 8 种“其他可以认定非法占有目的的情形”给法官认定具有非法占有目的提供了自由裁量的空间,同时也给非法占有目的的认定带来了混乱,主要包括以下几个方面。

第一,关于非法占有目的与虚构事实和隐瞒真相的欺骗行为,重复评价问题。

实践中,对于存在虚构事实和隐瞒真相的欺骗行为,一般就认定行为人具有非法占有目的,但如此认定并不妥当,虚构事实和隐瞒真相是手段行为,其主观并非一定是非法占有,还有可能是借用,并不当然具有非法占有目的。故在认定欺骗手段后,仍旧需要认定是否具有非法占有目的的问题,这是两个维度讨论的问题。例如在贷款诈骗罪与骗取贷款罪中,虽然行为人均实施了欺骗行为,但因主观的不同而成立两个不同的罪名。

第二,其他可以认定非法占有目的的情形。实践中,对于擅自将集资款用于高风险的投资,例如炒股、期货投资等,由于该行为风险较高,近年来的司法实践往往将其认定为具备非法占有目的。然而,最高人民法院刘为波法官在《如何认定合同诈骗中"以非法占有为目的"》一文中强调,对于行为人将骗取的资金用于实际经营活动,包括用于炒股、炒期货、开发房地产等高风险的经营活动,并造成资金客观上无法归还的,则不能以合同诈骗罪定罪处罚。因此,实践中对于"以非法占有为目的"的判断存在混乱认识。

对于借新还旧的行为能否认定为非法占有目的的问题,有的法院认为,借新还旧是为了开展正常的生产经营,只有缓解了企业债务才能开展生产经营活动,故否定了行为人具有非法占有目的。但有的法院却认为,借新还旧实质并没有将资金用于生产经营,故认为行为人具有非法占有目的。

对于以上情形,我们认为资管企业应当从以下几个方面进行严格把控:

第一,对于资金的用途及流向设置严格的风控管理体系。依法将投资人的投资款与自有资金设置严格的隔离墙,制定专款专用的管理规定,避免发生资金混同的局面。另外,对于资金的用途严格把关,避免资管公司的相关负责人员将资金挪用或者侵吞。

第二,对于投资人应当充分保障其知情权,并留下书面的告知材料。相关的融资协议中一般会阐明资金用途,一旦变更资金用途,应当及时联系投资人,变更新的协议。如果有投资人希望退出,应当保障投资人的权益。

第三,设置保障性资金。资管企业应该尽可能地设置一定的保障性资金,避免发生退出时出现挤兑的情况。实践中的资管企业涉刑的案例往往是因资金链断裂或者发生挤兑的情形而案发。司法实践中,对于单位筹措资金退还投资人的行为,也可能会避免认定单位存在非法占有目的。

(三)擅自发行股票、公司、企业债券罪

《刑法》第179条　【擅自发行股票、公司、企业债券罪】未经国家有关主管部门

批准,擅自发行股票或者公司、企业债券,数额巨大、后果严重或者有其他严重情节的,处五年以下有期徒刑或者拘役,并处或者单处非法募集资金金额百分之一以上百分之五以下罚金。

单位犯前款罪的,对单位判处罚金,并对其直接负责的主管人员和其他直接责任人员,处五年以下有期徒刑或者拘役。

相关规定 ▶▶

1. 最高人民法院《关于审理非法集资刑事案件具体应用法律若干问题的解释》(2022 修正)

2. 最高人民检察院、公安部《关于公安机关管辖的刑事案件立案追诉标准的规定(二)》(2022 修订)

3. 最高人民法院、最高人民检察院、公安部、证监会《关于整治非法证券活动有关问题的通知》

合规建议 ▶▶

擅自发行的行为往往是对于不特定多数人发行股票、债券的行为。最高人民法院《关于审理非法集资刑事案件具体应用法律若干问题的解释》第 10 条规定,“未经国家有关主管部门批准,向社会不特定对象发行、以转让股权等方式变相发行股票或者公司、企业债券,或者向特定对象发行、变相发行股票或者公司、企业债券累计超过 200 人的,应当认定为刑法第一百七十九条规定的‘擅自发行股票或者公司、企业债券’。构成犯罪的,以擅自发行股票、公司、企业债券罪定罪处罚”。

资管行业中的融资类业务,如果存在真实的股权转让行为或者债券交易的行为,一般会认定为擅自发行股票、公司、企业债券罪。该罪名的前提就是未经国家有关主管部门批准。这一要件,实践中往往是看是否有相关的金融牌照,相关的业务有无根据要求完成批准。

对于发行股票或者债券来说,尤其是资产证券化之类的,一般是要经过证监会的批准的。由于历史遗留问题,在最初的时候,许多公司是在地方的股权交易所进行的股权转让,认为由政府机构设立的股权交易场所通过备案允许交易的情况下,就免除了向监管部门报批的义务。这种错误认识,导致了许多案件走进了刑事领域。《证券法》第 9 条规定,“公开发行证券,必须符合法律、行政法规规定的条件,并依法报经国务院证券监督管理机构或者国务院授权的部门注册。未经依法注册,任何单位和个人不得公开发行证券。证券发行注册制的具体范围、实施步骤,由国务院规定。有下列情形之一的,为公开发行:(一)向不特定对象发行证券;(二)向特定对象发行证券累计超过二百人,但依法实施员工持股计划的员工人数不计算在内;(三)法律、行政法规规定的其他发行行为。非公开发行证券,不得采用广告、公开劝诱和变相公开方式"。对于公开发行证券的情况,必须要报证监会等部门批准,未经批准的,就很有可能会构成本罪名。

因此,对于资管企业,应当及时对现有产品进行梳理,对于未按法定程序报批的业务,考虑及时清退,或者是补足批准这一程序,以免构成擅自发行的罪名。

三、在投资阶段常见犯罪分析

(一)内幕交易、泄露内幕交易罪;利用未公开信息交易罪

《刑法》第180条　【内幕交易、泄露内幕信息罪】证券、期货交易内幕信息的知情人员或者非法获取证券、期货交易内幕信息的人员,在涉及证券的发行,证券、期货交易或者其他对证券、期货交易价格有重大影响的信息尚未公开前,买入或者卖出该证券,或者从事与该内幕信息有关的期货交易,或者泄露该信息,或者明示、暗示他人从事上述交易活动,情节严重的,处五年以下有期徒刑或者拘役,并处或者单处违法所得一倍以上五倍以下罚金;情节特别严重的,处五年以上十年以下有期徒刑,并处违法所得一倍以上五倍以下罚金。

单位犯前款罪的,对单位判处罚金,并对其直接负责的主管人员和其他直接责任人员,处五年以下有期徒刑或者拘役。

内幕信息、知情人员的范围,依照法律、行政法规的规定确定。

【利用未公开信息交易罪】证券交易所、期货交易所、证券公司、期货经纪公司、基金管理公司、商业银行、保险公司等金融机构的从业人员以及有关监管部门或者行业协会的工作人员,利用因职务便利获取的内幕信息以外的其他未公开的信息,违反规定,从事与该信息相关的证券、期货交易活动,或者明示、暗示他人从事相关交易活动,情节严重的,依照第一款的规定处罚。

相关规定 ▶▶

1. 最高人民法院、最高人民检察院《关于办理内幕交易、泄露内幕信息刑事案件具体应用法律若干问题的解释》

2. 最高人民法院、最高人民检察院《关于办理利用未公开信息交易刑事案件适用法律若干问题的解释》

3. 最高人民检察院、公安部《关于公安机关管辖的刑事案件立案追诉标准的规

定(二)》(2022修订)

合规建议 ▶▶

首先,从内幕交易、泄露内幕信息罪以及利用未公开信息罪的犯罪主体来说,内幕交易、泄露内幕信息罪的主体既可以是个人也可以是单位,而利用未公开信息交易罪的主体只能是个人。

其次,内幕信息与未公开信息属于不同的信息,内幕信息详见于《证券法》《期货和衍生品法》中,而未公开信息是指内幕信息以外的未公开信息,往往是交易决策等。需要注意的一点是,《期货和衍生品法》延续了《期货交易管理条例》的有关规定,其实际将交易决策也认定为内幕信息,故在期货市场实际上是不存在利用未公开信息交易罪的。当然,刑法条文对利用未公开信息罪主体的规定,也许也会进行一定的调整。

最后,利用未公开信息交易等方面的法定刑适用内幕交易、泄露内幕信息罪的全部法定刑。该问题始见于马乐案件的讨论中,最终实践中认为,应当引用内幕交易的全部法定刑。

在对资管企业就内幕交易、泄露内幕信息、利用未公开信息交易罪进行合规的时候,应当围绕以下几个方面重点进行:

第一,严格控制内幕信息、未公开信息的知晓范围。严格要求知情人员禁止泄露有关内幕信息、未公开信息。

第二,禁止相关内幕信息知情人、未公开信息知情人从事相关信息股票、期货的交易行为。

第三,资管企业可以要求相关交易人员提前研判市场,出具相关的研究报告及投资决策的意愿,以提供正当化交易的理由。虽然流程上较为烦琐,但实际上能够提供阻却犯罪事由的理由。

(二)操纵证券、期货市场罪

《刑法》第182条 【操纵证券、期货市场罪】有下列情形之一,操纵证券、期货市场,影响证券、期货交易价格或者证券、期货交易量,情节严重的,处五年以下有期徒刑或者拘役,并处或者单处罚金;情节特别严重的,处五年以上十年以下有期徒刑,并处罚金:

(一)单独或者合谋,集中资金优势、持股或者持仓优势或者利用信息优势联合或者连续买卖的;

（二）与他人串通，以事先约定的时间、价格和方式相互进行证券、期货交易的；

（三）在自己实际控制的帐户之间进行证券交易，或者以自己为交易对象，自买自卖期货合约的；

（四）不以成交为目的，频繁或者大量申报买入、卖出证券、期货合约并撤销申报的；

（五）利用虚假或者不确定的重大信息，诱导投资者进行证券、期货交易的；

（六）对证券、证券发行人、期货交易标的公开作出评价、预测或者投资建议，同时进行反向证券交易或者相关期货交易的；

（七）以其他方法操纵证券、期货市场的。

单位犯前款罪的，对单位判处罚金，并对其直接负责的主管人员和其他直接责任人员，依照前款的规定处罚。

（三）背信损害上市公司利益罪

《刑法》第169条之一　【背信损害上市公司利益罪】上市公司的董事、监事、高级管理人员违背对公司的忠实义务，利用职务便利，操纵上市公司从事下列行为之一，致使上市公司利益遭受重大损失的，处三年以下有期徒刑或者拘役，并处或者单处罚金；致使上市公司利益遭受特别重大损失的，处三年以上七年以下有期徒刑，并处罚金：

（一）无偿向其他单位或者个人提供资金、商品、服务或者其他资产的；

（二）以明显不公平的条件，提供或者接受资金、商品、服务或者其他资产的；

（三）向明显不具有清偿能力的单位或者个人提供资金、商品、服务或者其他资产的；

（四）为明显不具有清偿能力的单位或者个人提供担保，或者无正当理由为其他单位或者个人提供担保的；

（五）无正当理由放弃债权、承担债务的；

（六）采用其他方式损害上市公司利益的。

上市公司的控股股东或者实际控制人，指使上市公司董事、监事、高级管理人员实施前款行为的，依照前款的规定处罚。

犯前款罪的上市公司的控股股东或者实际控制人是单位的，对单位判处罚金，并对其直接负责的主管人员和其他直接责任人员，依照第一款的规定处罚。

相关规定 ▶▶

最高人民检察院、公安部《关于公安机关管辖的刑事案件立案追诉标准的规定

(二)》(2022 修订)

合规建议 ▶▶

该罪名大多是针对自然人的,同时也约束单位作为控股股东和实际控制人的情况。在单位是控股股东或者实际控制人的情况下,是作为教唆犯追究刑事责任,即被教唆之人受教唆,背信损害上市公司的利益。因此,在单位犯罪的情况下,本罪存在未遂形态,即被教唆之人未实施被教唆之事,对于教唆人而言应当认为是意志以外的原因,导致犯罪结果未能成就。

在背信损害上市公司利益罪的刑事合规中,应注意以下几点:

第一,应当核发员工手册、岗位说明书,做到事事有分工、权责相统一,在出现不利后果时,可以及时找到相关责任人员,避免错误追究刑事责任。

第二,应当完善公司的决策机制。对于控股股东或者实际控制人来说,应当严格按照公司的规定来行使相关的权利。只有履行了合法有效的程序,才能避免相应的刑事责任。

第三,在上市集团中应当注意透明化,使得所有投资人都能够及时掌握上市公司的具体情况。资管公司在具体的业务中,也可以根据投资协议的具体方式参与或者不参与公司的具体决策,但应当随时掌握被投资公司的具体情况。在不强令干涉被投资公司的前提下,也要注意防护好自己的权益。

(四)串通投标罪

《刑法》第223条 【串通投标罪】投标人相互串通投标报价,损害招标人或者其他投标人利益,情节严重的,处三年以下有期徒刑或者拘役,并处或者单处罚金。

投标人与招标人串通投标,损害国家、集体、公民的合法利益的,依照前款的规定处罚。

相关规定 ▶▶

最高人民检察院、公安部《关于公安机关管辖的刑事案件立案追诉标准的规定(二)》(2022 修订)

合规建议 ▶▶

司法实践中,很多人会混淆拍卖与招投标的概念,将一些拍卖的行为误以为是招投标。但串通拍卖的行为不应当构成串通投标罪。拍卖行为适用的是《拍卖法》，而招投标行为主要适用《招标投标法》，拍卖行为不应归入投标行为中。

串通投标罪主要涉及具体的投资行为。资管公司在从事特定行业投资的情况下，也应当防范串通投标罪的刑事风险，具体应当注意以下几点：

第一，投资领域是否必须开展招投标。对于需要招投标的领域内，应当杜绝围标、串标的情况出现。严格按照规定制作标书。

第二，形成内部留档的制度。资管公司不仅不能自己串通投标，还不能帮助其他公司陪标。

第三，严格管理公司的公章，对所盖文件均需留档说明。详细记录用章人及批准人，做到事事留痕。

四、在管理阶段常见犯罪分析

（一）侵犯商业秘密罪

《刑法》第 219 条　【侵犯商业秘密罪】有下列侵犯商业秘密行为之一，情节严重的，处三年以下有期徒刑，并处或者单处罚金；情节特别严重的，处三年以上十年以下有期徒刑，并处罚金：

（一）以盗窃、贿赂、欺诈、胁迫、电子侵入或者其他不正当手段获取权利人的商业秘密的；

（二）披露、使用或者允许他人使用以前项手段获取的权利人的商业秘密的；

（三）违反保密义务或者违反权利人有关保守商业秘密的要求，披露、使用或者允许他人使用其所掌握的商业秘密的。

明知前款所列行为，获取、披露、使用或者允许他人使用该商业秘密的，以侵犯商业秘密论。

本条所称权利人，是指商业秘密的所有人和经商业秘密所有人许可的商业秘密使用人。

相关规定 ▶▶

1. 最高人民检察院、公安部《关于修改侵犯商业秘密刑事案件立案追诉标准的决定》

2. 最高人民法院、最高人民检察院《关于办理侵犯知识产权刑事案件具体应用法律若干问题的解释(三)》

3. 最高人民法院、最高人民检察院《关于办理侵犯知识产权刑事案件具体应用

法律若干问题的解释》

合规建议 ▶▶

侵犯商业秘密罪的案件在实践中重点关注的问题是:第一,被窃取使用的信息是否属于商业秘密;第二,侵犯商业秘密行为的数额计算问题。

针对第一个问题,一般要考虑经济性、秘密性以及保密性。经济性在于,相关信息具有一定的经济价值,因为不具有经济价值的信息是无须被保护的。秘密性在于,相关信息是尚未被公开的,一个信息如果被广为人知,那么就不是秘密了。保护性在于,商业秘密被采取了保护措施。

针对第二个问题,商业秘密造成的损失的计算问题是困扰司法实践的重大问题,最高人民法院、最高人民检察院《关于办理侵犯知识产权刑事案件具体应用法律若干问题的解释(三)》明确了损失数额或者违法所得的计算问题。该司法解释第5条规定:"实施刑法第二百一十九条规定的行为造成的损失数额或者违法所得数额,可以按照下列方式认定:

(一)以不正当手段获取权利人的商业秘密,尚未披露、使用或者允许他人使用的,损失数额可以根据该项商业秘密的合理许可使用费确定;

(二)以不正当手段获取权利人的商业秘密后,披露、使用或者允许他人使用的,损失数额可以根据权利人因被侵权造成销售利润的损失确定,但该损失数额低于商业秘密合理许可使用费的,根据合理许可使用费确定;

(三)违反约定、权利人有关保守商业秘密的要求,披露、使用或者允许他人使用其所掌握的商业秘密的,损失数额可以根据权利人因被侵权造成销售利润的损失确定;

(四)明知商业秘密是不正当手段获取或者是违反约定、权利人有关保守商业秘密的要求披露、使用、允许使用,仍获取、使用或者披露的,损失数额可以根据权利人因被侵权造成销售利润的损失确定;

(五)因侵犯商业秘密行为导致商业秘密已为公众所知悉或者灭失的,损失数额可以根据该项商业秘密的商业价值确定。商业秘密的商业价值,可以根据该项商业秘密的研究开发成本、实施该项商业秘密的收益综合确定;

(六)因披露或者允许他人使用商业秘密而获得的财物或者其他财产性利益,应当认定为违法所得。

前款第二项、第三项、第四项规定的权利人因被侵权造成销售利润的损失,可以根据权利人因被侵权造成销售量减少的总数乘以权利人每件产品的合理利润确定;

销售量减少的总数无法确定的,可以根据侵权产品销售量乘以权利人每件产品的合理利润确定;权利人因被侵权造成销售量减少的总数和每件产品的合理利润均无法确定的,可以根据侵权产品销售量乘以每件侵权产品的合理利润确定。商业秘密系用于服务等其他经营活动的,损失数额可以根据权利人因被侵权而减少的合理利润确定。

商业秘密的权利人为减轻对商业运营、商业计划的损失或者重新恢复计算机信息系统安全、其他系统安全而支出的补救费用,应当计入给商业秘密的权利人造成的损失。"

如果企业涉嫌侵犯商业秘密,应当围绕以下几点进行刑事合规:

第一,资管企业的客源很重要,有些资管企业会通过向其他公司或者个人购买有关的个人信息,通过客服投资入金。因此,这些个人信息是否为商业秘密,就需要进行判断。一般在司法实践中,单纯的个人信息尚不足以独立成为商业秘密,只有经过收集、加工整理、维系后,才有可能会成为商业秘密。另外,对于客户信息而言,如果非法获取或者肆意使用,可能还会构成侵犯公民个人信息罪。因此,在获取客户信息的时候,不仅要考虑来源是否合法,还应当考虑收集个人信息方式的合法性。

第二,在市场行为中,应当独立进行市场分析,不能图方便去窃取其他公司的商业秘密,否则会承担巨大的刑事或者民事责任。

第三,企业在日常经营过程中,也要做好对自身商业秘密的保护,选择一定的加密措施或者手段,避免自身商业秘密被侵犯。

(二)虚开增值税发票罪

《刑法》第205条　【虚开增值税专用发票、用于骗取出口退税、抵扣税款发票罪】虚开增值税专用发票或者虚开用于骗取出口退税、抵扣税款的其他发票的,处三年以下有期徒刑或者拘役,并处二万元以上二十万元以下罚金;虚开的税款数额较大或者有其他严重情节的,处三年以上十年以下有期徒刑,并处五万元以上五十万元以下罚金;虚开的税款数额巨大或者有其他特别严重情节的,处十年以上有期徒刑或者无期徒刑,并处五万元以上五十万元以下罚金或者没收财产。

单位犯本条规定之罪的,对单位判处罚金,并对其直接负责的主管人员和其他直接责任人员,处三年以下有期徒刑或者拘役;虚开的税款数额较大或者有其他严重情节的,处三年以上十年以下有期徒刑;虚开的税款数额巨大或者有其他特别严重情节的,处十年以上有期徒刑或者无期徒刑。

虚开增值税专用发票或者虚开用于骗取出口退税、抵扣税款的其他发票,是指有为他人虚开、为自己虚开、让他人为自己虚开、介绍他人虚开行为之一的。

相关规定 ▶▶

1. 最高人民法院《关于虚开增值税专用发票定罪量刑标准有关问题的通知》

2. 最高人民法院研究室《关于如何认定以“挂靠”有关公司名义实施经营活动并让有关公司为自己虚开增值税专用发票行为的性质征求意见的复函》

合规建议 ▶▶

虚开增值税专用发票罪是实践中高发的罪名。实践中一般是从票据流、资金流、合同流是否一致来判断是否存在虚开增值税专用发票的行为。三流合一的方法是认定是否存在真实贸易的判断标准之一,如果实践中能够证明不存在真实的贸易情况下依旧开具发票,则依旧可能构成虚开增值税专用发票罪。

虚开增值税专用发票罪的合规,应当重点围绕以下几点:

第一,应当建立财务台账及销售台账,企业需要核查相关贸易的真实性。对于实践中以虚假贸易实现利润留存及分配的情况下开具发票,司法实践中一般认为主观上不具有偷逃国家税款的主观目的,否定构成虚开增值税专用发票罪。

第二,对于相关的增值税专用发票应当及时在税控系统中进行核查。及时关注相关发票的真实性。

第三,实践中,如果涉案企业涉嫌虚受增值税专用发票的情况下,应当及时做好进项转出或者是联系开票方重新开具真实的专用发票。

(三)非法经营罪

《刑法》第225条 【非法经营罪】违反国家规定,有下列非法经营行为之一,扰乱市场秩序,情节严重的,处五年以下有期徒刑或者拘役,并处或者单处违法所得一倍以上五倍以下罚金;情节特别严重的,处五年以上有期徒刑,并处违法所得一倍以上五倍以下罚金或者没收财产:

(一)未经许可经营法律、行政法规规定的专营、专卖物品或者其他限制买卖的物品的;

(二)买卖进出口许可证、进出口原产地证明以及其他法律、行政法规规定的经营许可证或者批准文件的;

(三)未经国家有关主管部门批准非法经营证券、期货、保险业务的,或者非法从事资金支付结算业务的;

（四）其他严重扰乱市场秩序的非法经营行为。

相关规定 ▶▶

1. 最高人民检察院、公安部《关于公安机关管辖的刑事案件立案追诉标准的规定（二）》（2022修订）

2. 最高人民法院、最高人民检察院、公安部、证监会《关于整治非法证券活动有关问题的通知》

3. 最高人民法院、最高人民检察院《关于办理非法从事资金支付结算业务、非法买卖外汇刑事案件适用法律若干问题的解释》

4. 最高人民法院、最高人民检察院、公安部、司法部《关于办理非法放贷刑事案件若干问题的意见》

合规建议 ▶▶

非法经营罪中的第3项，主要针对的是资管企业，不论是证券、期货、保险还是资金支付结算等业务，在未经国家有关主管部门批准的情况下，就可能会构成非法经营罪。

第一，开展相关业务之前，应当对相关业务的实质提前分析，确定是否需要报批准，并且核实相关监管部门。

第二，对于已经开展的业务，应当注意及时清退或者是及时向相关部门补充报批，以取得相应资质。

第三，资管企业从事相关业务的过程中，应当严格梳理国家规定。对于国家规定的理解，我国《刑法》第96条规定，“本法所称违反国家规定，是指违反全国人民代表大会及其常务委员会制定的法律和决定，国务院制定的行政法规、规定的行政措施、发布的决定和命令”。因此，位阶低于行政法规、规定的部门规章的，不属于国家规定。

（四）挪用资金罪

《刑法》第185条　【挪用资金罪】商业银行、证券交易所、期货交易所、证券公司、期货经纪公司、保险公司或者其他金融机构的工作人员利用职务上的便利，挪用本单位或者客户资金的，依照本法第二百七十二条的规定定罪处罚。

《刑法》第272条　【挪用资金罪】公司、企业或者其他单位的工作人员，利用职务上的便利，挪用本单位资金归个人使用或者借贷给他人，数额较大、超过三个月未还的,或者虽未超过三个月,但数额较大、进行营利活动的,或者进行非法活动的,处三年以下有期徒刑或者拘役;挪用本单位资金数额巨大的,处三年以上七年以下有期徒刑;数额特别巨大的,处七年以上有期徒刑。

【挪用公款罪】国有公司、企业或者其他国有单位中从事公务的人员和国有公司、企业或者其他国有单位委派到非国有公司、企业以及其他单位从事公务的人员有前款行为的,依照本法第三百八十四条的规定定罪处罚。

有第一款行为,在提起公诉前将挪用的资金退还的,可以从轻或者减轻处罚。其中,犯罪较轻的,可以减轻或者免除处罚。

相关规定 ▶▶

1. 最高人民检察院、公安部《关于公安机关管辖的刑事案件立案追诉标准的规定(二)》(2022 修订)

2. 最高人民法院《关于如何理解刑法第二百七十二条规定的"挪用本单位资金归个人适用或者借贷给他人"问题的批复》

3. 最高人民检察院《关于挪用尚未注册成立公司资金的行为适用法律问题的批复》

4. 最高人民法院、最高人民检察院《关于办理贪污贿赂刑事案件适用法律若干问题的解释》

合规建议 ▶▶

挪用资金罪有三种形式:第一种,挪用资金供他人使用,超过 3 个月未还;第二种,挪用资金用于营利活动,数额较大;第三种,挪用资金用于非法活动。挪用资金是资管企业较为常见的罪名,需要特别注意以下几点:

第一,应当保证资金用于专款专用,避免随意挪用。对于资金账户,尽量分散管理,避免管理人员能够随意挪用处理。

第二,建立资金审批机制。企业应当对于每一笔资金的使用建立审批机制,对于资金随意使用情况设置防火墙。

第三,建立关联企业或者关联方审核机制,企业应当及时审查资金走向,让资金时刻处于监管之下。如果资金流向关联企业或者关联方,则应当要求说明资金用途,杜绝将资金用于营利活动或者非法活动。签订借款等合同,及时归还。

(五)职务侵占罪

《刑法》第 271 条 【职务侵占罪】公司、企业或者其他单位的工作人员,利用职务上的便利，将本单位财物非法占为己有，数额较大的，处三年以下有期徒刑或者拘役，并处罚金；数额巨大的，处三年以上十年以下有期徒刑，并处罚金；数额特别巨大的，处十年以上有期徒刑或者无期徒刑，并处罚金。

【贪污罪】国有公司、企业或者其他国有单位中从事公务的人员和国有公司、企业或者其他国有单位委派到非国有公司、企业以及其他单位从事公务的人员有前款行为的，依照本法第三百八十二条、第三百八十三条的规定定罪处罚。

相关规定

1. 最高人民法院《关于在国有资本控股、参股的股份有限公司中从事管理工作的人员利用职务便利非法占有本公司财物如何定罪问题的批复》

2. 最高人民法院、最高人民检察院《关于办理贪污贿赂刑事案件适用法律若干问题的解释》

3. 最高人民检察院、公安部《关于公安机关管辖的刑事案件立案追诉标准的规定(二)》(2022 修订)

合规建议

职务侵占罪一般认为是自然人犯罪，但是在共同犯罪的情况下，单位也可以构成本罪。资管行业的董事、监事、高级管理人员等人，利用职务上的便利，非法占有公司资金(包括客户资金)，可以构成职务侵占罪。

对于职务侵占罪的合规应当考虑以下几个方面：

第一，严格设置资管管理规定，明确资管管理的责任人。

第二，资产保管尽量由受托第三方管理，可以是银行或者其他机构，让资产处于随时能被监控的状态下。

第三，落实相关人员的财产申报制度，对于公司管理人员的不明大额收入应当予以核查。

(六)签订、履行合同失职被骗罪

《刑法》第 167 条　【签订、履行合同失职被骗罪】国有公司、企业、事业单位直接负责的主管人员，在签订、履行合同过程中，因严重不负责任被诈骗，致使国家利益遭受重大损失的，处三年以下有期徒刑或者拘役；致使国家利益遭受特别重大损失的，处三年以上七年以下有期徒刑。

相关规定 ▶▶

最高人民法院审判第二庭《关于签订、履行合同失职被骗犯罪是否以对方当事人的行为构成诈骗犯罪为要件的意见》

合规建议 ▶▶

本罪的主体是国有公司、企业、事业单位直接负责的主管人员。因此,国有的资管公司的主管人员,有可能涉及本罪名,应注意以下几个方面,避免此类情况发生。

第一,建立合同审查机制。聘请第三方法律服务机构对相关的合同协助审查,查明合同中的相关风险,对不合理、不合法的地方予以提示。

第二,建立尽职调查团队。在签订履行合同之前,对合同相对方进行必要的尽职调查,防止相关资产损失。

第三,建立及时履职报告义务。为规避主管人员严重不负责任的情况出现,应当要求董事、监事、高级管理人员及时进行述职,并且达成每笔交易之前需要进行可行性、必要性分析。

五、在清算退出阶段常见犯罪分析

(一)妨害清算罪

《刑法》第162条 【妨害清算罪】公司、企业进行清算时,隐匿财产,对资产负债表或者财产清单作虚伪记载或者在未清偿债务前分配公司、企业财产,严重损害债权人或者其他人利益的,对其直接负责的主管人员和其他直接责任人员,处五年以下有期徒刑或者拘役,并处或者单处二万元以上二十万元以下罚金。

相关规定 ▶▶

最高人民检察院、公安部《关于公安机关管辖的刑事案件立案追诉标准的规定(二)》(2022修订)

合规建议 ▶▶

资管企业在退出时,应当进行清算。妨害清算罪的刑事合规应当围绕以下几个方面进行:

第一,严格按照《公司法》等有关法律法规的规定,企业在进行清算时,应当保证财务的真实。不得有刑法规定的相关情形。

第二，聘用外部律师作为清算阶段的法律顾问，对于公司的清算行为进行监督，提供相关法律意见。

第三，对于已经隐匿的资产应当想办法筹措资金，或者积极向债权人达成还款协议，或者进行公司的资产重组。

（二）隐匿、故意销毁会计凭证、会计账簿、财务会计报告罪

《刑法》第162条之一　【隐匿、故意销毁会计凭证、会计账簿、财务会计报告罪】隐匿或者故意销毁依法应当保存的会计凭证、会计帐簿、财务会计报告，情节严重的，处五年以下有期徒刑或者拘役，并处或者单处二万元以上二十万元以下罚金。

单位犯前款罪的，对单位判处罚金，并对其直接负责的主管人员和其他直接责任人员，依照前款的规定处罚。

相关规定 ▶▶

1. 最高人民检察院、公安部《关于公安机关管辖的刑事案件立案追诉标准的规定（二）》（2022修订）

2. 全国人大常委会法制工作委员会《关于对"隐匿、销毁会计凭证、会计账簿、财务会计报告构成犯罪的主体范围"问题的答复意见》

合规建议 ▶▶

对会计凭证、会计账簿、财务会计报告等，应当建立专门保管制度，也可以考虑电子扫描等方式进行储存，避免原件的丢失导致涉刑风险。实践中，隐匿、故意销毁会计凭证、会计账簿、财务会计报告的动机多种多样，既有离职纠纷产生的，也存在为了隐瞒资产而故意隐匿、毁弃财务凭证等情况，但无论如何，本罪是故意犯罪，过失不构成本罪。

（三）虚假破产罪

《刑法》第162条之二　【虚假破产罪】公司、企业通过隐匿财产、承担虚构的债务或者以其他方法转移、处分财产，实施虚假破产，严重损害债权人或者其他人利益的，对其直接负责的主管人员和其他直接责任人员，处五年以下有期徒刑或者拘役，并处或者单处二万元以上二十万元以下罚金。

相关规定 ▶▶

最高人民检察院、公安部《关于公安机关管辖的刑事案件立案追诉标准的规定(二)》(2022 修订)

合规建议 ▶▶

虚假破产罪的刑事合规的主要目的是恢复原状,修复破损的社会关系。因此对债权人应当充分沟通,对于转移资产问题应当尽量恢复原状,故刑事合规应当主要考虑以下两个方面:第一,及时与债权人达成和解协议,保证债权人的合法权益;第二,对于转移的资产及时转回。

以上均为资管行业常见的罪名的简要分析,对于刑事合规来说,仍需要结合具体的行为模式和具体的罪名来展开。

第四章　资管企业刑事合规方案总览

一、资管企业的合规承诺

合规承诺是进行刑事合规的第一步，一般要求涉案企业签署“自愿开展刑事合规工作承诺书”，如果涉案企业不愿意进行刑事合规，那么刑事合规就不可能展开。合规承诺所体现的是涉案企业的合规自愿性，类似于认罪认罚制度中“认”。合规承诺也能够体现涉案企业改正的积极态度。

合规承诺不仅是对刑事合规进行同意，也是对未来合规经营的同意，具体合规承诺可根据实际情况作出。

二、资管企业的合规计划

案涉资管企业的合规计划不仅包括专项合规计划，还包括内部控制计划。

专项合规整改报告的主要内容包括主体信息、行业信息、案件基本情况、案件程序性简述、涉案原因剖析、现状描述、整改建议、法律依据、整改时限等。具体需要根据所设的不同罪名，提出有针对性的整改计划。

内部控制计划的内容主要是针对企业的决策机制、财务管理机制、监督考核机制等多个方面对现有制度进行完善。

在资管企业制订相关整改计划的时候，应当结合资管企业的实际情况，考虑资管企业运营的效率及相关的沟通成本，探索出实际可行的专项整改意见。并结合资管企业的日常运营情况，设定资管企业的内控机制，从而达到在合法的前提下，尽可能地保证企业运营效率。

三、资管企业的合规考核

全国工商业联合会、最高人民检察院、司法部、财政部、生态环境部、国务院国有资产监督管理委员会、国家税务总局、国家市场监督管理总局、中国国际贸易促进委员会《涉案企业合规建设、评估和审查办法（试行）》（以下简称《涉案企业合规办法》）第 2 条规定：“对于涉案企业合规建设经评估符合有效性标准的，人民检察院可以参考评估结论依法作出不批准逮捕、变更强制措施、不起诉的决定,提出从宽处罚的量刑建议,或者向有关主管机关提出从宽处罚、处分的检察意见。对于涉案企业合规建设经评估未达到有效性标准或者采用弄虚作假手段骗取评估结论的,人民检察院可以依法作出批准逮捕、起诉的决定,提出从严处罚的量刑建议,或者向有关主管机关提出从严处罚、处分的检察意见。”因此,刑事合规考核有赖于第三方监管部门及检察院的考核。企业在考核之前可以聘请外部律师对合规计划实施情况等进行预考核,对不足部分及时整改。

四、资管企业合规常态化

刑事合规并非一蹴而就,它不仅仅表现出企业就涉嫌的特定犯罪进行整改,还应当建立起一套行之有效的内控机制,全方位进行合规,避免企业再犯罪的可能。这种常态化的合规不仅要求企业对具体业务的实质化审查,也要求企业应当定期对相关业务进行核查,及时查漏补缺,以避免刑事法律风险。

第五章　律师提供法律服务的范围

一、了解相关案情，把握案件症结

涉事企业所涉及的刑事法律风险，一方面可以根据行政处罚决定书来进行推演，另一方面可以根据拘留通知书等刑事诉讼的公文文书中直接得出。对企业进行刑事合规，不仅仅要了解涉事罪名，更要了解相关的案情。案件的起因、经过以及结果，行业背景，行业惯例等往往会影响案件的走向以及刑事合规的具体合规内容。这些内容可以通过与企业相关负责人沟通了解，也可以向办案机关了解，如果案件已经处于检察院审查起诉阶段，律师还可以通过阅卷等方式来了解相关案情。经过对相关案情的研判，把握案件症结，寻找企业刑事合规的方向。

二、积极沟通承办人员，提出法律意见

针对本案的情节，如果不存在无罪辩护的空间，就应当尽量选择认罪认罚的路径并探寻企业刑事合规的可能。辩护律师在提出认罪认罚的法律意见的同时，应当提出企业刑事合规争取不起诉的法律意见。

在与承办机关沟通企业刑事合规方面，应当就企业刑事合规考验期、合规要求等方面展开沟通，并对于被羁押的直接负责的主管人员和直接责任人员提出羁押必要性审查或者变更强制措施的法律意见，对于相关涉案财产也可以提出解除查封、扣押、冻结的意见。

三、对涉案企业的基本情况尽职调查

针对涉案企业的不同，作为合规律师提供刑事合规法律服务时需要对涉案企业的基本状况进行了解，具体包括企业的基本信息、企业设立及变更情况，企业股权结构，企业股东、董事、监事及高级管理人员，企业权力机构、执行机构、监督机构和相应的人员配置，企业主营业务情况，企业各项资质等情况。了解企业的基本情况，不仅能够看到企业的性质、业务模式、所处的行业以及极易触及的犯罪红线等。

对于涉案企业基本情况的尽职调查，可以通过全国企业信用信息公示系统以及

企业工商内外档中发现。企业其他的业务介绍等可以通过与企业相关部门负责人沟通了解。

四、对涉案企业的整改计划制订

律师参与并帮助企业制订专项刑事合规计划以及内部控制计划,应当以能够有效防止再次发生相同或者类似的违法犯罪行为为目的。专项合规计划针对的是本次企业因涉嫌犯罪而发现的特定的企业疏漏,通过制订相关合规计划以弥补漏洞。内部控制计划主要是针对企业运营过程中可能会涉及的其他问题,完善现有的规章制度。具体流程包括:

1. 企业实际控制人、主要负责人应当在专项合规计划及内部控制计划中作出合规承诺并宣誓:“合规是企业的优先价值,对违规违法行为采取零容忍的态度,确保合规融入企业的发展目标、发展战略和管理体系。”

2. 合规机构或管理人员设置:合规机构或管理人员设置应当与企业类型、规模、业务范围、行业特点等相适应。合规管理人员的职责必须明确、具体、可考核,具体可以通过与企业的沟通协调,来明确相关合规人员的任免及监督职责范围。

3. 健全合规管理的制度机制:为合规风控和合规管理机构、人员履职提供依据和方案,制定合规管理规范、弥补监督管理漏洞等,具体可以制定企业员工合规手册、发布专项合规政策等。

4. 牢固树立企业合规的意识:要将企业合规融入企业文化中,需要从意识形态层面牢固树立企业合规意识,具体可以通过合规培训、合规学习等诸多措施进行。

5. 设立合规目标,细化合规措施。合规管理制度机制应当确保合规管理机构或者管理人员独立履行职责。对于涉及重大合规风险的决策具有充分发表意见并参与决策的权利,计划中应当保障为合规管理制度机制的有效运行的必要的人员、培训、宣传、场所、设备和经费等人力物力的提供。

6. 建立监测、举报、调查、处理机制。保证及时发现和监控合规风险,纠正和处理违规行为。

7. 建立合规绩效评价机制。引入合规指标对企业主要负责人、经营管理人员、关键技术人员等进行考核。

8. 建立持续整改、定期报告等机制,保证合规管理制度机制根据企业经营发展实际不断调整和完善。

前述措施均是将企业的合规列入企业常态化生产经营中,完善制度设计、完善内控设计,使企业的生产经营有章有法,走入正轨。

五、与第三方监管机构充分对接

《涉案企业合规办法》第 14 条规定："第三方组织对涉案企业专项合规整改计划和相关合规管理体系有效性的评估，重点包括以下内容：（一）对涉案合规风险的有效识别、控制；（二）对违规违法行为的及时处置；（三）合规管理机构或者管理人员的合理配置；（四）合规管理制度机制建立以及人力物力的充分保障；（五）监测、举报、调查、处理机制及合规绩效评价机制的正常运行；（六）持续整改机制和合规文化已经基本形成。"

因此，律师在第三方组织进行审查评估时，对于第三方组织提出的专项合规计划以及内部控制计划中的有关问题应当及时反馈，并且及时根据第三方组织提出的意见或建议，调整专项合规计划以及内部控制计划，充分听取企业的意见和诉求，对相关制度设计上的难点及时与第三方组织协调。

在确认专项整改计划及内部控制计划无误后，律师需要对涉案企业成立的合规部门予以指导，协助企业按照专项合规整改计划以及内部控制计划来履行。律师需要分时、分步地设置及完善专项整改机制及内部控制机制的运行，对于整改过程中出现的突发状况，要及时提出相关法律意见。

六、与检察机关充分对接不起诉或者量刑建议

律师在与检察机关的沟通主要体现在以下几个方面：

第一，对于公安机关侦查的刑事案件，通过与企业负责人沟通掌握案情，研判刑事风险后，在侦查阶段即向侦查机关以及检察机关表明认罪认罚以及刑事合规的意向。争取就公安机关采取的查封、扣押、冻结等措施进行延缓或者解除，对涉案企业直接负责的主管人员及其直接责任人员的刑事强制措施进行及时变更，以维持企业的正常生产经营。听取检察机关的意见，做好企业刑事合规工作。

第二，在检察机关对于刑事合规整改报告的审查过程中，律师应当积极与检察机关进行沟通联系，对于检察机关审查中发现的疑点和重点问题，应当及时予以反馈。在合规考察期内，律师要指导企业认真执行合规计划，每个月以书面形式向检察机关报告合规计划执行情况，同时将执行情况抄报行政监管机关，对于按照整改计划执行取得的成果也应当及时反馈检察机关，以证明企业经过刑事合规后，生产经营走上正轨。

第三，涉案企业的监督考察期限届满，完成刑事合规计划后，没有违反监督考察要求，经公开听证，监督考察评估合格等程序后，律师要及时向检察机关提出不起诉

意见,由检察机关作出相对不起诉决定。如果检察机关一定要起诉,律师也需要在企业认罪认罚的基础上进一步提出从宽的量刑建议。

在检察机关作出不起诉决定后,律师也可以进一步向行政机关提出从轻或者减免行政处罚的法律意见。

七、常年刑事合规顾问的建议

律师不仅可以在企业合规过程中参与企业的合规监管,也可以作为常年刑事合规顾问为企业提供合规业务,具体包括但不限于以下几种:

其一,针对企业的业务模式提出相关的合规建议。对于企业的业务模式可能涉及的刑事犯罪进行核查,在可能涉嫌犯罪的相关业务模式中为企业设置风险屏障,规范相应的业务行为,在一定程度上否定单位犯罪的主观方面。

其二,针对企业的日常业务展开尽职调查活动。企业在进行并购、商业谈判等活动的过程中,律师可以对相关业务进行尽职调查,对于活动中可能出现的刑事风险进行翔实答复,不仅为企业进行相关业务的合法性提供保障,还在一定程度上避免企业成为受害方。

其三,针对企业的内部治理的新需求,更新内部控制计划。企业的规章制度并非一成不变,随着市场经济的发展,金融创新、经营工具的创新等都会影响企业的生产经营,企业为了顺应时代的发展,势必需要更新过往落伍的规章制度,故律师可以为企业提供及时性的建议,完善过往的制度以适应新的要求。

结 语

刑事合规作为新兴产物,对于资管行业来说意义深远。一方面,有利于民营经济的持续发展,避免企业因涉及刑事风险而倒闭;另一方面,也有利于维护金融市场的可持续发展,防范金融风险。刑事合规既可以是事前合规,通过相应的程序,杜绝企业进入刑事诉讼领域;也可以是事中合规,即为涉刑企业找到新的出罪抑或从轻、减轻处罚的路径;还可以是事后合规,即虽然企业承担了刑事法律责任,但为了避免再次进入刑事诉讼领域,开展刑事合规。

资管企业应当树立合规经营的意识,加强法律、法规及各项规章的学习,及时对自身业务开展自我审查,设置相应的制度来规范自身经营,避免触及刑事法律风险的高压红线。一旦涉及刑事风险,刑事合规也是重点考虑的路径。

审慎经营篇

专题四

资管纠纷中管理人审慎投资义务的司法认定

国浩律师（上海）事务所　周喆人　黄东兴

2018年4月,中国人民银行联合多部门发布的《关于规范金融机构资产管理业务的指导意见》(以下简称《资管新规》),在统一金融监管标准、防范化解金融风险,促进资产管理业务(以下简称资管业务)规范发展等方面起到了重要指导作用。《资管新规》至今已有逾5年的"指导期",除在资管业务监管方面的重要地位,其也在司法实践中得到了充分适用。早于2018年6月29日,最高人民法院作出的北京北大高科技产业投资有限公司与光大兴陇信托有限责任公司借款合同纠纷案判决即对《资管新规》的内容进行了认可和援用。[①]此后,各地各级法院亦将《资管新规》作为裁判涉及金融机构资产管理业务纠纷的重要规则。

为了规范金融机构在资管业务中的管理人职责,《资管新规》第8条规定,"金融机构运用受托资金进行投资,应当遵守审慎经营规则,制定科学合理的投资策略和风险管理制度,有效防范和控制风险。金融机构应当履行以下管理人职责:(一)依法募集资金,办理产品份额的发售和登记事宜。(二)办理产品登记备案或者注册手续……金融机构未按照诚实信用、勤勉尽责原则切实履行受托管理职责,造成投资者损失的,应当依法向投资者承担赔偿责任"。根据该条的规定,《资管新规》从监管层面明确了管理人违反受托管理职责的民事责任,管理人违反义务涉及的情形不同,承担的民事责任类型可能也不同。

投资阶段是资管业务的核心,资管合同通常对投资目标、投资范围、投资限制等进行了明确约定,该阶段的主要争议则体现为管理人是否依据合同约定全面审慎地完成投资义务,以及托管人是否对管理人的投资尽到审慎监督义务,若管理人未完成审慎投资义务,将会导致投资目的不能实现,因而面临赔偿投资者损失的责任。另外,在资管产品发生亏损的情况下,投资者也常常以管理人违反了忠实、审慎等义务为由,要求管理人承担赔偿责任,具体而言,如投资者主张管理人未全面、适当履行信息披露义务,对投资方向、投资盈亏及其他影响投资结果的情况未依法依约披露,属于

① 参见北京北大高科技产业投资有限公司与光大兴陇信托有限责任公司借款合同纠纷案,最高人民法院(2015)民二终字第401号民事判决书。

违反忠实义务；如投后短期内目标公司便出现经营困难，投资者则以管理人未履行投前尽职调查义务，以投资方向不符合合同约定等特定管理义务为由主张管理人违反了审慎投资义务。此类案件中，由于忠实义务主要涉及禁止性规范，认定相对容易，但在注意义务的履行方面，因诉争事项专业性较强，对于管理人采用的投资决策、进行的量化分析、选择的投资时点是否属于合理的商业投资判断，司法审查难度较大。

《资管新规》要求"金融机构运用受托资金进行投资，应当遵守审慎经营规则，制定科学合理的投资策略和风险管理制度，有效防范和控制风险"。但这一规定过于抽象，"审慎经营"在实践中存在不同的表现形式，每种情形下对管理人是否尽到审慎投资义务的判断要求亦不相同，目前司法实践主要的争议焦点有：管理人是否尽到审慎投资义务、管理人未尽审慎投资义务的责任类型、管理人未尽审慎投资义务是否需赔偿投资者损失，以及投资者损失是否需在资管产品清算后确定等问题。本专题将通过分析实践中涉及资产管理人审慎投资义务相关案件的司法观点，提出规范资产管理人审慎经营的建议。

第一章 概 述

一、信义义务的基本概念

信义义务起源于信托领域，属于衡平法的重要组成部分，在英美法系中作用突出。20 世纪以来，法院大规模扩张信义义务的适用范围，以至于在宽泛意义上形成了所谓的“信义法”。信义义务适用于信义关系，二者紧密相连。信义义务是施加于受托人的特定义务，是对信义关系特征的一种回应。只有存在信义关系的情况下，才会有信义义务的产生。

信义义务和合同法上基于诚实信用原则产生的义务非常类似，二者有类似的道德基础，都要求当事人诚信行事，都属于非具体的义务，属于抽象的法律约束，需要在实践中通过判例和解释而具体化，因而在很大程度上属于司法的创设，均对司法提出了较高的要求。信义义务体现了一种更高的要求，具体体现在：信义义务是一种利他的义务，而且这种义务已经被法定化，信托法和其他信义法大多明文或者默示承认类似的规则。

信义义务作为开放的概念，内容丰富、抽象，无论是在理论层面，还是在实践层面，信义义务通常都被认为包括忠实义务和注意义务。其中，忠实义务是信义义务的核心内容，它要求受托人将委托人的利益最大化作为信义行为的根本。注意义务则要求受托人保持谨慎和勤勉的态度，像管理自己的事务一样管理他人的财产和事务。相比于忠实义务内涵的相对清晰，注意义务的内涵与外延则众说纷纭，实践与理论中都不易把握，而且注意义务的标准显然要高于忠实义务，后者只是对受托人的底线要求。[①] 其中，善良管理人义务是一种最谨慎的注意义务，是指像对待自己事务一样处理他人事务，该表述与信托法中的为了他人最大利益行事的含义是一致的。[②]

---

① 参见徐化耿：《信义义务的一般理论及其在中国法上的展开》，载《中外法学》2020 年第 6 期。

② 参见范世乾：《信义义务的概念》，载《湖北大学学报（哲学社会科学版）》2012 年第 1 期。

二、管理人信义义务的内涵——引出管理人审慎投资义务

资管业务涉及的管理人义务通常由资产管理合同（以下简称资管合同）进行约定，即管理人义务主要体现为合同义务。同时，《全国法院民商事审判工作会议纪要》（以下简称《九民纪要》）第 88 条第 2 款也规定："根据《关于规范金融机构资产管理业务的指导意见》的规定，其他金融机构开展的资产管理业务构成信托关系的，当事人之间的纠纷适用信托法及其他有关规定处理。"无论是基于法理还是信托法的规定，信托法律关系中的受托人具有信义义务。《信托法》第 25 条规定："受托人应当遵守信托文件的规定，为受益人的最大利益处理信托事务。受托人管理信托财产，必须恪尽职守，履行诚实、信用、谨慎、有效管理的义务。"该条即受托人的法定信义义务。

但是，本专题并非探讨管理人在投资阶段的全部信义义务，而是重点研究管理人在投资阶段的审慎投资义务，进一步而言，资产管理人是否依据诚实信用、勤勉尽责原则切实履行受托管理职责，保障投资者权益。资产管理人的审慎投资义务在法律上的主要依据也是《信托法》第 25 条的规定。资产管理人接受投资者的委托，为投资者管理资产，增加投资者的财产收益，但是资产管理本身存在投资风险，投资者可能面临财产损失。面对投资本身的风险，投资者应当承担"风险自担"的结果，但是对于管理人不当管理引起的损失，投资者则可能通过司法手段追究管理人未尽审慎投资义务的责任。

三、管理人审慎投资义务的内涵

（一）审慎投资义务是法定义务，也是约定义务

为规制处于优势地位的管理人，保护投资者，法律必须对管理人课以法定的义务，因此信义义务本质是法定义务。作为信义义务在资产管理计划投资阶段的特定类型，管理人的审慎投资义务本质上亦应是法定义务，即要求管理人在投资管理过程中：在法律法规与资管合同均对受托人应负的信义义务有规定的前提下，如果法律法规的信义义务是强制性、效力性规定，则优先适用法律法规的义务规则；如果法律法规规定的信义义务是倡导性规定，则优先适用资管合同约定的信义义务规则（当事人意思自治优先）；在制定资管合同信义义务条款时，建议不宜低于法律法规倡导标准的下限。

管理人审慎投资义务是法定义务，但这不等于投资者和管理人之间的约定没有存在的空间。承前所论，无论是忠实义务还是谨慎义务，都可以通过事前的约定和

事后的协商进行一定的减轻。实际上,资产管理人的审慎投资义务,多数情况下与合同义务和法定义务重叠。然而,合同无法对所有的情形作出预判。因此,在某些情形下,即便没有合同约定,如果符合管理人诚实信用和谨慎勤勉要求的,在司法实务中仍然会被视作管理人义务。

(二)审慎投资义务本质是合理注意义务,忠实义务

通常认为,管理人的审慎投资义务是管理人的注意义务、勤勉义务,但是事实上管理人的审慎投资义务不仅包括勤勉尽责义务,也应包括信义义务中的忠实义务。资管合同应在信义义务的框架下履行,这里的信义义务并不是特别的法律概念,而只是对委托人和受托人之间法律关系的抽象概括。信义义务包括忠实义务(通常所说的“诚实信用”)和勤勉义务(通常所说的“勤勉尽责”)两个方面。《资管新规》第8条第2款的措辞是“金融机构未按照诚实信用、勤勉尽责原则切实履行受托管理职责,造成投资者损失的,应当依法向投资者承担赔偿责任”。在条文解读上,管理人的审慎投资经营资产管理计划,既需要满足“勤勉尽责”的注意义务,也需要满足“诚实信用”的忠实义务。

勤勉义务要求管理人努力工作,若违反该义务(如应当及时止损预警而未及时止损,如应及时清算而未及时清算),应结合义务违反的程度、损害的内容、因果关系等判断委托人可获得的赔偿数额,尤其要求受害人只能就管理人违反勤勉义务的行为而要求相应的损害赔偿。在考察勤勉义务时,应注重考虑商业判断规则的适用。忠实义务是要求义务人不得侵吞属于委托人的资产或者抢夺委托人的机会,若违反忠实义务,管理人应赔偿委托人的相应损失。在私募投资中,受托人未经允许改变投资用途(超越约定明确的投资范围和投资比例,尤其是从低风险到高风险、关联交易、挪用投资资产),在性质上构成严重违约,多半存在利益冲突的情况,因此可以认为其构成对忠实义务的违反。此外,资管合同履约过程中的信息披露义务也是忠实义务和勤勉义务的辅助性义务,是辅助委托人了解受托人是否履行忠实义务和勤勉义务的工具保障。①

① 参见许德风:《资管交易中的信义义务》,载微信公众号“北京仲裁委员会”,2020年4月15日。

第二章　与管理人审慎投资义务相关的案件统计

一、与管理人审慎义务有关案件的基本情况

2022 年 8 月 4 日，上海市高级人民法院召开新闻发布会，首次发布《2019—2021 年上海法院涉资产管理纠纷案件审判情况通报》。同年 10 月 11 日，上海市浦东新区人民法院召开 2021—2022 年金融资管类案件审判情况白皮书发布会暨金融资产管理前沿法律问题研讨会，发布了《金融资产管理类案件审判情况通报（2021.8—2022.7）》。综合上述法院数据显示，资管纠纷案件整体呈现如下特点：诉讼标的金额上涨趋势明显、案由类型差异化和多样化、争议问题呈现新颖性和复杂性、监管政策与司法裁判衔接配合趋势明显等。

为更好地了解《资管新规》颁布以来，涉管理人审慎投资义务的资管纠纷的司法观点，在本专题写作前进行了案例检索，自新规发布时间 2018 年 4 月起至 2023 年 4 月止，共检索得到 177 件相关案件，这些案件呈现以下特点：

其一，案件案由较为分散，包括委托理财合同纠纷、财产损害赔偿纠纷、营业信托纠纷、私募基金合同纠纷等 10 种。审结数量排前五的案件类型分别是委托理财合同纠纷 56 件、财产损害赔偿纠纷 52 件、合同纠纷 31 件、私募基金合同纠纷 23 件、营业信托纠纷 5 件，占比分别达 32%、29%、18%、13%、3%。（见图 4－1）

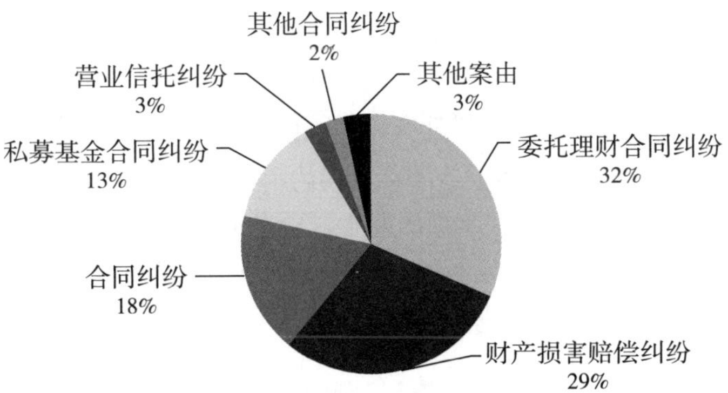

图 4－1　案件案由统计情况

其二,在审理法院的地域特点方面,上海市以 111 件案件位列第一,北京市 27 件案件位列第二,广东省、山西省分别以 17 件、12 件位列第三、第四,山东省 8 件、浙江省 1 件、天津市 1 件。(见图 4－2)

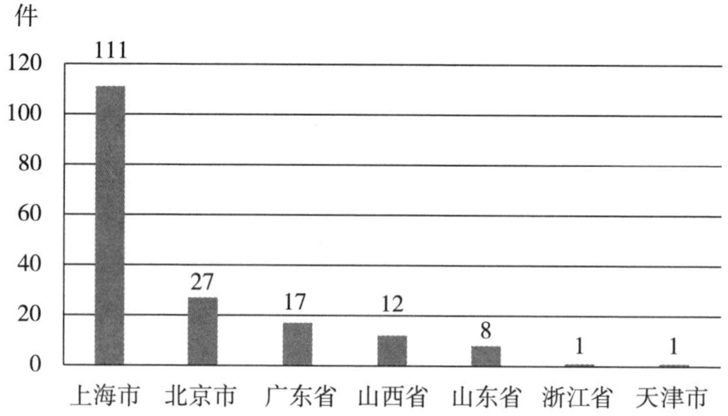

图 4－2　案件地域分布统计情况

其三,在案件判决结果方面,认定管理人应当承担责任的有 117 件,占比 66.10%,而认定管理人不应当承担责任的有 60 件,占比 33.90%。(见图4－3)

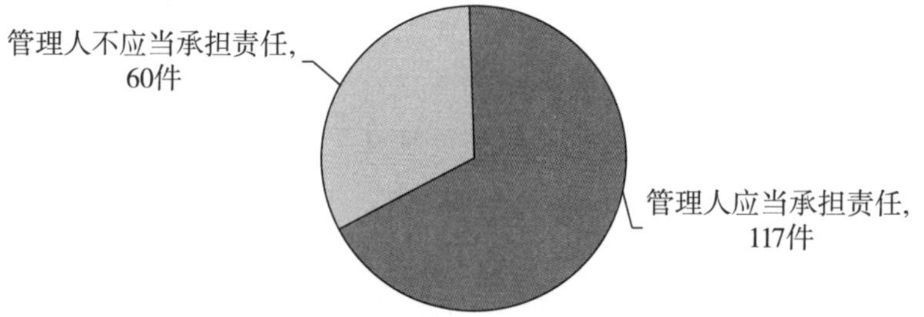

图 4－3　法院对管理人责任的认定情况

二、具有代表性的典型案例简介

涉管理人审慎投资义务的资管纠纷案件,在司法实务中不乏典型性案例,譬如有的案例入选"最高人民法院发布十四起人民法院服务和保障长三角一体化发展典型案例",也有案例入选"2020 年全国法院十大商事案例""2020 年度上海金融商事审判十大案例""上海金融法院发布证券期货投资者权益保护十大典型案例"等,以下将选取两个具有代表性的案例予以简要介绍。

（一）投资者诉华澳国际信托有限公司财产损害赔偿责任纠纷案件

该案是全国首例判决信托公司在通道类业务中承担民事侵权责任的案件，由上海市浦东新区人民法院一审认定华澳国际信托公司在信托业务开展时对委托资金来源的审核未尽必要注意义务，应对投资者涉案损失承担补充一定比例的赔偿责任，上海金融法院二审维持原判。该案明确信托公司虽仅负事务性管理之责，但仍应秉持审慎原则开展经营业务，并履行必要的注意义务。该案裁判厘清了信托公司合法审慎经营的权责边界，同时也积极回应了投资者诉求，给予受损投资者合理的经济赔偿，为解决同类金融产品兑付风险引发的纠纷提供了参考。

（二）投资者诉钜洲资管（上海）有限公司、上海钜派投资集团有限公司私募基金纠纷案件

该案系根据《证券投资基金法》以及监管细则，法院对基金管理人的实际控制人参与基金募集、管理活动所应当承担的责任体系进行认定，进一步完善了基金管理人及其他主体参与基金募集管理活动的责任体系的指导性案件。法院认定在系争基金的运作、管理过程中，根据《私募基金合同》，案涉基金的权益基础为合伙企业对上市公司的股权收益，基金资产已被案外人恶意挪用，合伙企业未取得上市公司股权，基金资产已脱离管理人控制，由此导致基金财产被案外人侵占转移，管理人应承担相应责任。

三、管理人审慎义务涉诉案件的特点

（一）投资者方面：同一类资管计划产生的纠纷涉及投资者众多

部分案例呈现出系列案件的特点，即不同的原告投资者基于同一资管计划，向相同的被告提起的诉讼。此类案件中，其中最多的一系列案件，在检索结果中高达35件，系列案件中超过10件的案件总数合计有131件之多。由此可见，涉管理人审慎投资义务的资管纠纷案件具有涉众人数较多的群体性特点。

（二）管理人方面：以私募基金管理人为主

资管产品按照募集方式的不同，分为公募产品和私募产品，公募产品面向不特定社会公众公开发行，私募产品面向合格投资者通过非公开方式发行。检索到的涉管理人审慎投资义务的资管案件中，几乎均为投资者购买私募产品引发的赔偿纠纷。由于私募产品中个人投资者单笔投资金额为100万元起，导致案件平均标的额

也较高。

(三)法院的态度:谨慎认定管理人过错,重视保障投资者权益

法院关于资产管理人是否按照诚实信用、勤勉尽责原则切实履行受托管理职责的认定,保持谨慎的审理态度,不会轻易认定管理人未尽到审慎投资义务,尊重资产管理人的受托管理职权。但是,对于明显存在过错,怠于履行管理职责,不能忠实履行投资管理义务的管理人,法院充分保障投资者的权益,全部或部分支持投资者诉求,给予受损投资者合理的经济赔偿。

第三章 与管理人审慎投资义务相关的司法观点

经分析案例发现,司法实践中法院关于资产管理人是否尽到审慎投资义务的认定,主要围绕以下内容展开:第一,管理人在投资前是否充分尽职调查项目;第二,管理人在投资时是否保障资金安全,谨慎划拨资金;第三,管理人是否公平对待不同投资者的委托以及是否有其他最大限度地维护投资者权益的行为。此外,法院也可能从其他角度综合判断管理人在资产投资阶段的履职情况。

本章主要围绕与管理人审慎投资义务相关的司法裁判观点展开,分为三部分:首先,探讨管理人尽到审慎投资义务的司法认定标准;其次,分析管理人未尽审慎投资义务的责任类型,是违约责任,还是侵权责任;最后,管理人未尽审慎投资义务的责任是否待清算后确定。

一、管理人尽到审慎投资义务的司法认定标准

(一)尽到合规审查义务,依约展开尽职调查

管理人审慎经营资管计划,必然要求管理人审慎地选择投资项目投入委托人的资产。面对市场上众多的投资项目,管理人在选择之前需要展开必要的尽职调查,确保投资项目符合投资要求,具有可盈利的价值。《资管新规》主要规定委托人对受托机构的尽职调查义务,对被投资标的尽职调查义务的规定,散见于各个具体的业务规范。例如针对券商、基金子公司、期货公司的资管计划,中国证券监督管理委员会发布的《证券期货经营机构私募资产管理业务管理办法》规定,“证券期货经营机构应当对投资对象、交易对手开展必要的尽职调查,实施严格的准入管理和交易额度管理,评估并持续关注证券发行人、融资主体和交易对手的资信状况,以及担保物状况、增信措施和其他保障措施的有效性”。原中国银行业监督管理委员会《信托公

司集合资金信托计划管理办法》(2009 修订)第 9 条亦有类似规定。[①]

在司法实践中,法院在认定管理人是否履行必要的尽职调查义务方面,通常按照以下标准判断:一是根据相关合同的约定,是否履行对约定事项的尽调义务;二是是否通过可实现的手段和方式对属于直接影响投资风险和投资收益的重大事项进行进一步核实调查。

例如,在(2022)京民申 767 号案中,北京市高级人民法院认为,《证券公司及基金管理公司子公司资产证券化业务管理规定》第 13 条规定,“管理人应当履行下列职责:(一)按照本规定及所附《证券公司及基金管理公司子公司资产证券化业务尽职调查工作指引》对相关交易主体和基础资产进行全面的尽职调查……”《证券公司及基金管理公司子公司资产证券化业务尽职调查工作指引》第 2 条第 1 款规定,本指引所称尽职调查是指证券公司及基金管理公司子公司勤勉尽责地通过查阅、访谈、列席会议、实地调查等方法对业务参与人以及拟证券化的基础资产进行调查,并有充分理由确信相关发行文件及信息披露真实、准确、完整的过程。本案中,H 证券公司在“专项计划说明书”“专项计划标准条款”等专项计划文件中保证其陈述的内容真实、准确、完整,不存在任何虚假内容和误导性陈述。但 H 证券公司未直接向 Z 公司兰州分公司发出询证函,询证质押应收账款真实性;调查访谈过程中未核实访谈人员身份,亦未进行现场实地调查,而是轻信石化公司说辞,未尽到专业管理人审慎注意的勤勉尽责义务。[②]

又如,在(2020)沪 74 民终 29 号案中,上海金融法院认为,被动管理型信托业务中,信托公司虽主要依据信托合同的约定履行相应义务,但其在以自身名义独立从事信托管理事务时,仍应尽到合理注意义务。B 信托公司作为专业的金融机构,在明知委托资金系属私募募集资金的情况下,更应当审慎回应委托人提出的明显不合理的要求。B 信托公司出具的“项目风险排查报告”虽为内部资料,但被犯罪分子利用。根据《信托法》的相关规定,在信托设立后,受托人对信托财产所投项目的尽职调查、信托存续期间的事务管理等负有全面管理的责任,因此吴某等投资者从上海 X 公司处看到“项目风险排查报告”,有理由相信系争产品受到了信托公司的监管和核查。因此,B 信托公司出具虚假调查报告的行为客观上起到了蒙骗投资者的

---

① 参见《信托公司集合资金信托计划管理办法》(2009 修订)第 9 条:“信托公司设立信托计划,事前应进行尽职调查,就可行性分析、合法性、风险评估、有无关联方交易等事项出具尽职调查报告。”

② 参见恒泰证券股份有限公司与天弘基金管理有限公司合同纠纷案,北京市高级人民法院(2022)京民申 767 号民事裁定书。

作用。①

（二）保障资金安全，谨慎划拨资金

资产管理人受托管理委托人的资产，应当保障委托人的利益最大化，管理人利用委托人的资金进行投资时，应当秉持专业的投资判断，以谨慎的态度对待资金的划拨，避免财产的不当流失。如在（2018）沪民终132号案中，上海市高级人民法院认为，保障资金安全、谨慎划拨资金是对资产管理人和专业投资机构勤勉履职和审慎投资的基本要求，也是开展风险管理的重要内容。与普通投资者相比，专业投资机构在风险管理上更具优势，理应尽到专业投资机构在私募基金的资金募集、资金运用等环节所能够尽到的合理注意义务。虽然W公司的投资款损失系因遭受犯罪行为以及侵权行为侵害所致，但是其对投入景泰一期的投资款应由第三方监管已有明确认知，却未核实景泰一期资金账户监管措施是否落实到位，在景泰一期尚未与有关资金监管方签署有效资金监管协议的情况下，将投资款全额拨付至景泰一期，其作为案涉金融产品的资产管理人和专业投资机构，在资金划拨方面未予足够审慎注意，存在疏忽，在客观上为李某1、李某2及其控制的被告实施犯罪、侵权行为提供了可乘之机，此与景泰一期的账户资金在不符合伙协议资金投向约定的情况下被顺利划转亦有联系。②

（三）公平对待不同投资者的委托

通常，资产管理人运行一个资管计划，涉及众多投资者的委托资产，以从投资者处筹集的巨额财产进行投资，实现整个资管计划的盈利，故资产管理人管理资产的目的是实现整体利益的扩大，保障整体投资者的权益，而不是某个投资者的权益。如在（2021）京74民终482号案中，北京金融法院认为，基金管理人有权按照《基金合同》的约定，独立管理和运用基金财产。对于高风险与高收益并存的基金产品，选择何时以及以何种方式处置股权将会直接影响甚至决定投资者的投资收益，故对于基金管理人而言，选择合适的时间节点对股权进行处置的过程，既要考虑效率，也要尽量考虑收益最大化。因此，基金管理人有权根据市场态势、行业状况以及政策因素等决策基金财产的退出方案，不应因某个或者某些投资者的利益选择而影响基金

---

① 参见华澳国际信托有限公司与吴某财产损害赔偿纠纷案，上海金融法院（2020）沪74民终29号民事判决书。

② 参见深圳吾思十八期股权投资基金合伙企业（有限合伙）与万家共赢资产管理有限公司等其他侵权责任纠纷案，上海市高级人民法院（2018）沪民终132号民事判决书。

产品的运作。①

关于“公平对待”的判断,司法实践通常考虑管理人在程序上的正当性,公平对待不代表同等对待,管理人需要根据投资者、投资计划的实际情况综合判断,设计最有利于整体投资和保障全体投资者利益的投资方案。如在(2020)粤0391民初2174号案中,深圳前海合作区人民法院认为,根据《私募投资基金监督管理暂行办法》第4条第1款的规定:私募基金管理人和从事私募基金托管业务的机构管理、运用私募基金财产,从事私募基金销售业务的机构及其他私募服务机构从事私募基金服务活动,应当恪尽职守,履行诚实信用、谨慎勤勉的义务。《合伙协议》约定:“委托管理机构(C公司)应勤勉尽责地完成合伙事务。”本案中,案涉C基金属于私募股权基金,C公司系C基金的管理人,依前述规定/约定,C公司对于管理的基金及基金投资者负有法定与约定的信义义务。在投资管理行业中,注意义务主要指管理人行使自由裁量权管理和处分财产时须恪尽审慎投资义务。不能以两只基金的投资决策有差异,即认定C公司不公平地对待其管理的不同基金财产。②

(四)具有其他在最大限度内维护投资者权益的行为

管理人的审慎投资义务本质上是管理人作为受托人应当遵守的信义义务。根据《信托法》等法律规定,受托人应当“为受益人的最大利益行事”,其体现在管理人审慎投资义务方面,则是管理人应当在最大限度内维护投资者的权益,保障资管计划的目标实现。例如,在(2022)京74民终417号案中,北京金融法院认为,按照法律规定受托人应当遵守信托文件的规定,为受益人的最大利益处理信托事务。受托人管理信托财产,必须恪尽职守,履行诚实、信用、谨慎、有效管理的义务。由于M信托公司不能证明其管理信托财产的行为符合合同约定、信托目的及法律规定,应当承担违约责任。《信托法》要求受托人为受益人的最大利益处理信托事务。对于受托人赋予各种诚实信用、审慎管理等义务亦是为了保障委托人基于信任而投入的财产免受损失。如果受托人未能按照合同约定履行其义务,则应当承担违约责任,对于委托人所受到的损失予以赔偿。③

但是管理人的“为受益人的最大利益行事”不代表保证投资者在资管计划中不

---

① 参见董某远与北京中融鼎新投资管理有限公司委托理财合同纠纷案,北京金融法院(2021)京74民终482号民事判决书。

② 参见郭某霞与深圳前海春阳资产管理有限公司合伙协议纠纷案,深圳前海合作区人民法院(2020)粤0391民初2174号民事判决书。

③ 参见中国民生信托有限公司与韩某茜营业信托纠纷案,北京金融法院(2022)京74民终417号民事判决书。

遭受任何损失，而是假使在投资者损失发生后，能够尽最大的努力减少投资者的损失。如在（2021）沪 74 民终 1377 号案中，一、二审法院认为，资产管理人管理受托财产，必须恪尽职守，履行诚实、信用、谨慎、有效管理的义务。该案中，T 公司作为专业机构，已就案涉 A 公司持有的 1.74 亿股 Y 保险股权为系列资管计划设定了部分质押。而西藏 D 公司转让 A 公司股权并非资管计划管理人所能控制，相关股权转让并不影响 E 公司相应回购义务的履行，故不会造成涉案资管计划的风险显著增加。当 F 集团及其关联公司和实际控制人涉嫌集资诈骗、非法吸收公众存款等犯罪而被公安机关立案侦查后，T 公司第一时间成立项目风险专项处置工作小组，及时向监管部门进行了沟通与汇报，并积极争取政府的支持。此外，T 公司还聘请律师事务所对相应底层资产采取了法律保全措施，并且多次向相关司法机关提出加快处置 F 集团及其关联公司资产的申请。由此，导致系争资产无法变现的原因并非由 T 公司所致，综合评判 T 公司的上述行为，T 公司已经履行了相应的谨慎管理义务。①

二、管理人未尽审慎投资义务的责任类型

（一）未尽审慎投资义务是否应当承担违约责任

投资者基于对管理人的信任，与管理人订立资管合同，将财产委托给管理人，管理人接受投资者的委托，进行投资、运作、管理活动。对于资产计划管理人，其违约行为导致了投资者的投资款受损，资产计划管理人应承担违约赔偿责任。在案例检索结果方面，检索到的认定管理人应当承担责任的 117 件案件（含系列案件），法院几乎全部认定的是管理人应当向投资者承担违约责任。

例如，在（2020）沪 74 民终 1046 号案中，上海金融法院认为，按照案涉合同约定，N 基金应当将取得常州 P 公司 40% 的股权，并在基金合同到期终止后立即组织成立清算小组对基金财产进行清算分配。但 N 基金在将基金财产汇入上海 P 公司后，并未按照约定取得常州 P 公司 40% 的股权，而是在 2019 年 3 月本案受理后，上海 P 公司才将其持有的常州 P 公司 42% 的股权质押给 N 基金。N 基金的这一行为，违反了合同关于投资范围的约定，并且 N 基金并未举证证明已经所有委托人、管理人和托管人协商一致变更了投资范围，故 N 基金作为基金管理人，违反合同约定管理和使用资金，其行为已构成违约，理应承担相应的违约责任。②

---

① 参见仲某娟与上海财通资产管理有限公司其他合同纠纷案，上海金融法院（2021）沪 74 民终 1377 号民事判决书。

② 参见上海新耒股权投资基金管理有限公司、上海通则久文化发展有限公司等与刘某生其他合同纠纷案，上海金融法院（2020）沪 74 民终 1046 号民事判决书。

又如,在(2022)京74民终417号案中,北京金融法院认为,《信托合同》对于信托目的以及投资组合范围均有明确的约定,这就要求受托人严格按照上述约定的范围及投资方向进行投资组合,并遵守关于投资限制的相关约定,以实现信托目的。按照法律规定,受托人应当遵守信托文件的规定,为受益人的最大利益处理信托事务,受托人管理信托财产,必须恪尽职守,履行诚实、信用、谨慎、有效管理的义务。由于M信托公司不能证明其管理信托财产的行为符合合同约定、信托目的及法律规定,应当承担违约责任。①

再如,在(2020)鲁71民初144号案中,济南铁路运输中级法院认为,Y公司作为基金管理人,未按照合同约定的"委托贷款"的方式进行投资而是直接向实际用款人Q公司发放贷款。且委托贷款合同和差额补足承诺函中的"R农商行"公章系假章,Y公司虽在形式上对R农商行的公章进行了审查,不能直接认定Y公司存在恶意,但是其在明知岳某为R农商行办理该事项的被委托人的情况下,未与岳某签订合同而是找到并无授权的闫某,再加上其绕开R农商行直接向Q公司发放贷款等行为,客观上导致了R农商行未参与本案委托贷款及印章虚假的情况未被发现,在Q公司不能偿还贷款时,无法要求R农商行承担差额补足的责任,增加了涉案基金资金风险。Y公司作为涉案基金管理人,违反合同约定,未按照合同约定的方式进行投资,造成基金风险增加,现投资款无法收回,Y公司应当对基金投资人承担赔偿责任。②

(二)未尽审慎投资义务是否应当承担侵权责任

在检索结果中,未发现"以管理人未尽审慎投资义务(或者诚实信用、勤勉尽责)为由认定管理人应当承担侵权责任"的裁判认定,具体表现在以下两个方面:一方面,根据检索到的案例,法院认定管理人未尽审慎投资义务应当对投资者承担责任的,通常认定管理人应当承担资管合同项下的违约责任,如前文所述"未尽审慎投资义务应当承担违约责任"部分。另一方面,投资者以侵权责任请求权提起诉讼的,法院从侵权责任构成要件出发,逐个要件分析,最终没有支持投资者的侵权损害赔偿的请求权。例如,在(2020)沪01民终14036号案中,上海市第一中级人民法院认为,首先,我国《侵权责任法》第8条规定,二人以上共同实施侵权行为,造成他人损

---

① 参见中国民生信托有限公司与韩某茜营业信托纠纷案,北京金融法院(2022)京74民终417号民事判决书。

② 参见王某与河南豫鹰资产管理有限公司、恒丰银行股份有限公司民间委托理财合同纠纷案,济南铁路运输中级法院(2020)鲁71民初144号民事判决书。

害的，应当承担连带责任。故法律所规定的共同侵权行为，限于意思关联共同的主观共同侵权，应以行为人之间有意思联络为必要要件。因此，除了加害主体应当是两人以上之外，还需有加害行为的协作性和主观意思的共同性、损害结果的统一性等要件。同时，该案作为一般侵权责任诉讼，适用过错责任归责原则，则发起诉讼的张某应对其所主张的侵权行为人，即J集团、长江J公司、J资管是否存在主观上的共同过错负有举证义务。此外，张某还需对损害的实际发生及行为与损害结果之间的因果关系等提供相应证据，以完成其主张的侵权责任构成的举证。现张某未能就上述侵权责任构成诸要件进行充分举证，尤其是对明确且实际发生的损失最终仍未确定，由此法院对张某现有证据情形下基于侵权损害赔偿的请求权难以支持。[①]

三、管理人未尽审慎投资义务的责任是否待清算后确定

资管产品未经清算情形下投资者的损失能否认定是资管案件中常见的争议问题。资管产品到期后，管理人应当按照约定进行清算。但实践中，法院将结合涉案资管产品的具体情况、管理人的过错程度等因素综合认定投资者的损失是否客观发生。

（一）清算之后方能确定损失

在（2021）京03民终6111号案中，北京市第三中级人民法院指出，投资收益是资产委托人获得收益的唯一、最终来源，而投资收益的确定则以清算为前提，清算前的基金净值仅具有估算性质，因此S公司仅依据账单载明基金总净值要求K资管公司给付1000万元缺乏依据。[②]

在（2020）沪01民终14036号案中，上海市第一中级人民法院也认为，不论管理人在基金推介、销售过程中是否存有不当，或者存在过错，在基金未经清算完毕，未明确原告未兑付损失的情况下，且在原告已经申请仲裁要求被申请人返还投资本金，赔偿利息损失的情况下，对其侵权赔偿责任的请求不予支持。[③]

---

① 参见张某青与上海钜派投资集团有限公司等财产损害赔偿纠纷案，上海市第一中级人民法院（2020）沪01民终14036号民事判决书。

② 参见青岛金王集团有限公司等与前海开源基金管理有限公司等合同纠纷案，北京市第三中级人民法院（2021）京03民终6111号民事判决书。

③ 参见张某青与上海钜派投资集团有限公司等财产损害赔偿纠纷案，上海市第一中级人民法院（2020）沪01民终14036号民事判决书。

(二)无须清算即可确定损失

关于是否必须先行清算的问题,例如,在(2022)津02民终1733号案中,天津市第二中级人民法院认为,基金的清算结果是认定投资损失的重要依据而非唯一依据,有其他证据足以证明投资损失情况的,人民法院可以依法认定损失。案涉基金并未用于受让应收账款,上诉人虽提起了诉讼要求L公司、G公司偿还款项,但生效判决至今未获执行,且G公司已进入破产程序,合同约定的案涉基金权益基本无实现可能。上诉人虽主张根据补充协议已将案涉基金的期限延长,但在延长期限届满后仍未进行清算,因此,考虑到本案的实际履行情况,如果坚持等待清算完成再行确认当事人损失,不具有现实可行性。①

又如,在(2022)沪74民终930号案中,上海金融法院认为,虽然案涉资管计划尚未最终清算结束,《资管合同》也没有约定具体损失赔偿计算方式,但考虑到本案投资者已经产生损失的事实,为了填补投资者所遭受的实际损失,可由I证券在过错范围内先行赔偿投资者损失。对于清算后收回款项,按约应分配给投资者的,其中70%的部分应支付I证券,并以I证券赔偿款项70万元为上限。②

再如,在(2021)京74民终254号案中,北京金融法院认为,虽然案涉专项计划已经进入清算程序,但U基金公司在本案中系以违约责任向V证券公司主张权利,其在清算程序中获得分配金额并非向V证券公司主张违约责任的前置条件。此外,U基金公司在专项计划清算中已获得分配的金钱应当随时抵扣V证券公司的赔偿责任金额。一审判决在确定V证券公司向U基金公司承担违约责任的范围时,已充分考虑到管理人违约责任与专项计划清算的关系,以避免U基金公司获得重复受偿。即,V证券公司应向U基金公司承担赔偿责任的可得利益损失范围,最终为U基金公司在合同履行后可以获得的利益部分与其在专项计划清算中获得分配的金钱资产之间的差额。③

综上,通过分析总结各类裁判观点,我们对司法实践中关于资管纠纷中管理人审慎投资义务的认定标准及有关责任的承担等问题有了进一步认识。基于此,也为相关争议解决贡献了裁判尺度与代理思路,更为资产管理人的投资管理工作提供了规范建议。

---

① 参见贺天(上海)资产管理有限公司与王某祥等合同纠纷案,天津市第二中级人民法院(2022)津02民终1733号民事判决书。

② 参见钱某慧与爱建证券有限责任公司委托理财合同纠纷案,上海金融法院(2022)沪74民终930号民事判决书。

③ 参见恒泰证券股份有限公司与鑫元基金管理有限公司合同纠纷案,北京金融法院(2021)京74民终254号民事判决书。

第四章　措施与建议

一、管理人应当遵守审慎经营规则

（一）制定科学合理的投资策略和风险管理制度

《证券投资基金法》第9条第2款明确规定，基金管理人应制定科学合理的投资策略和风险管理制度。以基金为代表的资管产品，本身具有高收益、高风险的特点，资产管理人应当采取有效的方式进行风险防控，保障委托人的财产安全。司法观点也认可，保障资金安全、谨慎划拨资金是开展风险管理的重要内容。

因此，建议管理人应当按约定的方向进行投资，并将投资方向、投资范围等向投资者进行充分披露，谨慎地对待资管计划，按照科学合理的投资策略进行投资，并防范和管理风险。

（二）完善尽职调查、信息披露等关键性投资操作

尽职调查，通常是管理人进行投资前，了解投资对象、评估风险的必备环节，尽职调查的结果往往直接影响投资收益。信息披露义务，是管理人信义义务的必然要求，包括尽职调查情况及投资情况的披露，也包括产品运行状况的披露。

因此，建议管理人在主动类管理项目中，应当履行勤勉尽责的尽职调查义务，尽职调查不应当流于表面，对于关键交易要素和交易信息应当反复求真核实。管理人在被动类管理项目中，不作虚假陈述或不为不实信息提供背书。此外，管理人应将尽职调查情况和资管计划投资与运行阶段的信息向投资者进行充分且有效的披露。

（三）面对突发情形，采取紧急措施

资管纠纷的产生系投资者遭受损失，基于合同的相对性，向资管合同的管理人请求赔偿，管理人承担责任的前提是管理人的受托投资管理行为存在过错。管理人的过错既包括在投资过程中尽职调查不当、投资不当等，也包括在投资标的出现亏损时的不当处理。投资标的亏损将导致投资者资产的减少，但是管理人作为受托人

承担的是受托管理责任,即管理人面对投资标的的亏损,能够采取紧急、必要且具有有效性的措施来保护投资者资金安全的,即使结果未避免投资者损失的,管理人亦不具有过错,无须承担责任。

因此,建议管理人面对突发的可能导致投资标的亏损、投资者损失的情形,积极启动风险管理机制,及时、勤勉地采取应对措施,并妥善向投资者披露投资标的情况。

二、管理人应当做到过程留痕,保存尽到审慎管理义务的证据

在程序方面,与管理人审慎投资义务履行相关的,是诉讼程序证据规则的适用。根据《九民纪要》第94条的规定,资管纠纷中由资产管理人承担证明其已经履行了勤勉尽责、公平对待客户等义务的举证责任。受托人是否尽到了勤勉义务,其行为是否属于管理人的合理商业判断,应由管理人来承担举证责任。

鉴于此,建议管理人注意保管留存相关证据材料,尽可能降低自身承担赔偿责任的可能性。

三、相关诉讼的管理人应对策略

管理人应当建立投资策略和风险管理制度,保存其在投资过程中产生的资料,并对其投资管理过程留痕保存。除了详细的保存以外,还需要以适合提供给法院的形式保存。在司法案例中,有管理人拒绝向法院提供产品的投资方向,面临被法院认定违反合同约定,未尽审慎投资义务的败诉结果。因此,管理人不仅要保存前述资料,还要以能作为司法证据的形式保存下来,利于向法庭提交充分的证据证明己方的履职状况。

另外,从司法裁判来看,法院不苛求管理人的估值结果与资管产品的资产价值完全相符,而是更看重管理人是否采取了相应动作的过程管理。管理人应能够证明其对于是否应当调整估值方法作出了充分论证和评估,并能够阐述一定理由论证其合理性以及可保护投资者利益。因此,资产管理人须以合理且利于法庭接受的方式向法庭呈现投资决策的相关依据以及评估论证的逻辑。

结　语

投资阶段是资管业务的核心,基于资管合同对投资目标、投资范围、投资限制等事项的明确约定,该阶段主要争议在于管理人是否依据合同约定全面审慎完成投资义务。本专题所要探讨的,即结合《资管新规》等法律规定和司法案例,分析、总结资

产管理纠纷中管理人审慎投资义务的认定标准,从而为资产管理人强化审慎经营、保障投资者的合法权益提出建议。为了实现这一目的,首先,本专题从信义义务的概念出发,引出审慎投资义务这一具体的管理人义务,并阐述了管理人的审慎投资义务的具体内涵。其次,从司法案例的统计分析着手,分析《资管新规》出台以来,司法实践中相关案件的情况,对涉资产管理审慎投资义务的司法案例的特点予以总结。通过分析分类的方式,分别对检索到的涉资产管理审慎投资义务的司法案例不同的司法观点予以分析。最后,在对管理人审慎投资义务的司法认定标准的分析结果上,对资产管理人的审慎经营资产管理计划提出建议以及应对相关诉讼的策略。

面对投资本身的风险,投资者应当承担"风险自担"的结果,但是对于管理人不当投资管理引起的损失,投资者则可能通过司法手段追究管理人未尽审慎投资义务的责任。通过分析关于资产管理人是否尽到审慎投资义务的认定标准,以及管理人未尽到审慎投资义务责任承担的司法观点,本专题为规范资产管理人的投资管理行为提供一定的价值。

专题五

资管业务中管理人信息披露义务的责任检视与合规路径

国浩律师（上海）事务所　叶茵茵　张宁宇

资产管理(以下简称资管)业务,是指银行、信托、证券、基金、期货、保险资管机构、金融资产投资公司等金融机构接受投资者委托,对受托的投资者财产进行投资和管理的金融服务。[①]随着2018年《关于规范金融机构资产管理业务的指导意见》(以下简称《资管新规》)、2019年《全国法院民商事审判工作会议纪要》(以下简称《九民纪要》)等法规文件的出台,管理人"受人之托、忠人之事"的信义义务被放在更为突出的位置上,接受来自投资者、司法机关、监管机构、行业协会的审视,而其丰富的内涵又在资管产品的募集、投后管理、清算等不同阶段有不同形式的呈现。信息披露义务虽然贯穿产品运作始终,有其独立的制度价值,但将其视为一种"附随"义务而未予重视的做法也不在少数。从近年来的司法实践看,信息披露不仅作为一项独立的义务履行被评价,也成为判定管理人是否"诚实信用、勤勉尽责"的媒介。投资人既以信息披露作为维权的支点,相应地,管理人也应有意识地完善信息披露义务的履行,妥善利用信息披露彰显自己的专业水平与专业态度,获得市场的正反馈。

资管纠纷中,信息披露义务通常在如下两类案件中成为争讼焦点:一类是投资者诉请行使查阅、复制相关资料的知情权,以求获得计划财产管理的全面信息,为后续维权做铺垫,管理人处于相对守势;另一类是投资者诉请损害赔偿,其未必要求披露某类信息,但披露尺度与勤勉尽责的认定密切相关,管理人处于相对攻势。本专题从近年来司法实践中的裁判理念和处理方式入手,梳理和总结管理人信息披露义务履行中的关键环节,旨在为管理人信息披露制度的完善与施行提供合理化建议。

① 参见《资管新规》第2条第1款规定。

第一章 知情权诉讼的裁判路径

资管业务中，管理人享有对计划财产运用、管理、处分的权利，而投资人自财产转移给管理人后，仅能通过监督权约束管理人诚信、勤勉地履责，而监督权行使的前提是知情权得以实现。获知的信息越充分、准确、及时，监督权的行使就越高效。然而，投资人获取信息的唯一渠道是管理人的信息披露。这就存在一个悖论：投资人用以监督管理人的信息是管理人加工后提供的。无论是管理人的道德风险还是双方的认知偏差，都容易导致投资人对管理人的信息披露行为丧失信任，从而要求“兜底”式审查相关文件。这正是知情权诉讼产生的原因，而诉讼获取的材料又将被投资人用以“过程还原”，其目的是对管理人尽职履责或者销售适当性进行判断、提供依据甚至是诉讼证据，①进而对管理人提出违约或侵权赔偿之诉。鉴于很多金融理财产品的法律本质都是信托，②笔者选取如下案例，对于知情权诉讼的诉请和裁判路径进行梳理。

一、诉请事项及裁判路径

（一）【信托成立前的资料，不支持披露】W 投资人与 E 信托公司营业信托纠纷案③

W 投资人诉请披露下列文件：“某集合资金信托计划”项下信托财产管理、运用、收支、处分情况的相关财务账目以及处理信托事务的所有信托文件，包括但不限于尽职调查报告及其工作底稿、完整银行账户收支明细、信托财产划拨指令、财务报告、信托事务管理报告、向有关监管部门备案时提交的资料等。

法院认为，委托人知情权的目的在于了解其信托财产的管理运用、处分及收支情况，具体到信托项目上主要体现为信托资金管理报告或处理信托事务的完整记

---

① 参见周天林：《信托计划委托人的知情权及其限度新论》，载威科先行法律数据库，2023 年 1 月 5 日访问。

② 参见季奎明：《论金融理财产品法律规范的统一适用》，载《环球法律评论》2016 年第 6 期。

③ 参见北京市第四中级人民法院民事判决书，（2019）京 04 民初 497 号。

录。公告、报告等可以反映E信托公司对信托财产进行管理、运用及收支的情况,已能满足委托人的知情权。尽职调查报告及其工作底稿、向有关监管部门备案时提交的资料均属于信托计划成立前形成的文件,不属于委托人在购买委托产品时需查阅的内容,亦不属于与信托财产有关的信托账目以及处理信托事务的其他文件的范围,不予支持。针对完整银行账户收支明细、信托财产划拨指令、财务报告的披露诉请,因涉案信托计划累计募集资金逾3亿元,必然包括其他委托人投资的金额,现有法律法规或合同均未赋予受托人披露其他委托人的资金募集及收益分配情况的权利,故不支持该诉请。

(二)【涉案外人协议与凭证,支持披露】S投资人与Q基金公司金融委托理财合同纠纷案①

S投资人诉请披露下列文件:涉案基金(封闭式基金,该基金的资金将按照委托人的投资指令,拟通过H银行向案外人发放委托贷款)的发行材料,包括Q基金公司与案外人签署的发行服务协议;涉案基金投资材料,包括Q基金公司与H银行签订的《委托贷款委托合同》、案外人与H银行签订的《委托贷款借款合同》、"信贷业务申请书"、"借款凭证"、Q基金公司与H银行签署的委托放贷协议、放贷的银行记录等。

法院认为,针对案涉基金发行情况的相关材料,S投资人可自行通过中国证券投资基金业协会指定的私募基金信息披露备份平台查询获取,故不支持该诉请。针对《委托贷款委托合同》、《委托贷款借款合同》、"信贷业务申请书"、"借款凭证"及银行放贷记录、划款指令等,系投资者有权了解的基金资金的管理、运用、处分及收支内容,与本案所涉基金有直接关联,Q基金公司应当提供。

(三)【投资者转让绝大部分受益权,不支持披露】L投资人与Z信托公司营业信托纠纷案②

L投资人(提起诉讼时L投资人已转让绝大部分计划份额,仅剩余1份计划份额)诉请披露下列文件:Z信托公司对外投资和向投资人分配的会计账册、银行明细,Z信托公司向银监会报备的材料,Z信托公司内部关于投资立项的决策文件、项目尽职调查的工作底稿。L投资人表示,Z信托公司披露文件用词"××省的某农业相关联企业""通过进行股权投资,为本信托的受益人获取投资收益"等表述含混

---

① 参见济南铁路运输中级法院民事判决书,(2019)鲁71民初121号。

② 参见北京市朝阳区人民法院民事判决书,(2015)朝民(商)初字第13922号。

不清，投资人无法准确获知投资方向、投资方式和退出机制等信息。计划资金投资的企业仓库发生火灾，且被证监局发“警示函”，Z信托公司对于可能对受益人权益发生重大影响的事项并未披露。

法院认为，Z信托公司在报告中对投资项目管理运营情况进行了说明，没有证据证明L投资人曾就其在本案中所主张的账目文件提出过查阅要求并受阻。且受益人能够查阅的范围是与其信托财产相关的信息，现L投资人对已经出让的受益权部分已无查阅权，故驳回L投资人的诉请。

（四）【涉案外人协议，管理费、业绩报酬依据与凭证，不支持披露】A投资人与B信托公司营业信托纠纷案[①]

A投资人诉请披露下列文件：案外人主体之间签订的股权转让协议、B信托公司与案外人的洽谈记录纪要等过程文件及信托业绩报酬、管理费的依据及凭证等文件。

法院认为，知情权的范围应当结合委托人本人的财产权益是否受影响、信托公司已披露文件是否足以满足委托人的知情权、信托机构的经营管理成本、知情权是否影响他人合法权益等因素综合进行判断。针对协议主体并非B信托公司的协议，且协议内容涉及其他交易主体的权利义务，诉请披露缺乏法律依据。针对B信托公司与案外人的洽谈记录纪要等过程文件，B信托公司否认存在上述文件，并向法庭说明了股权转让的询价过程，符合一般商业逻辑，A投资人的知情权已得到满足。针对B信托公司的业绩报酬、管理费的依据及凭证，B信托公司作出解释，清算报告载明信托管理费和业绩报酬金额，收取的依据为信托合同的约定，A投资人的知情权已经得到满足，故不支持A投资人的全部诉请。

（五）【如无证据证明管理人违反信义义务，不支持披露底稿】G财务公司与F信托公司营业信托纠纷案[②]

G财务公司诉请披露下列文件：(1)信托计划设立时的相关文件，包括“尽职调查报告”及支持报告内容的底稿文件、“信托计划的推介书”、“法律意见书”；(2)信托计划项下的交易文件，包括F信托公司与案外人签署的《质押协议》、《商业汇票业务服务协议》、“应收账款债权确认书”、数家案外人就本信托计划有关事项作出的董事会或股东会决议；(3)信托计划的投后管理文件，包括管理制度、进行投后管

---

① 参见北京金融法院民事判决书，(2021)京74民终686号。

② 参见北京市第二中级人民法院民事判决书，(2020)京02民终10989号。

理的文件等。要求行使知情权的方式是查阅、抄录、复制。

一审判决驳回了G财务公司全部诉请。针对信托计划设立前形成的资料，认为属《信托合同》签订前应当查阅并据此作出决策的资料，不涉及信托计划成立后信托公司对信托财产的管理运用及处分。一审法院不支持G财务公司认为信托计划设立前形成的备查文件的查阅权可贯穿于整个合同期间的观点。针对信托公司内部投后管理制度、回访记录、动态管理表等，一审认为F信托公司已提供资金管理报告、风险处置进展周报，G财务公司知情权已得到满足，故无权要求F信托公司披露属于内部管理范畴的文件。

二审判决存在不同观点。针对合同明确的委托人可查阅的备案文件"尽职调查报告""法律意见书"等，虽在双方签订《信托合同》前已有披露，但相关法律或者合同条款未对再次查阅相关文件作出限制性规定或者约定，故F信托公司应依约提供。但"尽职调查报告"的底稿文件系F信托公司项目调研形成的内部文件，且非"信托计划说明书"列明的备案文件内容，G财务公司要求披露缺乏依据。针对信托计划投后管理文件（内部投后管理制度、回访记录、动态管理表等），二审法院认为F信托公司已发布了成立公告、管理报告、项目风险处置周报等，G财务公司可以了解信托财产的管理运用、处分及收支情况，在没有其他有力证据证明F信托公司违反法律规定的诚实、信用、谨慎、有效管理义务的情况下，G财务公司要求披露相关公告、报告、周报背后的"底稿信息"依据不足，不予支持。关于披露方式，二审法院结合合同约定以及衡平各投资人之间及委托人和受托人之间相关利益保护，认为G财务公司有权查阅、抄录，无权复制，且应在F信托公司的固定场所内行使，以兼顾保护其他主体的商业秘密。

二、司法裁判对管理人信息披露义务的边界划定及评析

从上述知情权诉讼的诉请事项看，投资人向管理人主张披露的文件，时间上贯穿资管计划自募集开始的全过程，层次上要求"穿透式"披露计划运作的底层材料，范围上覆盖管理人内控到整个计划运作的全部文件。从裁判结果看，目前法院支持投资人诉请的比例很小，其考量因素主要包括如下方面。

（一）相关性

根据我国《信托法》第20条的规定，委托人有权查阅、抄录或者复制与其信托财产有关的信托账目以及处理信托事务的其他文件。焦点在于对"与其有关"如何界定。在L投资人与Z信托公司营业信托纠纷中，因受益人已出让绝大部分受益权，

故法院判决其无查阅权，这是从权利义务转移及利益相关性的角度考虑，具有合理性。

在W投资人与F信托公司营业信托纠纷中，因投资人要求披露的信息是整个信托项目的银行账户收支明细，一审法院认为该信息的披露必然涉及其他委托人投资的金额，在无法律或合同依据的情况下，不予支持。笔者认为，该观点有待商榷。正如W投资人上诉理由所述"基于信托财产的独立性原则，在信托计划成立后，各委托人认购的资金已经转为信托财产，成为一个整体，委托人不再拥有所有权，而仅是信托财产份额，因此即便将信托财产后续投资管理情况予以披露，也不会侵犯任何委托人的权益"。是否侵害案外人利益确系披露范围必须考虑的因素，但划分披露范围的依据不应是资金占比，而应是相关信息具体所涉的案外人利益。

（二）目的性

投资人的知情权诉讼是为后续的违约或侵权赔偿之诉准备证据。因对，对于信息披露目的性的不同解读也成为投资人、管理人争讼的逻辑分歧。

投资人知情权的诉讼目的在于检视管理人是否有违"诚实信用、勤勉尽责"的信义义务，因此全面的原始信息是行使此监督权的前提。如果止步于管理人加工的公告、季度报告、年度报告、清算报告，那么监督权或赔偿之诉的行使几乎是无源之水。《九民纪要》第94条规定的证明责任倒置虽然缓解了这个问题，但投资人仍处于明显的举证弱势地位。而从管理人的角度出发，只要披露的信息能使投资人了解计划财产的管理、运作、处分情况即可，具体哪些信息应披露，哪些不宜披露，决定权在管理人，这里隐含的前提是管理人诚实信用、勤勉尽责地履职，因此其披露行为值得信赖。从当前裁判的观点，法院对目的性的解读倾向于后者。

综合上述案例体现的裁判观点，法律赋予投资人知情权的目的是了解其信托财产的管理运用、处分及收支情况，知情权范围仅限于与其信托财产有关的信托账目以及处理信托事务的其他文件，具体到信托项目上主要体现为信托管理报告或处理信托事务的完整记录。涉及案外人的信息披露时，如计划财产运作事项单一（如通过管理人发放贷款），案外人的材料与所涉基金关联的关联性直接且明显，故法院要求管理人披露。而在多数案件中，法院则通常以协议主体非管理人、协议内容涉案外人的权利义务等为由，不支持披露诉请。当披露诉请涉及报告底稿、管理人内控信息、签报文件、业绩报酬核算等底层材料时，法院的态度则更为谨慎，尤其是当管理人否认相关文件存在，并能对投资人的疑问给予符合一般商业逻辑的解释时，则法院一般不再要求管理人披露。

这种界限体现了司法机关的谦抑性,但前提是管理人至少呈现了诚实信用、谨慎尽责的外观,否则对于G财务公司与F信托公司营业信托纠纷的二审判决进行推论即可知,如投资人有证据证明F信托公司违反诚实、信用、谨慎、有效管理的义务,则G财务公司要求披露相关公告、报告、周报背后的“底稿信息”具有一定的依据。

这里还涉及一个问题,即募集阶段的相关材料是否属于与信托财产有关的信托账目以及处理信托事务的其他文件的范围。目前裁判中,只有少数判决支持披露诉请,依据是相关文件属于合同约定的备查文件。但如缺乏合同依据,目前多数裁判观点则认为募集阶段的相关材料不属于上述范围,并从合同签订前已披露或推定投资人已知悉等角度认为不应支持投资人的披露诉请。然而,这种划断方式是否逻辑自洽,值得探讨,其一,从计划财产运营管理的角度讲,资金募集的目的必然与资金投向、投资端的运营管理构成有机整体,合同成立不是信托事务被割裂的时点;其二,既然认为募集阶段的相关材料已披露或推定已知悉,则隐含了一层含义即这些材料应当被知悉或客观上已被知悉,则管理人再次披露既无障碍也无负担。因此以上述理由判定管理人无须披露的观点是否将延续,有待观察。结合投后管理文件的披露标准,管理人应否就募集阶段的信息进行披露,可能将落脚于相关信息是否属于投资人购买资管产品时,管理人有义务披露或投资者有权了解的信息。

(三)平衡性

资管产品需投资其他资管产品或者通过合同、合伙、公司等复杂架构进行投资端运营,涉案外人的各类文件必然成为计划财产管理、运营的重要组成部分,在多层嵌套的情况下尤甚。法院的裁判必然关注到当事人及案外人的商业秘密保护、隐私保护及个人信息保护。这里的案外人既包括其他投资人,也包括其他交易主体。从目前判例看,对于涉及案外人的协议、沟通记录、业务凭证等文件,除非合同有约定或者管理人在诉讼中自愿披露,法院裁判倾向于不支持投资人的披露诉请。尤其是当管理人抗辩文件不存在时,驳回就有了更充分的理由,毕竟证明相关材料为管理人掌握并保存,属投资人的证明责任。需注意的是,鉴于投资人的披露诉请必须具体,文件名称的微小差异也可能导致诉请不被支持。从这个角度看,管理人在知情权诉讼中针对要求披露案外人信息的诉请,有更简便的应对策略。但是,司法裁判始终随着不同法益的价值变化不断调整,在更强调“卖者尽责”方可“买者自负”的纠纷处理规则之下,笼统的案外人利益和具体的投资者知情权之间的冲突,可能将面临不同的平衡结果,如下方面可作为管理人披露边界的参照。

第一,基于管理人在投资端的角色,以其能够获取的信息为限。如管理人作为合同相对方,则其能获取的信息以合同约定及一个商事主体在合同签订前或履约过程中应了解的信息为限。如管理人作为合伙企业的合伙人,则其获取的信息应依其合伙人的类别,依据我国《合伙企业法》及合伙协议,所能最大限度获取到的信息为限,如是执行事务合伙人,则为其在执行事务过程中应获取的信息;如是有限合伙人,则为其行使监督权等权利时所能获取的信息。如管理人作为股东,则以其依据我国《公司法》关于股东知情权所能获取的信息为限。当然,具体到个案中,合伙人之间是否具有关联关系,法人股东之间是否构成人格混同,可能都将成为影响个案裁量的具体因素。

第二,以管理人角色所面临的法定或约定约束为限进行披露。管理人有能力获取的信息,不必然意味着其应予披露。如果管理人与案外人约定了保密义务,则其负有遵守义务,这也是法院裁量的考量因素,但是保密协议的签署也不意味着可以高枕无忧地排除披露义务,在个案中必然面临司法的再审视。除约定外,管理人还要面临我国《民法典》《个人信息保护法》等法律法规规定的对他人商业秘密、信息的保护义务。正如有法院认为的"作为公司的股东的投资人,依据《信托法》第二十条的规定获得的知情权范围,实质超过《公司法》上股东对公司的知情权的规定,有违体系解释,本院不予支持"①。

(四)成本性

履约成本与收益的衡量是民商事案件裁判的重要考量因素。由上述案件可见,法院不支持披露诉请的考虑因素还包括:投资人未证明曾就诉请披露的文件提出过查阅要求并受阻;投资人可通过信息披露平台自行查询获取信息等。显然,穷尽私力救济是获得法院支持的重要条件。正如有管理人抗辩的,"处理信托事务通常需要经手众多文件,以最明了、准确的方式向投资人披露是受托人履行管理义务的重要内容,也是对其受益人承担保障其知情权义务的边界。如果受托人已经完整、翔实地披露了信托财产运用的全部情况,仍不加限制地允许受益人任意查阅复制全部文件,属于无边界地增加受托人的负担。如果允许全部受益人来查阅全部文件,远远超出了受托人应当承担的受托义务范围,对受托人也是不公平的"②。

这实质是必要性与合理性的问题。如果是投资人有其他途径能够获取的信息,则不应徒增管理人负担,也不应造成司法资源的浪费。如果管理报告做到了及时、

---

① 参见深圳市福田区人民法院民事判决书,(2019)粤0304民初47511号。

② 参见北京金融法院民事判决书,(2021)京74民终366号。

完整、翔实,对于支持报告内容的周边或底层信息,则没有必要提供。然而,很多情况下,正因认为报告不完整、不翔实,投资人要求边界更广的信息披露,如前述法院观点所体现的,投资人只能从既有材料的蛛丝马迹入手,推翻管理报告的可信度,才得以要求更广泛的信息披露。

第二章　损害赔偿之诉的裁判路径

根据《九民纪要》第 94 条的规定，资产管理产品的委托人以受托人未履行勤勉尽责、公平对待客户等义务损害其合法权益为由，请求受托人承担损害赔偿责任的，应当由受托人举证证明其已经履行了义务。受托人不能举证证明，委托人请求其承担相应赔偿责任的，人民法院依法予以支持。证明责任的倒置要求管理人必须"自证清白"方得免责，因而在损害赔偿之诉中，信息披露不单是投资人要求的问题，而是管理人需主动出示以求免责的问题。与知情权诉讼中所占据的"守势"相比，管理人在损害赔偿之诉中掌握了更多信息披露的自主权，但也将在是否披露、披露多少、如何解释、如何应对潜在的案外人之诉中产生更多"纠结"。司法实践中，投资者有违约损害赔偿和侵权损害赔偿两种求偿路径，其中前者居多。笔者选取如下案例，对此类诉讼中涉信息披露义务的裁判路径进行梳理。

一、不同类型资管产品项下关于信息披露与损害赔偿的裁判路径

（一）【信息披露笼统影响投资意向，承责】D 投资人与 I 信托公司营业信托纠纷案①

涉案信托计划是 D 投资人将自有资金委托给 I 信托公司，由 I 信托公司以自己的名义向案外人发放信托贷款。

生效判决认为，I 信托公司在涉案信托项目设立时未充分披露风险信息，包括资金投向的案外人已有巨额借款逾期欠息、涉多起纠纷等。I 信托公司未在信托合同、可行性研究报告中如实、明确地进行披露，而是笼统地表述为行业风险、市场风险、抵押物登记及变现风险、财务风险等，甚至存在不实披露。按照理性投资者的通常认知，上述披露行为足以影响 D 投资人的投资意向，I 信托公司的信息披露行为构成违约，应承担责任。

---

①　参见山东省高级人民法院民事判决书，(2020)鲁民终 2633 号。

(二)【信息披露缺失影响投资人止损,承责】H银行与M信托公司营业信托纠纷案①

涉案资管计划是将计划资金投资于某上市公司的股票定增事项,并通过二级市场交易而获取收益。

H银行主张,M信托公司未按期披露季度管理报告,直到该上市公司曝出大量负面信息,M信托公司才提供补制的季度管理报告,截至诉讼时仍欠缺某关键时期的季度报告。而补发的报告仍存在诸多低级错误。信息披露工作上的各项重大失职行为反映,M信托公司未及时获知投资标的信息,更未依规、依约进行披露,其未适当履行披露义务导致H银行无法及时、准确了解信托投资的情况,不仅难以提醒、督促H银行采取应对措施,而且使其丧失了采取转让受益权、协商提前赎回等积极止损措施的可能性,使其遭受巨额损失。

生效判决认为,M信托公司未认识到项目预算投资的大幅增加和项目进度的延期可能导致信托财产遭受重大损失,未履行信息披露义务,导致H银行丧失采取转让受益权、协商提前赎回等积极止损措施的可能性。更重要的是,M信托公司因判断失误而未能及时采取变现措施,贻误信托财产处置时机,造成H银行财产损失,故酌定其按比例承担赔偿责任。

(三)【信息披露决定权属管理人,不披露某事项不属违约】K投资人与X信托公司营业信托纠纷案②

涉案信托计划是股权投资方式,X信托公司以信托资金出资与案外人设立合资公司,再由合资公司向项目公司增资扩股,最终获得股权退出收益。

生效判决认为,X信托公司作为合资公司股东只能对合资公司行使股东权利,对项目公司的经营运作并无直接管理权利。K投资人认为X信托公司应当及时将项目公司签订重大补充协议、阴阳合同、取得土地使用权证延迟、开盘延迟、竣工延迟等重大事项进行披露,但基于前述X信托公司的地位,其未必能及时得知前述信息。且信托合同未列明可能对受益人权益产生重大影响的具体事项,X信托公司可根据专业判断来决定需要披露的临时事项,其未对前述事项进行披露并不当然构成违约。

---

① 参见北京市第二中级人民法院民事判决书,(2020)京02民初302号。

② 参见最高人民法院民事判决书,(2018)最高法民终173号。

（四）【信息披露瑕疵与损失无因果关系，不承责】O投资人与C资管公司金融委托理财合同纠纷案①

涉案资管计划是将计划资金用于某有限合伙企业的设立，获取增值收益。

生效判决认为，C资管公司主张其已在互联网向投资人提供了查询服务，O投资人对此予以否认。在互联网提供查询信息服务虽为《基金合同》约定的一种信息披露形式，但C资管公司应明确告知具体查询方法从而使O投资人相关权利得以实现，而《基金合同》并未约定具体查询方法，C资管公司亦未证明其已向O投资人告知了查询方法，故案涉基金运作过程中存在信息披露瑕疵，但该瑕疵与O投资人现有损失不具有直接因果关系，故O投资人以C资管公司未向其披露相关信息为由要求其赔偿损失的主张，不能成立。

（五）【未及时通报净值影响投资者操作，承担全部责任】T投资人与N信托公司等营业信托纠纷案②

涉案信托计划的运作方式是受托人根据全体委托人的意愿及指定聘请案外人J公司为本信托计划的投资顾问并与之签订《投资操作协议》，将信托资金投资于上海证券交易所、深圳证券交易所已挂牌和存续期间挂牌或已经公开发行并即将上市交易的证券、其他固定收益类金融产品以及现金类产品，谋求信托财产的稳定增值。

一审判决认为，N信托公司未依约履行通知义务，使T投资人未能在信托产品净值触及预警线、平仓线时及时追加资金，导致账户被平仓而受有损失，但即便T投资人及时追加也未必能减少损失，受托人实际侵犯了委托人决定追加与否的选择权，而整体环境才是委托人损失的主要原因，因此酌定受托人承担30%的赔偿责任。

二审判决认为，在信托计划净值跌至警戒线、再跌至平仓线的几个时间段中，有的时段内，N信托公司虽违反披露义务但信托计划净值有升有降，故义务履行瑕疵与T投资人的损失无关；在信托净值触及预警线时，N信托公司未通知包括T投资人在内的各投资人追加资金，而多人追加与单个人追加对于信托单位净值的恢复区别很大，N信托公司未履行通知义务不仅损害了T投资人对其个人投资的判断，还影响了T投资人获得其他投资人同样追加资金带来的对于信托产品单位净值提升的利益。故N信托公司未履行通知义务与触及预警日之后产生的损失之间存在因果关系。尽管事发时股市剧烈波动，但如果N信托公司及时通知T投资人追加增强

① 参见山东省高级人民法院民事判决书，(2022)鲁民终579号。

② 参见北京市第三中级人民法院民事判决书，(2018)京03民终13860号。

资金,信托单位净值不必然会跌至平仓线以下,亦不必然导致被平仓的结果。鉴于相关损失并非市场因素必然导致,N 信托公司的违约行为是造成损失的直接原因,则其应就违约给 T 投资人造成的损失承担全部责任。

(六)【调换底层资产,却拒绝披露具体情况,承责】P 投资人与 R 信托公司营业信托纠纷案①

涉案信托计划是将集合信托资金用于投资各类债券、基金等金融产品获取投资收益。

生效判决认为,管理人掌握信托财产的使用情况以及投资去向,除其按照合同约定披露的事项外,委托人无从得知具体投资情况。P 投资人主张 R 信托公司擅自调换底层资产未披露,造成底层资产变现困难,无法按期兑付损害其合法权益。R 信托公司对此自认,但主张其对信托财产的管理运用方式符合合同约定及监管规定,则其应当对其管理信托财产进行的投资行为符合《信托合同》对于投资组合范围、投资方式以及投资限制的约定承担举证责任。在法院释明的情况下,R 信托公司仍未说明信托财产的具体投资指向,亦未说明底层资产情况,拒绝提交信托专户的银行流水,故无法查明其是否按照合同的约定进行了适当的投资,故判决 R 信托公司承担相应赔偿责任。

(七)【自行举证内部文件、涉案外人的协议等证明决策过程,不承责】U 投资人与 V 信托公司营业信托纠纷案②

涉案信托计划是将集合信托资金直接投资于某基金及资产的境内外并购重组事项及股权收购活动的股权,获得财产增值收益。

生效判决载明,依据《九民纪要》第 94 条的规定,法院释明并要求 V 信托公司就其履行的信义义务进行举证。V 信托公司举证了:(1)案外人之间签订的股权转让协议及转让价款支付凭证,用以证明案涉信托计划的退出路径;(2)V 信托公司系统内退出审批签报表;(3)案外人之间签订的收购意向协议;(4)案外人发出的请求与投资标的公司协调安排尽职调查访谈的函等。法院认为,V 信托公司对其在作出终止信托计划决策的过程中所考量的因素和所履行的审批程序,对其在实现信托计划退出过程中,积极寻找交易相对方,确保信托计划退出时投资人享有收益的做法等进行了说明,并提交了相应证据。案涉信托计划退出时的确存在标的公司上市的利

---

① 参见北京金融法院民事判决书,(2022)京 74 民终 417 号。

② 参见北京市第二中级人民法院民事判决书,(2020)京 02 民终 7486 号。

好消息,但即使业绩良好,也并非必然能够顺利实现上市,V 信托公司的管理报告亦载明“截止本报告撰写时点,××公司未启动拆红绸(筹)工作,上市进程慢于预期”。因此,U 投资人从事后实现上市的结果推论 V 信托公司决定信托计划退出不是正确决策依据不足。至于 V 信托公司决定如何变现信托财产,以及在变现过程中如何选择交易对手、如何确定交易条件等,均属于受托人的商业判断范畴。现有证据不足以证明 V 信托公司存在明显暗箱操作、利益输送以损害投资人利益等情形。故判决驳回了 S 投资人的损失赔偿诉请。

二、司法裁判对管理人信息披露义务的责任认定及评析

(一)信息披露义务与损失之间的因果关系认定

无论是侵权损害赔偿还是违约损害赔偿,要素之一是证明违约行为与损害结果之间的因果关系。投资人主张管理人披露瑕疵的原因主要在于信息披露的笼统、不实、不及时。而判定管理人是否承担赔偿责任,法院着重关注信息披露瑕疵究竟是如何导致了投资人的损害结果。由上述司法判例可知,法院对因果关系的认定主要有如下思路:

第一,募集阶段的信息披露瑕疵是否足以影响投资人的投资影响。在 D 投资人与 I 信托公司的营业信托纠纷中,I 信托公司在披露文件中的用词为“市场风险”“抵押物登记及变现风险”等。虽然不可谓未提示风险,但是否达到法定或约定的全面、准确的要求,必然要对其披露时实际掌握的信息和对外披露的信息进行比较。如当时管理人已尽审慎调查义务仍不知某风险,则 I 信托公司的提示可视为到位,但如当时已有具体风险,却做含糊、粗略的表述,则容易被法院作出否定性评价。

第二,计划财产运营管理阶段的披露瑕疵是否导致投资人丧失救济机会。在 H 银行与 M 信托公司的营业信托纠纷中,M 信托公司因判断失误而未披露相关信息,导致 H 银行丧失采取转让受益权、提前赎回等止损措施的可能性,是损害赔偿责任的考虑因素之一。而在需要依赖管理人通知方能采取行动的资管计划中,管理人将被课以更重的责任,即即便投资人的损失是多种原因造成的,也不再按比例承担,而是由管理人承担全部责任。在 T 投资人与 N 信托公司等的营业信托纠纷中,二审法院不认同一审法院关于管理人侵害的是投资人选择权的认定,而是认为即便市场因素很重要,但如管理人按约及时通知投资人,则不必然导致损失结果,因而管理人应承担全部责任。两种判决结果的背后是因果关系认定的差异,而该差异又源自价值取向的不同。显然,二审法院从严认定了管理人的责任,体现了清晰的保护投资者利益的倾向。

此外,T投资人与N信托公司的系列类案中,二审判决体现了对因果关系的精细化处理。例如,在同类另案中,信托计划在跌至警戒线时有足额资金补入但仍跌破平仓线,故法院认定该计划的该时段损失与受托人违反通知义务无关,全部系市场风险造成。资管产品高度复杂,影响计划财产损益的因素互相交织,即便管理人义务履行不当与投资人损失同时出现,也难以认定二者相关,更遑论因果。与许多案件止步于定性的"酌定"相比,该系列案件中,法院分时段对市场风险在损失中的原因力进行了考量,如有证据证明管理人的违约行为对于损失的产生没有影响,则干净利落地排除管理人责任,否则即对投资人损失承担全部责任,并不陷于"欲说还休""左右为难"。

(二)不披露相关信息导致的败诉风险

管理人就资管计划管理、运营过程中形成的很多信息也许不是知情权的标的,但确系管理人证明其适当履职的证据。在损害赔偿之诉中,是否披露的选择权交到了管理人手中,同时加之管理人的还有证明责任,即双方穷尽举证,事实仍真伪不明时的败诉风险。

在P投资人与R信托公司的营业信托纠纷和U投资人与V信托公司的营业信托纠纷两个案件中,法院均对管理人进行了释明,并要求其举证以证明其诚信、勤勉地履职。在前者的审理中,管理人拒绝提交底层资产情况和银行流水,故在无法查明其是否尽职履行管理义务的情况下,向投资人承担了赔偿责任。但在U投资人与V信托公司营业信托纠纷中,V信托公司披露了涉案外人协议、涉案外人访谈函件以及内部签报表等,基于此,法院未支持投资人提出的V信托公司暗箱操作损害投资人利益的主张。值得注意的是,类似此等涉案外人的协议、内部管理性材料,是知情权诉讼中常见的诉请标的物,鲜有被支持的判例。但在损害赔偿之诉中,是否涉及商业秘密、是否涉及案外人利益都成了管理人需要衡量和考虑的因素。这对管理人在计划运营、管理时的协议安排、内部管理等都提出了更高的要求。

(三)如何界定对投资人权益产生重大影响的信息

《信托公司集合资金信托计划管理办法》规定,信托资金管理报告至少应包含以下内容:信托资金运用重大变动说明;涉及诉讼或者损害信托计划财产、受益人利益的情形等。信托计划发生下列情形之一的,信托公司应当在获知有关情况后3个工作日内向受益人披露,并自披露之日起7个工作日内向受益人书面提出信托公司采取的应对措施:(1)信托财产可能遭受重大损失;(2)信托资金使用方的财务状况严重恶化;(3)信托计划的担保方不能继续提供有效的担保。《私募投资基金信息披露管理办法》规定,发生以下重大事项的,信息披露义务人应当按照基金合同的约定及时向投资者披露:投资范围和投资策略发生重大变化的;发生重大关联交易事项的;基金管理人、实际控制人、高级管理人员涉嫌重大违法违规行为或正在接受监管部门或自律管理部门调查的;涉及私募基金管理业务、基金财产、基金托管业务的重大诉讼、仲裁等。

可见,管理人、托管人涉讼、关联交易等事项是有规范要求的应予披露的事项,然而实践中资管合同往往对需要披露的重大事项缺乏具体界定,这也成为诉讼中投资人与管理人争讼的焦点。例如在 L 投资人与 Z 信托公司的营业信托纠纷中,对于项目公司发生火灾和被出具"警示函"的信息,Z 信托公司为己方的不披露行为作出的解释是"相关事实不构成《信托合同》所称的对所投资企业可能产生重大不利影响的事件"。由司法判例可知,管理人于事后作出解释,论述某信息无须披露或不宜披露,并非难事。但司法机关是否采纳,却是综合多种因素之后的个案判断,无一定之成规。某信息是否属于对投资人权益产生重大影响的信息,实际转化为从投资人的损害结果回溯,结合管理人的其余管理行为,判断其应否知悉,以及不披露导致的后果,进而划定是否属于应被尊重的管理人商业判断的范畴。

但摆在管理人面前的难题也许并非对某事项是否属于对投资人权益产生重大影响的事项的判断,而是明知其影响重大,但如实披露反而更无益于资管计划的运营,例如引发资产发生不利波动,从而导致更大的损失和更多的纠纷。此时,披露义务应否让步或服从于"为投资人的利益最大化"的最终目标,如何在避免法院或监管机构的否定性评价与资产管理效果之间实现平衡,是管理人在管理运营阶段需要注意的事项。

第三章　管理人在信息披露方面的合规建议

信息披露是管理人面向投资人的窗口。对于管理人而言，它虽然是法定义务，但不应仅是一种程式化的负担，更应被有效地利用，成为管理人规避风险、减少纠纷的有效措施。

一、资管产品销售阶段的信息披露义务

资管纠纷中，投资者适当性是常见的争议焦点。“了解产品、了解客户”，在此基础上准确地匹配推介，保证投资者在充分了解产品性质和风险的基础上自主决定，是“买者自负”的前提和基础。① 从前述知情权诉讼的诉讼标的物看，多数投资人主张“尽职调查报告”及底稿文件、“信托计划的推介书”、“法律意见书”等，显然是为了取得证据证明资管计划的投资端标的自始即非“好”项目，至少不适合投资人。虽然目前判决普遍不支持此类披露诉请，但是目前的裁判逻辑是否足够严密仍有待商榷，且如果对管理人的信义义务履行采取更严格的裁量标准，则应否披露不免要回到信息本身是否足以影响投资人投资决策的标准上来。

资管产品销售阶段，第一，管理人有义务对项目的运作方式、收益、风险等进行详细了解，例如其在项目运作的哪些环节掌握自主权、哪些环节无权干涉，既存或潜在的诉讼风险、项目违约风险等，并形成书面记录。第二，形成对外披露材料前应有内部的信息筛选、整合流程的留痕，避免造成故意隐瞒或模糊化处理的外观。第三，对外信息披露时除了法律法规要求的真实性、准确性、完整性、及时性之外，还要具有可理解性。可理解性主要包括两层含义：一是语言通俗易懂，合乎逻辑上的一致性，不宜使用模棱两可的表述，使人歧义丛生；二是形式上清晰简明，易于比较和理解（如图表化），合乎投资者尤其是自然人投资者的认知习惯。② 同时，应注意对于风险提示要全面化，并适度具体化，以免导致投资者误判。第四，除了法律法规规定的资管产品在销售阶段必须披露的信息之外，诸如基本信息、投资目标、投资策略、

① 参见张宁宇、秦岭：《集合资金信托案件的裁判思路》，载《人民司法》2021 年第 10 期。

② 参见秦子甲：《基金治理：全球观照与中国实践》，北京大学出版社 2022 年版，第 182 页。

风险收益特征、管理费计提标准等，还应注意披露提供代销服务信息、代销费用等成本（代销场合）、杂项费用、税务信息等可能导致投资者实际收益减少的任何费用，① 以免投资者因实际收益低于预期产生对管理人的不信任。第五，对外披露应全程做好信息留痕工作。

二、通过协议构筑信息披露的防火墙

（一）与投资人对信息披露范围进行约定

管理人的信息披露义务受法定及约定的双重约束。当前的合同文件对于信息披露部分的规定几乎是照搬我国《信托法》《证券基金法》《信托公司集合资金信托计划管理办法》《私募投资基金监督管理暂行办法》等的规定，差异之处主要是备查文件方面。这也是投资人获知文件种类、名称的主要途径。以 G 财务公司与 F 信托公司的营业信托纠纷为例，双方的《信托合同》约定了“信托计划说明书”是合同组成部分，而“信托计划说明书”载明了可供委托人查阅的备查文件，约定了备查文件的披露方式且未限制查阅次数，法院因此支持了投资人的披露诉请。

鉴于“备查文件”面临着诉讼中被要求披露的可能，则对于具体内容的确定是管理人首先应重视的事项。《信托法》规定了委托人有权查阅、抄录或者复制与其信托财产有关的信托账目以及处理信托事务的其他文件，但未对账目及文件的具体指向作出明确解释。从目前的裁判情况看，法律未对此作出规定让管理人的披露负担更轻，但在双方没有具体约定的情况下，“有关”由法院作出外延解释。如果司法裁判对管理人披露义务的认定趋严，则敞口可能在诉讼中面临更重的披露义务。因而，管理人不妨考虑从商业秘密保护、案外人利益保护、自身管理成本等角度出发作出适度具体的披露约定，因为约定披露范围在某种程度上排除了对其余文件的披露义务，未尝不是一种自我保护。另外，也可以采用排除的方式约定不属于知情权范畴的事项，并简要载明不予披露的原因，给予投资人正确的认识和合理的预期。例如，可以约定资管产品的尽职调查报告、中介机构出具的第三方报告属备查文件，同时提醒投资者，对于其中涉国家秘密、商业秘密、个人秘密保护等信息将进行脱敏处理；约定向监管部门报备文件、涉其他投资者的信息等属于保密事项不应披露。对于管理人以股东、合伙人等不同身份介入管理的计划财产，约定披露文件限于其不同身份依据《公司法》《合伙企业法》等相应法律及公司章程、合伙协议等所能获取且有权披露的文件等。选取可披露的文件时，也应注意是否会与案外人的保密义务

---

① 参见秦子甲:《基金治理:全球观照与中国实践》，北京大学出版社 2022 年版，第 185 页。

等约定产生冲突。当然,知情权作为一种法定权利,可以约定却不能实质剥夺,可以在法定范畴内细化,却不能低于法定标准。

此外,管理人还应关注资管合同及产品推介书、计划说明书等文件之间的条款安排,注意梳理、协调合同及合同组成文件之间的条款关系,避免做出因文本疏忽导致的有悖于其意愿的披露行为。

(二)与案外人对履行信息披露义务时的免责行为进行约定

对投资人履行披露义务与不侵害案外人利益是信息披露范围界定的一体两面。在损害赔偿之诉中,管理人欲“自证清白”则必然直面信息披露文件的选取。此时的困境不单是与投资人的正面交锋,更要避免与案外人的潜在纠纷。这种权利义务应在管理人管理、运作计划财产时即做好协议安排。

当计划财产以交易合同的架构进行管理、运作时,应注重审查投资端合同的信息披露条款,并与合同相对方约定,其面对己方投资人时可以披露的文件范围以及披露方式。签约前,应对项目推介材料、尽职调查材料等进行查阅和留存,计划运营管理过程中,应注意对计划的跟踪,无论是相对方提供的文件,还是以访谈纪要、口头问询等方式留痕的项目管理文件,均应关注到面对己方投资人的披露范围和方式。

当计划财产以股权投资的方式进行管理、运作时,则应以《公司法》等法律法规为依据,针对管理人在项目公司中的不同地位做出有针对性的约定。管理人为投资人的利益最大化参与公司治理时,有义务呈现一个积极参与公司治理的股东的形象。例如,如果以直接持股的方式参与项目公司的设立,则应在公司治理框架下行使股东知情权,根据《公司法》的规定、章程、股东会决议、董事会决议、财务会计报告、会计账簿、会计凭证等均是股东行使知情权的对象。因此,管理人作为股东首先是应积极行使股东权利、参与公司治理,以此扩大信息来源,为日后可以证明其诚信、勤勉地履职积累证据。其次是应在章程或其他文件中,对于可能向投资人披露的材料范围、方式作出约定,因可能牵涉其他股东,应取得其他股东的同意。如果以间接持股的方式参与项目公司的设立,则应推动建立中间实体与项目公司的经营情况、财务状况等汇报沟通机制,并就对投资人信息披露的范围和方式作出不同层面的约定。约定方式既可以采用概括式约定,也可以针对某些材料进行具体约定;既可以直接约定管理人有权向投资人披露,也可以约定在纠纷产生或某些情况下,管理人有权申请项目运营方提供。

此外,投资类资管产品中还可能嵌套有限合伙企业,执行事务合伙人可能是案外人，也可能是管理人以计划财产投资于他人设立的公司或其他关联方，由此在多层链式公司、合伙企业治理中存在的多重信息交互的披露与保密的矛盾。[①] 对于管理人而言，治理结构带来的风险隔离不仅对财产安全产生影响，还对管理人在损害赔偿之诉中的免责具有积极作用，关键是妥善利用每一层制度架构为自己与投资端项目运营之间构筑安全网。投资人产生损失的原因大致有二：一是市场风险，二是管理人履职不当，而管理人履职适当与否的重要传递媒介是信息披露，因此如针对不同运营实体搭建不同的信息流通渠道，并提前进行协议安排，以备需要时可以“高枕无忧”地出示，则有利于证明计划财产损失应归咎于市场风险。

（三）对信息披露方式的约定

管理人应结合实际情况在信托文件中的信息披露方式作出适当约定，既通过约束投资人知情权行使方式实现与案外人利益保护的平衡，也充分考虑到自身披露信息的成本和便利性。

第一，针对主体的限制。例如，约定有权要求披露文件的主体需持有一定比例的受益权份额，受益权已经转让的则丧失知情权。

第二，针对时间的限制。例如可以限定知情权行使时间是营业时间，且每份文件的信息查询以一次为限。

第三，针对场地的限制。例如可以约定部分涉及商业秘密、个人秘密的文件，只能在管理人指定的场所查询。

第四，针对方式的约定。对于常规文件的披露，可以采取如下方式实现低成本、便捷的信息披露，例如明确约定信息披露渠道：(1)管理人在官网上发布成立公告、临时公告、季度报告等；(2)私募基金通过中国基金业协会指定的私募基金信息披露备份平台报送信息，理财产品通过中国理财网信息披露平台报送信息；(3)通过电子邮件；(4)通过手机短信；(5)投资人可以通过微信小程序或其他互联网平台查询；(6)文件留存管理人处备查。针对第(2)种和第(5)种等有赖于投资者主动查询的方式，需要同时约定查询方法。实践中，有管理人因无证据证明告知查询方法使投资人权利得以实现，而被认定存在信息披露瑕疵。对于部分可能涉及案外人利益或商业秘密、个人秘密的信息披露，则可借鉴《公司法》的规定，约定采用书面方式递交申请，且应讲明查询目的。如果管理人认为可以披露，就按管理人要求的时间、地点，进行查阅或者查阅、复制。如管理人认为目的不具有合理性，应在约定时间内予

---

① 参见周天林：《信托计划委托人的知情权及其限度新论》，载威科先行法律数据库，2023 年 1 月 5 日访问。

以回复。

另外,也需注意行权方式的约定,如在 G 财务公司与 F 信托公司信托纠纷案中,合同虽然排除了投资人的复制权,但是约定了投资人的抄录权。法院依据约定支持投资人以查阅、抄录方式行权。因此,管理人应注意投资人行权的尺度,究竟仅限于查阅,还是可以采取抄录或复制的方式,将信息载体带离。

第五,针对信息获取后的行为限制。例如,可以约定投资人行权后不能以任何方式泄露其获知的信息,否则将承担相应责任;不得在行权时破坏文件;不得集聚众人以示威施压等方式或者采取互联网传播舆论施压等方式行权等。①

三、计划管理、运营过程中的信息披露义务履行

从当前实践来看,管理人在信息披露义务的履行方面并未引起足够的重视,对于信托文件约定的披露义务,也并未严格依约定履行。鉴于信息披露是投资人与管理人沟通的主要媒介,这种情况不仅将遭受诉讼中的否定性评价,本身也容易导致投资人对管理人是否诚信、谨慎、勤勉地履职产生不信任感,进而衍生纠纷,增加治理成本。

(一)不因投资者身份忽视信息披露的程序

实践中,因投资者具有特殊身份,例如资管公司高级管理人员等资深投资者,甚至是涉案资管计划的投资顾问等高度介入计划财产管理运营的身份,管理人的工作人员在信息披露时可能“想当然”地认为无须遵循披露程序,由此引发的纠纷不在少数。

以甲投资人与乙信托公司营业信托纠纷为例,②涉案信托计划是证券投资集合资金信托,信托资金投资于上市交易的证券、其他固定收益类金融产品以及现金类产品。乙信托公司聘请案外人甲公司为投资顾问,并与之签订《投资操作协议》。投资经理即为丙投资人(财经专家、从事投资 20 年),其也是该结构化信托唯一的 B 类受益人。《信托合同》约定,如某交易日(T 日)信托计划触及预警线,乙信托公司将于 T 日 16:30 以前,以录音电话或传真形式通知丁投资人,其可向本信托计划追加信托资金。乙信托公司实际采用微信通知甲公司的市场部总经理戊,通知时间普遍晚于约定时间。丁投资人在计划运营中有多次追加行为。最终,丁投资人因未及时

---

① 参见周天林:《信托计划委托人的知情权及其限度新论》,载威科先行法律数据库,2023 年 1 月 5 日访问。

② 参见北京市高级人民法院民事判决书,(2021)京民终 501 号。

追加资金等行为遭受巨额损失。

法院认为,乙信托公司未按照合同约定的时间及时履行通知义务,属履约瑕疵。丁投资人追加资金可能基于各种渠道的信息来源和考量因素,不能以丁投资人存在追加资金的行为反证乙信托公司按约履行通知义务。针对乙信托公司抗辩的丁投资人并非一般投资人,其对信托计划的全部运营状况知情,且实际控制案涉信托计划,故无权主张损失的观点,法院认为丁投资人虽为投资顾问,有可能通过其了解的信托计划运营情况计算出信托单位净值,但自行了解信托单位净值并非其义务。信托单位净值是投资人了解信托计划运营情况的重要依据,也是判断是否追加、追加多少资金的重要依据,按照合同约定的时间、方式向投资者进行信托单位净值披露是乙信托公司作为受托人的约定及法定义务,不因丁投资人的相关职务或知晓能力而降低受托人的义务要求。法院认为,丁投资人的角色对乙信托公司违反风险提示义务、信托计划成立的披露义务、依约开放投资顾问权限的义务而产生的违约责任发生阻却效力,但对违反信托单位净值的披露义务、触及预警线、跌破平仓线的通知等义务不发生阻却效力。

由上述案例可知,投资人的特殊身份并非必然是管理人违约责任的阻却事由,尤其是对有赖于管理人通知或信息披露方能进行投资决策的资管计划,按照合同约定的时间、频率、方式履行通知义务是基本行为要求,不能因投资人的水平、角色产生信息披露方面的懈怠。

(二)完善披露文件的若干建议

实践中,很多投资者是从资管报告的形式残缺、内容简陋,开始对管理人的管理行为产生怀疑,通过向监管机构举报、提起民事赔偿之诉等途径要求管理人承担责任。不容忽视的是,部分管理人的报告存在极浅显的纰漏,例如单纯通过复制粘贴制作管理报告,使得项目描述张冠李戴;披露的净值升降与自身对项目价值的描述大相径庭;投资者根据管理人披露的数据计算的应得收益与实得收益出入极大;对增信义务人信用恶化的状况不予披露等。

管理人在信息披露中的种种瑕疵不仅导致投资者观感恶劣,也增大了自己在损害赔偿之诉中的举证负担,甚至在知情权诉讼中,也可能因投资者有证据证明其违反诚信、勤勉的资产管理义务,而被要求披露底稿信息,从而被“穿透”式地审查资产管理义务。此种情况不仅使得投资人的知情监督权转变为对计划财产的实质管理权,计划财产运营的“面纱”不攻自破,也造成商业秘密随时被泄露的危险,干扰管理人的正常经营。[①] 对此,笔者选取如下方面提出完善建议。

1. 采用分层法披露信息。分层法,即先披露关键摘要信息,再通过链接等方式附加更多、更详细的信息作为补充。披露时应将投资者对信息披露的依赖程度、财务能力水平、投资产品的复杂性等情况纳入考虑范畴。这样可以增进投资者亲自参与基金治理的体验感和获得感,在主观层面体验到基金治理水平的提升,会被视为提高了信息的整体可信度,同时可以降低披露成本。[②]

2. 完善计划净值计算方法。业绩作为资管产品信息披露的核心部分,需要在计划运营过程中持续披露。部分案件中,投资人主张管理人无理由地改变估值方式,采用成本法进行资产净值估值(难以反映股价涨跌的客观情况),却标明按“公允价值”计算,该数据使得投资者难以准确了解计划财产的真实情况。《IOSCO 业绩披露报告》(IOSCO 即国际证监会组织)对于基金业绩披露的最佳行为准则中的一些观点可资借鉴:

其一,从普通投资者的角度计算和提供基金业绩信息,基金业绩信息应当显示扣除投资者间接支付的所有费用和支出,如支付的管理费、业绩报酬(如有)和税款,如上述款项包含在基金业绩信息中,应特别说明,并强调扣除后会导致实际回报率降低。

其二,根据标准化公式计算披露业绩:(1)扣除每个基金投资者间接支付的所有费用或支出;(2)扣除基金普通投资者直接支付的所有费用和支出;(3)假定基金投资者在信息披露的业绩起终点时赎回(这将显示申购费、投资者在赎回时直接支付的赎回费或其他类似费用对业绩的影响)。如果未满足上述要求的,应对未满足情况作说明。标准化公式要求,管理人对其管理的所有基金采取相同的假设。

其三,如果不采用标准化公式计算,则应保证计算公式、方法的一致性。如果改变,则应及时披露变化原因、情况以及影响。

3. 充分披露风险。管理人在计划财产运营过程中对风险披露容易“患得患失”,担心引起投资者的波动,然而风险揭示不仅是义务,也是部分情况下管理人免责的依据。在 A 投资人与 B 信托公司信托纠纷案中,A 投资人对于 B 信托公司在项目公司上市前出售股权的行为提出异议,并要求赔偿。虽然当时的市场环境对项目公司的上市前景普遍看好,但 B 信托公司在最后一期管理报告中载明“截止本报告撰写时点,××公司未启动拆红绸(筹)工作,上市进程慢于预期”。生效判决认为,案

---

① 参见周天林:《信托计划委托人的知情权及其限度新论》,载威科先行法律数据库,2023 年 1 月 5 日访问。

② 参见秦子甲:《基金治理:全球观照与中国实践》,北京大学出版社 2022 年版,第 187 页。

涉信托计划退出时的确存在标的公司上市的利好消息，但即使业绩良好，也并非必然能够顺利实现上市，且受托人的上述报告中也载明了这样的信息。因此，A投资人从事后实现上市的结果推论B信托公司决定信托计划退出不是正确决策，依据不足。基于对出售行为不具有可归责性的判断，法官进一步认为B信托公司决定如何变现信托财产、如何选择交易对手、如何确定交易条件等，均属于受托人的商业判断范畴。现有证据不足以证明B信托公司存在明显暗箱操作、利益输送以损害投资人利益等情形，故判决驳回了A投资人的损失赔偿诉请。

披露内容反映管理人对计划资产的关注和判断。除去其他因素，如果管理人在报告中始终披露项目公司的上市前景明朗，无不利因素，则在诉讼中是否足以让裁判者相信其出售行为基于其商业判断，不具有可归责性，可能存在变数。而如果出售行为存在损害投资人利益的故意，则可能面临进一步举证以证明诚信、勤勉地履职的要求，不仅要对交易细节进一步提供证据，导致商业秘密的泄露，还可能承担相应赔偿责任。

无论B信托公司是建立了规范的风险披露制度还是无心之举，至少客观上为法院尊重其商业判断提供了事实支撑。这也揭示了一个准则，管理人宜充分借助信息披露的窗口作用，展现自己的准确判断，为自己对计划财产的实际操作形成有益的注脚。

四、完善信息披露内部制度

《私募投资基金信息披露管理办法》第20条规定，信息披露事务管理制度应当至少包括以下事项：(1)信息披露义务人向投资者进行信息披露的内容、披露频度、披露方式、披露责任以及信息披露渠道等事项；(2)信息披露相关文件、资料的档案管理；(3)信息披露管理部门、流程、渠道、应急预案及责任；(4)未按规定披露信息的责任追究机制，对违反规定人员的处理措施。第21条规定，信息披露义务人应当妥善保管私募基金信息披露的相关文件资料，保存期限自基金清算终止之日起不得少于10年。上述规定简要勾勒了管理人的信息披露制度轮廓。信息披露制度的建立与完善不仅有助于提升管理人的管理质效，也有助于在纠纷产生时提供相对充足的证据来源。

第一，在组织架构上设置信息披露的责任人制度。责任人应对如下事项负责：(1)对资管合同、产品推介等涉及信息披露事项的己方义务条款进行审核，确保披露范围、方式等符合法律法规的规定，并契合资管产品的管理和运营要求；(2)审核资管产品的信息来源，确保信息真实；(3)与投资端相对方就向投资人进行信息披露时的免责范围进行审核;(4)确保对外披露信息真实,且符合法定及约定的要求,针对不同资管产品确定不同的披露详略;(5)管理人根据管理需要设定的其他职责。

第二,建立内部信息流转渠道,确保不同资管产品信息流转的相对独立,保护各资管计划的商业秘密、个人秘密等。

第三,建立对外披露文件的信息制作、审批程序。建立从原始材料到披露文件的梳理、筛检、制作标准,例如对投资端发生的某事项是否属于"与投资人利益有重大影响的事项"进行披露,应建立衡量标准,至少对衡量因素进行充分考量。如果认为不应向投资人披露,则应将利益衡量的经过予以留痕,例如在当时情境下披露较之不披露,是否会导致计划财产产生更不利的波动。

第四,严格按照合同约定披露信息并予以留痕,且应注意相关系统界面应体现时间等具体信息,当前司法实践中,有管理人以电脑界面证明履行披露义务,法院未予认可。另外,根据《私募投资基金信息披露管理办法》的规定,信息披露义务人委托第三方机构代为披露信息的,不能免除其信息披露的义务。

第五,建立面对投资者问询或查阅、复制等要求的应对机制,对投资者疑问作出及时准确的回应。积极关注外界对于项目的介绍和报道,对可能衍生纠纷的项目提前介入信息搜集与披露工作。

结　语

本专题结合法律法规的有关规定,以当前司法实践对于管理人信息披露义务的裁判路径为依托,分析了不同类型的资管纠纷中该项义务所面临的履行要求,以及管理人的应对策略。在此基础上,针对产品销售、投后管理等不同阶段所面临的不同情形,从募集端、投资端的协议安排、信息披露的程序性事项、披露文件的完善以及内部制度搭建等方面提出了建议,以期为管理人信息披露事项的合规建设提供一些参考。

管理人和投资人之间的信息差是资管产品的固有特性,而弥补信息差、帮助投资人对资管产品的价值有更准确的判断是信息披露的首要意义。在此基础上,倒逼管理人强化管理水平和内控水平是另一层积极意义。高水平的信息披露能够使投资者获得更高的满意度,也是资管产品无形的"广告",对于管理人的业务发展无疑具有重大的积极意义。

法律责任篇

专题六

金融资管产品在销售阶段的法律责任探析

国浩律师（上海）事务所　张　赛

金融产品具有高度的专业性和复杂性，而金融消费者往往并非专业人士，这导致了金融资管产品在销售过程中买卖双方的信息不对称，销售机构在向金融消费者推介金融产品时往往存在虚假宣传、错误暗示等不当销售行为。为了保护金融消费者的权益，确保金融消费者在充分理解金融产品性质和风险的基础上自主决策，卖方在销售阶段的适当性义务、告知说明义务应运而生。

中国人民银行、原中国银行保险监督管理委员会、中国证券监督管理委员会和国家外汇管理局于 2018 年 4 月 27 日联合发布的《关于规范金融机构资产管理业务的指导意见》（以下简称《资管新规》），以及最高人民法院于 2019 年 11 月 8 日印发的《全国法院民商事审判工作会议纪要》（以下简称《九民纪要》），以及 2019 年 12 月 28 日修订颁布的《证券法》均规定了金融机构在向金融消费者出售相关金融产品或为金融消费者参与高风险投资活动提供服务过程中的适当性义务和告知说明义务。

本专题将介绍我国有关金融资管产品销售阶段卖方的适当性义务、告知说明义务的相关规定，并对 2021—2023 年来我国司法实践中的相关案例特别是受到媒体广泛关注的一些案例进行实证研究，以期为完善金融资管产品的销售管理提出建议。

第一章 我国关于适当性义务和告知说明义务的规定

一、概述

早在2005年,原中国银行业监督管理委员会颁布的《商业银行个人理财业务管理暂行办法》(已失效)第37条第1款就规定,“商业银行利用理财顾问服务向客户推介投资产品时,应了解客户的风险偏好、风险认知能力和承受能力,评估客户的财务状况,提供合适的投资产品由客户自主选择,并应向客户解释相关投资工具的运作市场及方式,揭示相关风险”。此后,在监管机关及相关行业协会发布的文件中也陆续规定了适当性义务和告知说明义务。

2018年4月27日颁布的《资管新规》第6条规定:“金融机构发行和销售资产管理产品,应当坚持‘了解产品’和‘了解客户’的经营理念,加强投资者适当性管理,向投资者销售与其风险识别能力和风险承担能力相适应的资产管理产品……”第12条规定:“金融机构应当向投资者主动、真实、准确、完整、及时披露资产管理产品募集信息、资金投向、杠杆水平、收益分配、托管安排、投资账户信息和主要投资风险等内容……”

2019年11月8日颁布的《九民纪要》第72条规定,卖方机构在向金融消费者推介、销售金融产品以及为投资者从事高风险投资活动提供服务的过程中必须履行了解客户、了解产品、将适当的产品销售给适合的金融消费者等义务,并强调适当性义务的履行是“卖者尽责”的主要内容,也是“买者自负”的前提和基础。《九民纪要》第76条规定:“告知说明义务的履行是金融消费者能够真正了解各类高风险等级金融产品或者高风险等级投资活动的投资风险和收益的关键,人民法院应当根据产品、投资活动的风险和金融消费者的实际情况,综合理性人能够理解的客观标准和金融消费者能够理解的主观标准来确定卖方机构是否已经履行了告知说明义务……”

2019年12月28日修订颁布的《证券法》第88条第1款规定:“证券公司向投资者销售证券、提供服务时,应当按照规定充分了解投资者的基本情况、财产状况、金融资产状况、投资知识和经验、专业能力等相关信息;如实说明证券、服务的重要内容,充分揭示投资风险;销售、提供与投资者上述状况相匹配的证券、服务。”

《证券法》、《九民纪要》和《资管新规》分别由立法机关、司法机关和行政机关颁布,可见,对于金融机构的适当性义务以及在销售阶段的告知说明义务,国家已分别从立法、司法和行政监管的层面予以明确。

二、适当性义务的具体内容

不同于普通的商品买卖,在金融资管产品的销售活动中,卖方由于具备专业性强和信息优势的地位,故需对金融消费者承担适当性的特殊义务。卖方的适当性义务是法定的,无法通过当事人的意思自治予以排除,即便金融机构在合同条款中明确约定免除其适当性义务,该合同条款也是无效的,无法达到免除其适当性义务的目的。

适当性义务要求金融机构将合适的金融产品推介给合适的投资者,其核心在于风险匹配。适当性义务的目的是防止卖方欺诈、误导投资者,导致投资者购买的金融产品与其风险承受能力不匹配。适当性义务具体包括了解产品、了解客户以及客户与产品相匹配三部分内容。

(一)了解产品的义务

该项义务要求金融机构在向投资者推介金融产品或服务前对金融产品或服务进行充分调查,了解金融产品或服务的特征,尤其是该金融产品或者服务隐含的投资风险。金融机构应全面了解其发行、销售产品的类型、特性等状况或者所提供服务的信息,并根据综合流动性、产品期限、投资方向、投资范围、杠杆情况、结构复杂程度、信用情况、历史业绩等因素的风险特性和水平相应划分风险等级。①

(二)了解客户的义务

该项义务要求金融机构在向投资者推介金融产品或服务前对客户的相关情况进行调查,了解客户的具体信息,例如客户的财产状况、投资知识和经验、专业能力等,对客户的风险承受能力进行调查并评定相关等级。《资管新规》根据投资者风险识别能力和风险承受能力的不同,将投资者分为不特定社会公众和合格投资者两类。2019 年修订的《证券法》将投资者分为普通投资者和专业投资者,并规定证券

① 参见吴弘、吕志强:《金融机构适当性义务辨析——新〈证券法〉及〈纪要〉视角》,载《上海金融》2020 年第 6 期。

公司在面对不同类型的投资者时需承担不同的举证责任。

（三）客户与产品相匹配的义务

此项义务要求金融机构将客户与产品进行匹配，即要求金融机构推介给消费者的金融产品或服务与消费者自身的风险识别能力、风险承受能力相匹配。了解产品、了解客户均是匹配义务的基础和前提，了解产品、了解客户的最终目的是将两者进行适当性的匹配。如果金融机构没有了解产品或者客户，就不可能履行适当性义务。然而，即便金融机构已经充分了解产品和客户，也有可能因将两者错配而违反适当性义务。

三、告知说明义务的具体内容

告知说明义务要求卖方在向投资者推介具体金融产品或服务时，以投资者能够理解的方式向投资者充分揭示具体金融产品的投资风险，其核心在于风险揭示。

关于告知说明义务和适当性义务之间的关系，有学者认为告知说明义务是适当性义务的组成部分。《九民纪要》将适当性义务和告知说明义务分为两个条款分别予以规定，从司法实践来看，法院通常将被告有无违反适当性义务、被告有无违反告知说明义务分别作为不同的争议焦点进行审查。笔者认为，告知说明义务和适当性义务的内涵和作用是不同的，应予以区分。适当性义务解决的是卖方可以向消费者推介哪些金融产品或者服务的问题，而告知说明义务是卖方在向消费者推介具体金融产品或者服务时，应对合同条款进行解释以及对产品所涉及的具体风险进行揭示。告知说明义务是针对具体金融产品或服务而言的，其目的是使消费者在购买具体金融产品或服务前了解该产品的设计、运作、风险收益等信息，在充分了解产品或服务信息的前提下自主决策。正如上海金融法院在常某人诉管理人案①中指出的，告知说明义务旨在缓解交易双方信息不对称的矛盾，而适当性义务旨在防止卖方机构为追求自身利益而推荐不适合的产品，两者共同作用于合同缔结过程中失衡的信息秩序。适当性义务是保护金融消费者的第一道防线；告知说明义务是在解决了匹配性问题以后，金融机构对具体金融产品的风险揭示，是保护金融消费者的第二道防线。

对于告知说明义务的认定标准，《九民纪要》规定人民法院应“综合理性人能够理解的客观标准和金融消费者能够理解的主观标准来确定卖方机构是否已经履行

① 参见上海金融法院民事判决书，（2020）沪74民终461号。

了告知说明义务”。所谓“理性人能够理解的客观标准”,是指金融机构在履行告知说明义务时,应保证其披露的信息通俗易懂,使一般人能够理解;所谓“金融消费者能够理解的主观标准”,是指金融机构应当根据消费者所具备的投资知识和经验、受教育程度等认知水平,使投资者能够理解其披露的信息。主客观标准之分意味着针对不同的投资者,金融机构告知说明义务的履行标准是不同的。最高人民法院在相关判例中曾指出,金融机构应当综合一般人能够理解的客观标准和投资者能够理解的主观标准来确定告知说明义务,法院未考虑各个投资者既往投资经验、受教育程度等不同情况,简单判定金融机构对各个投资者承担同样比例的赔偿责任是不当的。①

四、举证责任

在举证责任方面,《证券法》和《九民纪要》均规定了举证责任倒置,即由金融机构来举证证明其履行了适当性义务、告知说明义务。《证券法》和《九民纪要》的区别在于,《证券法》中规定证券公司在面对普通投资者和专业投资者时需承担不同的举证责任,证券公司仅在面对普通投资者时才适用举证责任倒置原则;而《九民纪要》没有区分不同类型的投资者,对于金融机构的举证责任也未作进一步区分。

五、责任性质

金融机构在销售阶段违反适当性义务或告知说明义务应当承担何种责任?对此问题,理论界有“缔约过失责任”和“侵权责任”的争论。关于缔约过失责任和侵权责任之间的关系,有观点认为,缔约过失责任本质上也属于侵权责任,例如,法国依侵权行为法处理于缔约准备或商议阶段一方过失侵害他人权益的赔偿责任,但我国通说认为缔约过失责任不属于违约责任也不属于侵权责任,而是一种独立的民事责任。②

最高人民法院民事审判第二庭编著的《〈全国法院民商事审判工作会议纪要〉理解与适用》③中明确,卖方适当性义务的本质为诚信义务在金融产品销售领域的具体化,主要体现为先合同阶段的诚信义务。因此,金融机构在销售阶段违反适当

---

① 参见最高人民法院民事裁定书,(2018)最高法民申5679号。

② 参见最高人民法院民法典贯彻实施工作领导小组主编:《中华人民共和国民法典合同编理解与适用(一)》,人民法院出版社2020年版,第273-274页。

③ 参见最高人民法院民事审判第二庭编著:《〈全国法院民商事审判工作会议纪要〉理解与适用》,人民法院出版社2019年版,第413-414页。

性义务或告知说明义务的，应承担缔约过失责任。

六、赔偿范围

缔约过失责任是一种弥补性的民事责任，其赔偿范围限于直接损失。《九民纪要》第 77 条规定，卖方机构未尽适当性义务导致金融消费者损失的，应当赔偿金融消费者所受的实际损失，实际损失为损失的本金和利息。卖方机构违反适当性义务意味着卖方机构将不适合出售给消费者的金融产品或服务推介给了金融消费者，导致金融消费者的信赖利益受到损害，应使其恢复到缔约前的经济状态。《九民纪要》第 77 条还规定，当金融机构存在欺诈销售行为时，应采用合同文本或广告宣传资料中载明的预期收益率标准确定利息，从而对金融机构欺诈销售的行为予以惩罚性赔偿。

如果金融机构没有违反适当性义务，只是未尽到告知说明义务，虽也应承担缔约过失责任，但其赔偿范围应受到损失因果关系的限制，应根据具体案情在原因力范围内确定金融机构的赔偿责任。

七、责任主体

金融产品的发行人可以自行销售或者委托销售机构代为销售金融产品，在委托销售机构代为销售金融产品时，金融产品的发行人与销售机构之间形成委托代理关系。《民法典》第 167 条规定："代理人知道或者应当知道代理事项违法仍然实施代理行为，或者被代理人知道或者应当知道代理人的代理行为违法未作反对表示的，被代理人和代理人应当承担连带责任。"[①]如金融产品销售者在代理销售时未尽投资者适当性管理义务，属于代理销售行为违法；发行人作为销售机构的委托人，即使在事实层面上不实际指导该违法销售行为，但因发行人同样对投资者负有适当性管理的法定义务或者先合同义务，此时根据《民法典》第 167 条的规定，发行人在法律上对销售者的违法行为属于"应当知道"的状态，应当依法与金融产品的销售者承担连带责任。[②]

基于上述思路，《九民纪要》第 74 条规定，金融产品发行人、代销机构未尽适当性义务导致金融消费者损失的，对外应共同承担连带赔偿责任，对内则应根据发行人与代销机构的过错程度确定发行人与代销机构各自应承担的责任份额。从效果

---

① 本条内容同原《民法总则》第 167 条。

② 参见最高人民法院民事审判第二庭编著：《〈全国法院民商事审判工作会议纪要〉理解与适用》，人民法院出版社 2019 年版，第 421 页。

上看，让发行人承担连带责任有利于消费者获得赔偿，而且能够促使发行人去选择和监督销售者，并可以通过与销售机构之间的合同约定分配责任，以实现风险控制。[①]

八、违反适当性义务的免责事由

《九民纪要》第78条规定，因金融消费者故意提供虚假信息、拒绝听取卖方机构的建议等自身原因导致其购买产品或者接受服务不适当，或者根据金融消费者的既往投资经验、受教育程度等事实，适当性义务的违反并未影响金融消费者作出自主决定的，相关投资损失应由消费者自行承担。

了解客户是金融机构履行适当性义务的重要内容，如果投资者故意提供虚假信息，导致金融机构无法准确了解投资者的风险识别能力、风险承受能力，从而向其推介了不适当的金融产品，或者投资者拒绝听取卖方机构的建议，凭借自主决策购买不适当的金融产品，则对金融机构应予以免责。意思自治要求当事人的意思得到基本的肯定与尊重，他方的干涉应有限度，对投资者的倾斜保护也绝非一种"家长式保护"，故而要求金融机构在投资者未采纳其提出的风险匹配建议而仍坚持购买风险错配产品的情形下应当拒绝交易并不合理，更为妥适的做法应当是在允许其交易的基础上将其作为金融机构的一项责任减免事由。[②]

适当性义务是金融产品的复杂性、专业性导致一般金融消费者无法自主决策，从而应运而生的。但是现实中也存在一部分成熟、专业的投资者，根据其既往的投资经验、教育背景，其有能力自主投资决策，因此，即便金融机构未能履行适当性义务，也不会影响投资者作出自主决定，故金融机构可以主张免责。

---

① 参见黄辉：《金融机构的投资者适当性义务：实证研究与完善建议》，载《法学评论》2021年第2期。

② 参见高俊鹏：《投资者适当性义务的责任机制检视——以〈资管新规〉出台以来相关案例实证分析为基点》，载《金融发展研究》2022年第8期。

第二章　对我国司法实践的考察与探析

一、对参考案例的总体分析

为了考察《资管新规》《九民纪要》生效以后，有关金融机构在销售阶段的适当性义务、告知说明义务的规定在我国司法实践中的运用情况，本章对近三年（2020年、2021年和2022年）北京市、上海市、广州市、深圳市四地的相关司法案例进行了搜集和检索，在进行仔细审阅后，最终筛选出了90个参考案例。

（一）当事人概况

在90个参考案例中，只有2个案例的原告为机构投资者，其余均为自然人投资者。而被告不仅包括资管产品的发行人、代销机构，部分案例中还包括资管产品的托管人，甚至底层资产的债务人。原告起诉除了主张金融机构在销售阶段违反适当性义务或者告知说明义务外，在部分案例中还主张管理人未尽到通知、信息披露、审慎投资、及时清算等管理义务。

（二）判决结果的统计

根据法院的不同判决结果，可以分为被告需对原告的损失承担全额赔偿、被告需对原告的损失承担部分赔偿以及被告不承担赔偿责任三种。

在90个参考案例中，法院判决全额赔偿的有26个，判决部分赔偿的有30个，判决不赔偿的有34个，每年度的判决结果统计见表6－1。

表6－1　对判决结果的统计　　单位：个

年度	案件总数	全额赔偿的案件数量	部分赔偿的案件数量	不赔偿的案件数量
2020	31	13	4	14
2021	21	6	3	12
2022	38	7	23	8
总计	90	26	30	34

从表6－1的统计数据不难发现,在2020年、2021年,全额赔偿的案件数量均远远超过部分赔偿的案件数量,而在2022年,全额赔偿的案件数量要少于部分赔偿的案件数量。从表6－1的统计数据来看,对于被告赔偿范围的认定,司法机关的态度似乎存在由严到松的趋势,从以全额赔偿为主逐渐放宽为以部分赔偿为主。

(三)赔偿原因的统计

具体到对赔偿原因的分析,在上述全额赔偿和部分赔偿的56个案例中,被告因在销售阶段违反适当性义务而承担赔偿责任的案例有30个;被告因在销售阶段违反告知说明义务而承担赔偿责任的案例有6个;被告因在销售阶段同时违反适当性义务和告知说明义务而承担赔偿责任的案例有4个;其余16个案例中,原告虽然主张被告违反了适当性义务或者告知说明义务,但该项理由未获法院支持,被告因在管理阶段存在违约行为而被判决承担赔偿责任。因此,被告由于在销售阶段未充分履行适当性义务或者告知说明义务而承担赔偿责任的案例共有40个,具体赔偿范围见表6－2。

表6－2　对赔偿原因的统计　　单位:个

赔偿原因	案件总数	全额赔偿的案件数量	部分赔偿的案件数量
违反适当性义务	30	18	12
违反告知说明义务	6	3	3
同时违反适当性义务和告知说明义务	4	3	1
总计	40	24	16

(四)金融产品的统计

参考案例涉及的金融产品主要包括私募基金、资管计划、信托计划、银行理财产品以及其他类型的金融产品或服务,例如黄金期货、证券投资咨询服务等。涉及各类金融产品的案件数量及判决结果见表6－3。

表6－3　对金融产品的统计　　单位:个

金融产品类别	案件总数	全额赔偿的案件数量	部分赔偿的案件数量	不赔偿的案件数量
私募基金	33	17	4	12
资管计划	32	7	23	2
信托计划	10	0	2	8

续表

金融产品类别	案件总数	全额赔偿的案件数量	部分赔偿的案件数量	不赔偿的案件数量
银行理财产品	10	1	0	9
其他	5	1	1	3
总计	90	26	30	34

在所有的参考案例中，有关私募基金和资管计划的案件数量最多，共有65个，占了案件总数的72%以上，其中法院判决被告承担赔偿责任的案件共有51个，判决被告不承担赔偿责任的案件只有14个，被告承担赔偿责任的案件比例高达约78.5%。有关信托计划、银行理财产品以及其他类型金融产品的案件数量较少，共有25个，占全部案件数量的28%左右，其中法院判决被告承担赔偿责任的案件只有5个，判决被告不承担赔偿责任的案件有20个，被告承担赔偿责任的案件比例只有20%。

由此可见，不管从案件总数还是判决被告承担赔偿责任的案件占比来看，相较于其他金融产品而言，私募基金、资管计划在销售阶段不合规的情况显然更为严重。

二、对金融机构违反适当性义务的案例分析

（一）金融机构不了解客户的案例

在被告由于未充分履行适当性义务而被判决承担赔偿责任的案例中，如果对原因进行细分，绝大部分案例是由于被告没有对客户的风险识别能力、风险承受能力进行充分调查引起的。

金融机构销售人员在向投资者推销金融产品时，由于其销售的资金规模往往决定了其收入水平，所以为了完成销售任务，销售人员操纵调查问卷、代为填写调查问卷等情况时有发生。一旦金融资管产品出现投资亏损，投资者往往会以金融机构在销售过程中存在违规事项为由进行索赔，如果对投资者的调查问卷并非投资者本人签署而是由销售人员代签，那么金融机构将因违反适当性义务而承担赔偿责任。例如，在投资者诉管理人的案例①中，客户风险承受能力调查问卷、资管合同、风险揭示书均非投资者本人签署，法院认为，金融机构未能举证证明其在销售过程中对投资者的风险认知、风险偏好和风险承受能力进行了测试，故金融机构违反了适当性义务，但法院考虑到投资者本人在未签署合同文本的情况下进行大额投资，也存在一

① 参见上海金融法院民事判决书，(2022)沪74民终447号、(2022)沪74民终448号、(2022)沪74民终449号、(2021)沪74民终2044号。

定过错,酌定金融机构赔偿投资者50%的损失。在杨某涛诉管理人及代销机构案①中,基金交易业务申请表、《基金合同》等均由销售人员代为签署,《基金合同》上载明的回访电话、邮箱均系销售人员使用的,法院认为,金融机构在销售金融产品时未了解投资者的风险承受能力,违反了适当性义务,应赔偿投资者的全部损失。

适当性义务解决的是金融机构能够向投资者推介哪些金融产品的问题,因此,金融机构应在向投资者推介具体金融产品前对客户进行适当性调查。如果金融机构没有及时对客户进行适当性调查,也可能会面临赔偿责任。例如,在董某远诉基金管理人案②中,法院认为,管理人于基金产品成立后才对投资者进行风险承受能力评估,即使投资者后续评估符合要求,也无法抵消其未及时履行自身义务的过错,同时法官认为,该案中补充进行风险评估的时间与基金成立时间相距较短,投资者风险承受能力在短期内发生明显变化的可能性并不大,因此,法院认为,管理人对适当性义务的违反并未在实质上过度影响投资者认购案涉基金的自主决定,酌定金融机构赔偿投资者损失金额的20%。该案例已被评选为“北京金融法院2022年度十大经典案例”之一,北京金融法院强调,金融机构对于适当性义务的履行应当满足及时、全面、完整的基本要求,适当性的评估与匹配应当在私募基金募集阶段及时完成,募集机构在销售产品过程中的不当行为难以嗣后治愈。③

(二)金融机构不了解产品的案例

在90个参考案例中,金融机构因不了解产品而违反适当性义务的案例非常少。在上海金融法院受理的常某人诉私募基金管理人案④中,基金管理人在向投资人推荐涉案基金前,既没有对投资人进行充分调查,评估投资者的风险认知、风险偏好和承受能力,也没有对基金产品进行调查了解,没有评估基金产品的风险评级,管理人同时存在不了解客户和不了解产品的情况,法院因此认定被告违反了适当性义务,应对投资者的损失承担全额赔偿责任。

广受媒体关注的某银行“原油宝”事件凸显了金融机构了解产品的重要性。2020年4月21日,芝加哥商品交易WTI5月期货合约价格报收-37.63美元/桶,历史上首次跌为负值,这是疫情期间全球原油市场剧烈动荡下的极端表现,致使“原油

---

① 参见北京市东城区人民法院民事判决书,(2021)京0101民初10231号。

② 参见北京金融法院民事判决书,(2021)京74民终482号。

③ 参见北京金融法院:《北京金融法院2022年度十大经典案例》,载微信公众号“北京金融法院”2023年3月23日,https://mp.weixin.qq.com/s/L_S4yboJvMchLG36YHA5QA。

④ 参见上海金融法院民事判决书,(2020)沪74民终461号。

宝”多头持仓客户全部穿仓，这意味着投资者的损失金额超过了其投资本金的金额。[①] 某银行没有充分了解金融产品的投资风险，对于极端情况下投资者可能因负油价而遭受穿仓损失的风险未作考虑，将“原油宝”产品的风险估值为 R3（中风险），[②]从而将存在巨大投资风险的“原油宝”卖给了很多不具备相应风险承受能力的个人投资者。事件发生后，为妥善处理投资者的损失赔偿事宜，某银行依托其网点积极与客户诚挚沟通，与绝大部分投资者达成和解协议，由某银行向投资者赔付了部分本金损失和穿仓导致的保证金损失。由此可见，在金融机构不了解客户的情况下，金融机构的赔偿责任通常仅体现为个案，而在金融机构不了解产品的情况下，金融机构将会面临向众多投资者承担赔偿责任的严重后果。

（三）金融机构错配销售的案例

金融机构在向投资者推介具体金融产品前理应充分了解客户、了解产品，这是金融机构履行适当性义务的前提，然而，在金融机构履行了这两项义务的情况下，却仍可能因为错配销售而违反适当性义务。

在李某诉基金管理人及代销机构案[③]中，投资者填写的投资者风险承受能力调查问卷显示，投资者属于风险承受能力较弱的投资者，而金融机构向其推介的涉案基金属于股权投资型私募基金，属于高风险品种，因此深圳市中级人民法院认定，被告将高风险产品推介给风险承受能力较弱的原告，违反了适当性义务。

在唐某玲诉广发银行案[④]中，投资者于 2016 年通过广发银行购买案涉银行理财产品，当时投资者的风险等级被评定为稳健型，而案涉理财产品的风险评级为 PR5（高风险），上海金融法院认定广发银行未能履行适当性义务，应当承担赔偿责任。在丁某诉资管计划管理人案[⑤]中，投资者填写的风险收益特征调查问卷显示投资者属于保守型投资者，但案涉资管产品具有较高风险，明显超出了投资者的风险承受能力，且金融机构未提示投资者“不匹配”性，导致投资者在误以为其购买的金融产品与其风险承受能力匹配的情况下购买了案涉金融产品，上海市浦东新区人民法院

---

① 参见最高人民法院民事审判第二庭发布的“2020 年全国法院十大商事案例之四：江茂均诉中国银行股份有限公司南通钟秀支行合同纠纷案——坚持将非诉纠纷解决机制挺在前面，用好调解手段依法保护投资者合法权益”。

② 参见吉林省长春市二道区人民法院民事判决书，（2022）吉 0105 民初 673 号、（2022）吉 0105 民初 1007 号。

③ 参见广东省深圳市中级人民法院民事判决书，（2020）粤 03 民终 27204 号。

④ 参见上海金融法院民事判决书，（2021）沪 74 民终 1325 号。

⑤ 参见上海市浦东新区人民法院民事裁定书，（2020）沪 0115 民初 15500 号。

认定金融机构未履行适当性义务,应承担赔偿责任。

(四)金融机构违反适当性义务的赔偿范围

虽然《九民纪要》第77条规定卖方违反适当性义务的赔偿范围为投资者的实际损失,但在司法实践中,法院对于金融机构的赔偿范围仍存在较大的自由裁量空间。

当金融机构未能充分履行适当性义务时,法院可能参照过失相抵原则,根据投资者自身的过错程度适当减轻卖方机构的赔偿责任,从而公平地分配损失。例如,在李某诉基金管理人及代销机构案[①]中,法院认为,金融机构违反了适当性义务,但司法需要在培养成熟理性投资者、保护金融消费者权益之间找到合适的平衡点,原告作为完全民事行为能力人,在缔约过程中签字确认知晓相关风险,这虽然不能免除金融机构的适当推介义务,但也说明原告对于案涉投资行为的风险具有一定认知,理应自行承担部分损失,最终酌定金融机构赔偿投资者60%的损失。

(五)关于金融机构免责事由的案例

在刘某源诉工商银行中山分行案[②]中,原告通过网银购买了银行理财产品,该金融产品属于高风险基金,而原告的风险评估等级为平衡型,因此,原告主张工商银行违反了适当性义务,要求银行赔偿其投资损失。工商银行提交了原告在网上购买案涉基金的操作视频,操作视频显示,当投资者的风险评级与金融产品的风险等级不匹配时,网银会自动强制弹出窗口,向消费者出具风险不匹配警示函,提示其属于超风险购买,投资者需要确认阅读并同意投资者确认书后方能继续购买。基于上述事实,法院认为,工商银行没有违反适当性义务,判决驳回了原告的诉讼请求。该案中,虽然投资者的风险评级与金融产品的风险等级不相匹配,但在金融机构已经提示投资者"不相匹配""超风险购买"的情况下,投资者未能听取金融机构的建议,仍然决定购买与其风险承受能力不匹配的金融产品,根据《九民纪要》第78条的规定,金融机构得以免责。

在某证券公司诉某信托公司案[③]中,原告某证券公司主张某信托公司在向其推介信托计划时,没有对其进行风险适应性测评,没有履行告知说明义务。对此,北京金融法院认为,营业信托属于高风险、高收益的商事行为,原告作为专业投资机构,相较于其他自然人投资者而言,具有投资资金量大、收集信息能力强、投资管理较为

---

① 参见广东省深圳市中级人民法院民事判决书,(2020)粤03民终27204号。

② 参见广东省中山市第一人民法院民事判决书,(2020)粤2071民初7401号。

③ 参见北京金融法院民事判决书,(2021)京74民终430号。

专业的特点，具备相当程度的审查合同、管控风险的专业能力，原告在从事投资业务时，应开展相应风险调查评估程序，在全面了解投资项目的基础上作出投资决策，虽然被告某信托公司未对原告进行风险适应性测评，但这并未影响原告投资涉案信托计划的自主决定权，故应由原告自负投资风险，驳回了原告的诉讼请求。卖方机构之所以承担适当性义务，是因为金融交易的专业性和复杂性使得普通投资者难以自主决定，而在该案中，投资者是一家证券公司，是专业的投资机构，虽然案涉信托公司在向其推介信托计划时未对其进行风险承受能力评估和风险告知，但这并不影响原告进行自主投资决策，因此，根据《九民纪要》第 78 条的规定，卖方机构得以免责。

从司法实践来看，如果金融机构仅以投资者有购买过类似金融产品或服务的投资经验为由主张免责，一般很难得到法院支持。在此前被广泛报道的建设银行北京恩济支行财产损害赔偿纠纷案①中，投资者的风险评估等级为稳健型，而建设银行北京恩济支行向其推介的金融产品是股票型基金，具有中高风险，与投资者的风险承受能力不相匹配，法院认定银行违反了适当性义务。建设银行北京恩济支行在二审过程中指出，本案投资者为金融案件审判领域的专家，有高于社会普通人的金融投资专业知识，具有相对丰富的投资经验，且自 2011 年起多次在建设银行北京恩济支行购买基金产品，主张免责。对此，法院认为，建设银行北京恩济支行未能有效举证证明投资者是在充分了解投资标的及其风险的基础上自主决策购买案涉基金的，对于建设银行北京恩济支行的抗辩理由未予以支持。在投资人诉某资管产品管理人、代销机构及托管人案②中，被告存在错配销售的行为，被告提交证据证明投资者曾购买其他资管类、信托类基金产品，以此主张投资者具有丰富的投资经验，以求免责。法院认为，投资者虽在此前多次购买理财产品，但其所购买的理财产品均非本案所涉基金，并不能导致其对涉案基金的相关风险内容有所了解，不能据此减轻或者免除被告的责任。由此可见，不能简单地因投资者具备一定投资经验就将该类投资者排除在适当性义务的保护范围之外，还是要根据案件的具体情况，根据投资者自身的专业水平，确定金融机构未履行适当性义务是否影响投资者的自主决策。

---

① 参见北京市第一中级人民法院民事判决书，(2018)京 01 民终 8761 号；北京市高级人民法院民事裁定书，(2019)京民申 3178 号。

② 参见广东省深圳市中级人民法院民事判决书，(2020)粤 03 民终 19093 号、19097 号、19099 号。

三、对金融机构在销售阶段违反告知说明义务的案例分析

(一)金融机构在销售阶段违反告知说明义务的主要表现形式

《九民纪要》第 76 条强调,金融机构的风险揭示不能是通用的一般性条款,金融机构应当向消费者充分说明该金融产品的市场风险、信用风险、合同的主要内容等重要事项。金融机构由于在销售阶段未充分履行告知说明义务而承担赔偿责任的案例,主要表现为没有向投资者说明金融资管产品投资的底层资产或者投资模式所隐含的具体风险。

在张某诉管理人案①中,投资者在资管计划开放销售时认购了资管计划,该资管计划投资的底层资产为债券组合,在投资者认购资管计划时部分债券的信用等级已被下调,不符合资管合同规定的信用评级,而管理人未将该情况告知投资者。法院认为,管理人未在与投资者签订合同前及时向投资者披露投资组合中存在低于合同约定评级的债券或其投资面临的切实风险,违反了告知说明义务。

在周某芳诉管理人案②中,资管计划投资的底层资产为宏某 1(某上市公司)对宏某 2(宏某 1 的子公司)的应收账款,宏某 1 没有在上市公司年报中披露相应的应收账款,管理人亦未向投资人说明该应收账款与宏某 1 在上市公司年报中披露的应收账款之间的关系和差别,法院认为管理人未尽到告知说明义务。

(二)金融机构在销售阶段违反告知说明义务的赔偿范围

法院在认定金融机构销售阶段违反告知说明义务的情况下,会进一步审查金融机构未披露的风险因素与原告投资损失之间的因果关系,判决金融机构在原因力范围内对原告的损失承担赔偿责任。

例如,在上述张某诉管理人案③中,法院在认定金融机构违反告知说明义务的情况下,对损失因果关系进行审查,发现投资者的投资损失全部来源于金融机构未作特别告知的该部分信用评级下调的债券,因此判决被告赔偿投资者全部投资损失。在上述周某芳诉管理人案④中,底层债务人的违约是投资者遭受损失的直接原因,但是,被告履行告知说明义务存在瑕疵,投资者因信赖被告而投资案涉资管产品遭受了投资损失,两者在客观上也存在因果关系,法院综合考虑被告的过错程度,最终酌

---

① 参见上海金融法院民事判决书,(2022)沪 74 民终 687 号。
② 参见上海金融法院民事判决书,(2021)沪 74 民终 1376 号。
③ 参见上海金融法院民事判决书,(2022)沪 74 民终 687 号。
④ 参见上海金融法院民事判决书,(2021)沪 74 民终 1376 号。

定被告赔偿投资者本金损失的10%。

（三）关于告知说明义务认定标准的案例

金融机构在履行告知说明义务时不仅要达到真实、准确、完整的标准，同时必须通俗、易懂，以投资者能够理解的方式向投资者揭示风险。而何谓“投资者能够理解的方式”？对此，在卢某明、肖某芬、王某珍、李某洪与民生银行武昌支行侵权责任纠纷案①中，最高人民法院认为，金融机构应当根据产品的风险和投资者的实际状况如既往投资经验、受教育程度等事实，综合一般人能够理解的客观标准和投资者能够理解的主观标准来确定告知说明义务。该案中，最高人民法院认为原审法院未考虑不同投资者的具体情况，简单判决案涉银行对不同投资者承担同等比例的责任实属不当，指令湖北省高级人民法院再审该案。

《九民纪要》第76条也规定了以“理性人能够理解的客观标准”结合“金融消费者能够理解的主观标准”来确定卖方机构是否已经履行了告知说明义务。上述客观标准和主观标准实际上都是对投资者主观状态的认定。而不同投资者的专业程度、投资经验均有所不同，最高人民法院的上述案例指出对于卖方机构告知说明义务的履行标准不能脱离个案的具体背景，必须结合投资人的实际情况分别予以认定。

法院通常通过审查风险揭示的形式、内容来判断卖方机构对告知说明义务的履行是否达到了“理性人能够理解的客观标准”。例如，在陈某莹诉某证券公司财产损害赔偿纠纷案②中，法院认为，被告在《资管合同》中用加黑字体特别提示了案涉资管计划属于“中高风险”及面临的各种风险，并在该公司官网上对相关文件和风险进行了披露与公示，还通过风险揭示书向陈某莹提示了投资风险，因此被告已经履行了告知说明义务。在王某亮诉某信托公司营业信托纠纷案③中，法院认为，《信托合同》文本均未对杠杆比例、强制平仓等内容进行字体格式方面的特别提示，认购风险申明书虽对风险进行了集中载明，但该份文件的编制位置在系列信托文件中间，位置并不显著，且认购风险申明书在内容上并不能直观体现出其对杠杆比例的风险提示，因此，法院认定被告对于告知说明义务的履行存在瑕疵。

法院通过审查个案中投资者的年龄、职业、教育程度、投资经历等具体背景来对“金融消费者能够理解的主观标准”进行认定。卖方机构在销售阶段的告知说明义务的履行标准与投资者自身的专业能力成反比，因此，当投资者具有专业知识和投

---

① 参见最高人民法院民事裁定书，(2018)最高法民申5679号。

② 参见上海金融法院民事判决书，(2022)沪74民终719号。

③ 参见北京市高级人民法院民事判决书，(2021)京民终501号。

资经验时,卖方机构告知说明义务的认定标准相较于普通投资者而言更为宽松;反之,当投资者属于老年人等较为弱势的人员时,卖方机构告知说明义务的认定标准相较于普通投资者而言更为严格。例如,在上述王某亮诉某信托公司营业信托纠纷案[①]中,法院结合王某亮从事投资20年且在案涉信托计划的投资顾问机构担任投资经理一职的具体情况,认为王某亮明显拥有高于常人的投资能力,其作为案涉信托计划的投资顾问的投资经理,相较于普通投资者拥有更多机会了解案涉信托计划的风险,因此,虽然卖方机构履行告知说明义务有瑕疵,但这并不影响王某亮对案涉信托计划风险的了解。在崔某坚诉管理人案[②]中,原告在签署信托合同时已经68岁,原告声称其签署相关文件是受销售人员的误导,双录视频中其并未听懂相关问题,是受销售人员诱导而作出的回答。该案中,金融机构在投资者签署的风险确认函中特别提示"本项目风险程度可能已经超过您所在年龄段的一般风险承受能力,请您向理财经理充分了解本项目的投资风险"。因此,法院认为,被告针对投资者年龄较大的情况已经进行了特别风险提示,尽到了告知说明义务,遂驳回了原告的诉讼请求。

告知说明义务的主观标准是根据投资人的个人特点来确定金融机构告知说明义务的标准,但这并不是说司法机关适用主观标准时可以任意裁量,法院在适用主观标准时仍需根据双方所举证事实,综合审查金融消费者是否充分了解相关金融产品、投资活动的性质及风险并在此基础上形成自主决定等案件基本事实。[③] 在建设银行北京恩济支行财产损害赔偿纠纷案[④]中,法院查明建设银行北京恩济支行的须知、确认书的内容均系通用的一般性条款,建设银行北京恩济支行未能向原告告知涉诉基金的类型及风险等具体内容,建设银行北京恩济支行虽抗辩称原告是金融审判领域的专家,具有丰富的投资经验,但是,法院认为,这并不能证明原告真正了解该案涉诉基金的相关风险并作出自主投资决策。可见,在金融消费者具备一定的专业知识和投资经验的情况下,卖方机构仍需履行告知说明义务,卖方机构不能因投资者具备一定的专业知识和投资经验就当然地认为投资者应了解金融产品的具体性质与风险。

---

① 参见北京市高级人民法院民事判决书,(2021)京民终501号。

② 参见北京金融法院民事判决书,(2021)京74民终478号。

③ 参见最高人民法院民事审判第二庭编著:《〈全国法院民商事审判工作会议纪要〉理解与适用》,人民法院出版社2019年版,第433页。

④ 参见北京市第一中级人民法院民事判决书,(2018)京01民终8761号。

第三章　对完善金融资管产品销售管理的建议

一、严格按照监管要求完善销售管理

在金融产品的销售阶段,如果金融机构未能充分履行适当性义务或者告知说明义务,即便资管产品的风险爆发主要原因在于管理环节的问题而非销售环节,销售机构也不能免除赔偿责任。并且,对于投资者而言,其对金融资管产品的了解和认识主要来自销售机构对产品的介绍,因此,一旦出现金融资管产品的兑付危机,投资者往往会首先找销售机构追责。相比管理环节,追究销售方面的责任更容易寻找理由,销售环节对投资者损失的影响更直观,更容易被发现并以此追责。① 因此,金融机构必须重视并加强对金融资管产品的销售管理,否则可能会面临巨额赔偿责任。

《九民纪要》第 73 条强调,监管部门的监管规定若与法律和国务院发布的规范性文件不相抵触,法院可以参照适用。监管文件可以作为法院判决的依据,因此,金融机构在销售文件的制作上应当严格按照监管规定进行操作。此外,金融机构应切实规范日常营销行为,通过加强监督检查、强化内控管理、加大问责力度等方式,使营销人员增强合规意识,树立正确的业绩观,确保在营销过程中关于金融机构适应性义务的各项工作要求得到全面贯彻落实。②

二、完善对投资者和金融产品的适当性调查

如前文所述,在金融机构违反适当性义务的案例中,绝人部分案例是由于金融机构未能对投资者背景情况进行充分调查引起的,因此,完善对投资者的适当性调查显得尤为重要。法院在审查金融机构是否履行对客户的适当性调查义务时,不仅会考虑对投资者风险评估的最终分值和结论,也会关注投资者在调查问卷中对具体问题的答复。因此,金融机构对投资者的风险能力测试不能仅以总体分值确定,还

---

① 参见唐春林、邢继荣:《金融机构应强化销售环节的适当性义务》,载《银行家》2020 年第 2 期。

② 参见袁恩浩:《从一则案例浅析金融机构适当性义务》,载《现代金融导刊》2020 年第 4 期。

应注意投资者在调查问卷中对相关问题的答复是否存在矛盾,评估结论与投资者对具体问题的答复是否一致等。

同样地,金融机构在推介具体金融产品时不应仅关注金融产品的风险评级,还应对金融产品投资的底层资产、操作模式、极端情况下的投资风险等有更深入的了解。在建设银行北京恩济支行财产损害赔偿纠纷案①中,建设银行北京恩济支行主张部分代销机构将该基金的风险等级确定为"中风险",与投资者"稳健型"的评估结果相匹配。而法院认为,基金管理人、基金托管人及基金代销机构均与该基金存在一定程度的利害关系,其对该基金的风险评级缺乏客观性,法官以"涉诉基金为股票型基金,属证券投资基金中较高风险、较高收益品种"为由,认为该基金产品与投资者风险评估问卷中有关"在本金出现10%以内的损失时会出现明显焦虑"的回答不符。这说明,在司法实践中,法院在判断金融机构有无违反适当性义务时,并不局限于审查金融产品的风险评级与投资者的风险承受能力评级结果是否相匹配,而是会从实质性的角度审查该金融产品是否适合该投资者。这要求金融机构在销售管理环节不能仅从形式上,而应从实质上加强对投资者和产品的适当性调查。

三、完善销售阶段告知说明义务的履行

市场实践中,卖方机构工作人员为了自身利益,在推荐金融产品的过程中往往夸大金融产品的预期收益,隐瞒可能遭受的风险,而在正式签署的缔约文件中,又将投资可能面临的风险写在风险揭示函中,交易文件多为格式合同,投资者无法变更,在有限时间内,投资者很难完全阅读和理解交易文件的全部内容,其对金融产品的判断更多是基于金融机构工作人员的介绍。② 因此,《九民纪要》第76条从正反两个方面强调了告知说明义务的衡量标准:正向方面规定了理性人能够理解的客观标准和金融消费者能够理解的主观标准;反向方面则规定卖方机构不能简单地以金融消费者手写了诸如"本人明确知悉可能存在本金损失风险"等内容主张其已经履行了告知说明义务。

因此,金融机构在向投资者推介产品时,首先,应注意语言表述通俗易懂,以普通投资者能够理解的方式向投资者真实、准确、完整地披露金融产品的投资风险和收益等重要信息,以达到理性人能够理解的客观标准;其次,对于不同的金融消费者,金融机构应设置差异化的安排,例如对于老年投资者应进行特别风险提示,以满

---

① 参见北京市第一中级人民法院民事判决书,(2018)京01民终8761号。

② 参见最高人民法院民事审判第二庭编著:《〈全国法院民商事审判工作会议纪要〉理解与适用》,人民法院出版社2019年版,第472页。

足金融消费者能够理解的主观标准；最后，金融机构应避免对不同产品采用通用的风险提示模板，而应当针对特定金融产品制作个性化的风险提示书，有针对性地披露该特定金融产品的投资对象、投资模式、合同主要条款、主要的风险等影响投资者决策的主要产品信息。

四、注重证据的留存

《九民纪要》第 75 条规定了举证责任倒置的原则，由金融机构举证证明其履行了适当性义务和告知说明义务，因此，证据的留存对金融机构而言尤为重要。对于线下销售的金融产品，金融机构应妥善保管好投资者签署的风险评估调查文件、风险揭示书以及双录资料等。对于消费者通过网络、自助服务设备等线上购买的金融产品，金融机构应对消费者业务办理的完整过程进行记录，并在合理期限内予以妥善保管。此外，如果金融产品与投资者的风险承受能力不相匹配，而投资者仍坚持购买，金融机构应注意将有关"不匹配性"的沟通过程固定证据并保留好。否则一旦发生法律纠纷，金融机构将极为被动，例如在王某娜诉某银行案①中，银行主张投资者系通过自助体验区的电脑自助购买了银行理财产品，但银行未能对销售过程进行录音，也没有对线上购买操作流程进行存证，因此必须承担举证不能的后果。

五、加强对合作机构的监督与了解

《九民纪要》第 74 条规定，金融产品的发行人和代销机构违反适当性义务的，投资者可要求其承担连带赔偿责任，发行人、销售者在实际承担了赔偿责任后，有权向责任方追偿其应当承担的赔偿份额。《资管新规》第 9 条规定，金融资管产品的发行机构应当建立资产管理产品的销售授权管理体系，明确代理销售机构的准入标准和程序，明确界定双方的权利与义务，明确相关风险的承担责任和转移方式；代销机构应当建立相应的内部审批和风险控制程序，对发行或者管理机构的信用状况、经营管理能力、市场投资能力、风险处置能力等开展尽职调查，要求发行或者管理机构提供详细的产品介绍、相关市场分析和风险收益测算报告，进行充分的信息验证和风险审查，确保代销的产品符合《资管新规》的规定并承担相应责任。因此，在金融资管产品委托代销模式下，金融资管产品的发行人和销售机构应当相互了解、互相监督，并明确互相之间的责任划分。

金融资管产品的发行人应做好对代销机构的事前尽调和定期评估，了解代销机

① 参见上海金融法院民事判决书，(2022)沪 74 民终 919 号。

构是否具备监管部门规定的资质条件,定期评估代销机构在销售过程中履行适当性义务和告知说明义务的情况,减少法律风险。金融资管产品的代销机构同样应事先对发行人的资质、信用状况以及金融产品进行尽职调查,并要求发行人充分说明金融产品的具体情况。

此外,金融产品的发行人和代销机构应在代销协议中对未履行适当性义务、告知说明义务的责任作出明确的约定,例如,发行人未向代销机构充分揭示产品的风险,导致代销机构根据发行人制作的产品风险告知书向投资者推介产品时未充分履行告知说明义务的,应当由发行人承担全部责任;反之,代销机构工作人员存在代为签署相关文件、夸大产品预期收益、隐瞒产品风险等不当销售行为的,应由代销机构承担全部责任。

结　语

通过梳理 2021—2023 年来的参考案例,我们发现,金融机构违反适当性义务的情形主要表现为金融机构未对投资者进行充分的适当性调查,违反告知说明义务的情形则主要表现为没有对金融资管产品的底层资产的具体风险进行披露。在金融机构违反适当性义务的情况下,法院对于金融机构的赔偿范围有较大的自由裁量空间,法院通常会考虑投资者自身的过错情况,判决金融机构承担部分赔偿责任;在金融机构违反告知说明义务的情况下,法院通过审查损失因果关系,判决金融机构在原因力范围内承担赔偿责任。法院对于金融机构是否存在违反适当性义务的免责事由以及对告知说明义务主观标准的认定通常较为谨慎,投资者具备一定的专业知识或类似金融产品的投资经验通常并不足以使金融机构免责。

《九民纪要》对于金融机构在销售环节的责任问题规定了举证责任倒置,因此,如果金融机构不对金融资管产品的销售管理进行优化和完善,不妥善留存相关证据,一旦发生金融资管产品的投资损失,就很容易引巨额赔偿责任。建议金融机构严格按照监管部门的要求完善金融资管产品的销售管理,在对投资者和产品进行适当性调查时以实质性审查代替形式审查,针对不同产品、不同的投资者设计不同的风险提示内容,并注意证据留存,加强对合作机构的监督与了解,以此防范业务风险,妥善应对法律纠纷。

专题七

资管业务托管人法律责任研究报告

国浩律师（上海）事务所　申　黎　闵人瑞　张宇涵

在资管产品的运作中，投资人、管理人与托管人构成了最为重要的参与主体。近年来，除了投资人以管理人违反合同或法定义务为由频繁起诉管理人要求其担责的案例外，托管人作为资管业务中的重要参与者，其权责边界也在逐渐经受司法实践的考验。不同的行业自律机构对于托管人责任的界定是否属于共同受托责任也曾存在不同的意见。《全国法院民商事审判工作会议纪要》出台后，业界对这一问题的认知逐渐趋于统一，即托管人与管理人均为资管合同中的受托人并对投资人承担勤勉、忠实义务，但基于托管人与管理人在资管产品运作中的地位、职责、担责方式不同，二者分别承担了不同类别的受托人职责，不构成《信托法》意义上的共同受托人。尽管如此，实践中托管人的权责边界、担责尺度和赔偿比例等问题仍较为模糊。本专题旨在从司法审判实践出发并结合案例，从资管产品的募、投、管、退四个方面分析托管人权责范围，进一步厘清托管人可能承担责任的类型、比例及考虑因素。

第一章　概　　述

一、托管人的定义

资管产品托管人一般是指具有托管资格的商业银行或其他作为独立第三方的金融机构。在资管产品服务过程中，托管人履行法律规定和合同约定的托管职责，包括安全保管委托财产，根据管理人指令办理资金划转和清算交割，开展投资监督，履行信息披露义务等；在私募基金、信托集合计划、证券资管产品、保险资管产品等领域，托管人通常被赋予补充管理人信用和制衡管理人权利的功能。①

在以分业经营、分业监管为主的架构下，因资管产品种类划分和监管规则的不同，托管人的称谓存在一定差异。例如，根据《信托公司集合资金信托计划管理办法》第21条，托管人在信托计划项下被称为"保管人"；根据《证券期货经营机构私募资产管理业务管理办法》第14条，托管人又被称为"托管机构"；而根据《证券投资基金法》第36条又被称为"托管人"。因此，为行文方便，下文将此类从事托管业务的机构统称为"托管人"。

二、托管人的法定职责

在资管业务中，管理人往往是资管产品运作过程中的主角，而托管人相对来说较为"默默无闻"，但持有托管人牌照的通常是大型的商业银行及其他非银行金融机构，资金实力雄厚。因此在出现管理人失联、倒台跑路的情况下，投资者可能会将目光转向托管人，要求托管人承担相应的责任。通过公开途径检索，近5年来（2017年8月至2022年8月）托管人作为被告的案件数量（除去系列案）为113件。当下时点恰好是对托管人权责边界内容予以厘清的合适时点。

在分业监管体系下，针对托管人职责的规定往往散见于各类资管产品所各自适用的法律、部门规章、地方规范性文件及行业自律规则中，并无层级较高的法律法规文件统一规定，笔者将关于托管人职责的相关规定列举如表7－1所示。

---

① 参见洪艳蓉：《论基金托管人的治理功能与独立责任》，载《中国法学》2019年第6期。

表7-1 托管人职责的相关规定

文件名	发布机构、时间	效力层级	内 容
《证券投资基金法》(2015修正)	全国人民代表大会常务委员会2015年4月24日发布	法律	第三十六条 基金托管人应当履行下列职责: (一)安全保管基金财产; (二)按照规定开设基金财产的资金账户和证券账户; (三)对所托管的不同基金财产分别设置账户,确保基金财产的完整与独立; (四)保存基金托管业务活动的记录、账册、报表和其他相关资料; (五)按照基金合同的约定,根据基金管理人的投资指令,及时办理清算、交割事宜; (六)办理与基金托管业务活动有关的信息披露事项; (七)对基金财务会计报告、中期和年度基金报告出具意见; (八)复核、审查基金管理人计算的基金资产净值和基金份额申购、赎回价格; (九)按照规定召集基金份额持有人大会; (十)按照规定监督基金管理人的投资运作; (十一)国务院证券监督管理机构规定的其他职责。 第三十七条 基金托管人发现基金管理人的投资指令违反法律、行政法规和其他有关规定,或者违反基金合同约定的,应当拒绝执行,立即通知基金管理人,并及时向国务院证券监督管理机构报告。 基金托管人发现基金管理人依据交易程序已经生效的投资指令违反法律、行政法规和其他有关规定,或者违反基金合同约定的,应当立即通知基金管理人,并及时向国务院证券监督管理机构报告。
《保险资产管理产品管理暂行办法》	原中国银行保险监督管理委员会2020年3月18日发布	部门规章	第十六条 托管人应当履行下列职责: (一)忠实履行托管职责,妥善保管产品财产; (二)根据不同产品,分别设置专门账户,保证产品财产独立和安全完整; (三)根据保险资产管理机构指令,及时办理资金划转和清算交割; (四)复核、审查保险资产管理机构计算的产品财产价值; (五)了解并获取产品管理运营的有关信息,办理出具托管报告等与托管业务活动有关的信息披露事项; (六)监督保险资产管理机构的投资运作,对托管产品财产的投资范围、投资品种等进行监督,发现保险资产管理机构的投资或者清算指令违反法律、行政法规、银保监会规定或者产品合同约定的,应当拒绝执行,并及时向银保监会报告; (七)保存产品托管业务活动的记录、账册、报表和其他相关资料; (八)主动接受投资者和银保监会的监督,对产品投资信息和相关资料承担保密责任,除法律、行政法规、规章规定或者审

续表

文件名	发布机构、时间	效力层级	内　　容
			计要求、合同约定外,不得向任何机构或者个人提供相关信息和资料; (九)法律、行政法规、银保监会规定以及产品合同约定的其他职责。
《证券期货经营机构私募资产管理业务管理办法》(2023修订)	中国证券监督管理委员会2023年1月12日发布	部门规章	第十四条　证券期货经营机构应当将受托财产交由依法取得基金托管资格的托管机构实施独立托管。法律、行政法规和中国证监会另有规定的除外。 托管人应当履行下列职责: (一)安全保管资产管理计划财产; (二)按照规定开设资产管理计划的托管账户,不同托管账户中的财产应当相互独立; (三)按照资产管理合同约定,根据管理人的投资指令,及时办理清算、交割事宜; (四)建立与管理人的对账机制,复核、审查管理人计算的资产管理计划资产净值和资产管理计划参与、退出价格; (五)监督管理人的投资运作,发现管理人的投资或清算指令违反法律、行政法规、中国证监会的规定或者资产管理合同约定的,应当拒绝执行,并向中国证监会相关派出机构报告; (六)办理与资产管理计划托管业务活动有关的信息披露事项; (七)对资产管理计划财务会计报告、年度报告出具意见; (八)保存资产管理计划托管业务活动的记录、账册、报表和其他相关资料; (九)对资产管理计划投资信息和相关资料承担保密责任,除法律、行政法规、规章规定或者审计要求、合同约定外,不得向任何机构或者个人提供相关信息和资料; (十)法律、行政法规和中国证监会规定的其他职责。
《商业银行理财业务监督管理办法》	原中国银行保险监督管理委员会2018年9月26日发布	部门规章	第五十一条第一款　从事理财产品托管业务的机构应当履行下列职责,确保实现实质性独立托管: (一)安全保管理财产品财产; (二)为每只理财产品开设独立的托管账户,不同托管账户中的资产应当相互独立; (三)按照托管协议约定和理财产品发行银行的投资指令,及时办理清算、交割事宜; (四)建立与理财产品发行银行的对账机制,复核、审查理财产品资金头寸、资产账目、资产净值、认购和赎回价格等数据,及时核查认购、赎回以及投资资金的支付和到账情况; (五)监督理财产品投资运作,发现理财产品违反法律、行政法规、规章规定或合同约定进行投资的,应当拒绝执行,及时通知理财产品发行银行并报告银行业监督管理机构;

续表

文件名	发布机构、时间	效力层级	内　　容
			(六)办理与理财产品托管业务活动相关的信息披露事项,包括披露理财产品托管协议、对理财产品信息披露文件中的理财产品财务会计报告等出具意见,以及在公募理财产品半年度和年度报告中出具理财托管机构报告等; (七)理财托管业务活动的记录、账册、报表和其他相关资料保存15年以上; (八)对理财产品投资信息和相关资料承担保密责任,除法律、行政法规、规章规定、审计要求或者合同约定外,不得向任何机构或者个人提供相关信息和资料; (九)国务院银行业监督管理机构规定的其他职责。
《中国银行业协会商业银行资产托管业务指引》	中国银行业协会2019年3月18日发布	行业规范	第十二条　托管银行开展资产托管业务,应当根据法律法规规定和托管合同约定,承担下述全部或部分职责: (一)开立并管理托管账户; (二)安全保管资产; (三)执行资金划拨指令,办理托管资产的资金清算及证券交收事宜; (四)对托管资产的资产、负债等会计要素进行确认、计量,复核受托人或管理人计算的托管资产财务数据; (五)履行投资监督和信息披露职责; (六)保管托管业务活动的记录、账册、报表等相关资料; (七)法律法规明确规定的其他托管职责。 第十五条　托管银行承担的托管职责仅限于法律法规规定和托管合同约定,对实际管控的托管资金账户及证券账户内资产承担保管职责。托管银行的托管职责不包含以下内容,法律法规另有规定或托管合同另有约定的除外。 (一)投资者的适当性管理; (二)审核项目及交易信息真实性; (三)审查托管产品以及托管产品资金来源的合法合规性; (四)对托管产品本金及收益提供保证或承诺; (五)对已划出托管账户以及处于托管银行实际控制之外的资产的保管责任; (六)对未兑付托管产品后续资金的追偿; (七)主会计方未接受托管银行的复核意见进行信息披露产生的相应责任; (八)因不可抗力,以及由于第三方(包括但不限于证券交易所、期货交易所、中国证券登记结算公司、中国期货市场监控中心等)发送或提供的数据错误及合理信赖上述信息操作给托管资产造成的损失; (九)提供保证或其他形式的担保; (十)自身应尽职责之外的连带责任。

结合前述条文，托管人的职责分为积极义务和消极义务两大方面。积极义务是托管人必须主动承担的义务，而消极义务意味着托管人不得从事的行为。

积极义务主要集中在产品的募集、投资、管理和退出四个阶段。其中募集阶段的义务是开立托管账户，确保财产的独立与完整；投资阶段的义务包括监督管理人的投资行为是否符合合同约定或法律规定，根据管理人的指令进行交割等事宜；在管理阶段，托管人应履行安全保管和相应的信息披露义务，复核资产财务数据，以及严格按照法规、资管合同及托管协议的约定，制定对投资行为的监督标准与流程，进而对资管合同生效后产品的投资限制、投资品类、投资范围、投资比例等进行严格监督；在退出阶段，托管人应参与清算，并保存托管业务资料。

消极义务主要是指托管人不得进行利益输送，不得进行不正当竞争，不得挪用侵占资产，不得混同管理不同的托管资产，不得混同管理托管资产与托管人自有资产，不得参与托管资产的投资决策以及其他法律法规及合同禁止的行为。

综合上述规定，在资管计划运作过程中，从募、投、管、退四个阶段来看，托管人的核心义务主要集中在安全保管、投资监督两大方面，银行理财、信托计划、保险资管计划等其他资管产品项下托管人的职责略有差异，但通常不会有实质性区别。

三、托管人的约定职责

除法律规定所赋予托管人的义务之外，资管合同或托管合同中对于托管人义务的约定也不容忽视。以资管产品中的私募基金为例，该类托管合同或托管条款通常参照《私募投资基金合同指引 1 号（契约型私募基金合同内容与格式指引）》进行拟定，我们注意到其具体的责任范围往往与托管人的法定义务较为相近。

但需要注意的是，实践中如果管理人和托管人试图通过以合同约定的方式排除托管人的法定义务，通常不会被支持。例如，在范某建、中国建设银行股份有限公司株洲湘江支行等合同纠纷案①中，中信银行长沙分行作为托管人与华泰合伙企业签订《财产保管合同》约定，“中信银行长沙分行作为合伙企业的财产保管人；由合伙企业的执行事务合伙人华泰基金公司进行本财产的投资运作，中信银行长沙分行负责财产的保管”。后查明华泰基金公司以华泰合伙企业的名义非法吸收公众存款。投资人收到刑事退赔款后，认为其经济损失并未得到足额赔偿，故诉至法院，要求华泰基金公司赔偿其损失，并要求中信银行长沙分行承担连带责任。中信银行长沙分行辩称，“我行与华泰合伙企业签订的是财产保管协议，且保管申明第三条已明确我

---

① 参见湖南省株洲市中级人民法院民事判决书，（2021）湘 02 民终 2127 号。

行仅对其保管的合伙企业现金财产承担保管责任”。对此，湖南省株洲市中级人民法院认为，因华泰基金公司募集基金向中信银行长沙分行提出申请时提交的申请表名为“中信银行长沙分行资产托管业务申请表”，故中信银行长沙分行系案涉基金的托管人，虽然双方签订的合同名为《财产保管协议》，只约定了中信银行长沙分行对现金财产承担保管责任，但“中信银行长沙分行应当依照法律法规的规定和托管协议的约定履行托管义务”，因此托管人仍应按照法律规定履行相应的职责。

第二章 司法实践中托管人的涉诉情况

一、托管人涉诉的基本情况

笔者分别以"托管机构""托管人""托管银行""托管行""保管行""托管"等为关键词,在威科先行数据库检索了2017年8月至2022年8月的民事判决书,托管人为案件当事人的案件共234件,其中系列案共121件,存在系列案最多的是中国建设银行股份有限公司株洲市分行、中信银行股份有限公司长沙分行等与郴州汉红股权投资基金管理有限公司、唐某平等侵权责任纠纷案①,共存在30个系列案。

此类资管争议中普遍存在投资人众多的现象,一旦出现纠纷,极可能引发群体性案件,这就导致涉及托管人的案件存在大量的系列案。监管层面和司法实践中对于托管人的责任边界问题存在一定的争议,因此厘清托管人的权责边界是一个重要且急切的命题。

过滤系列案后,剩余的113件案件标的额整体较高。标的额在100万元以下的案件共计16件,占比约14%;标的额在100万元至1000万元的案件共63件,占比约56%;标的额在1000万元至1亿元的案件共23件,占比约20%;标的额在1亿元以上的案件共8件,占比约7%。由于资管产品纠纷中大多对投资人具有合格投资者的要求,故案件标的金额多在100万元至1000万元,要求管理人、托管人赔偿损失对本息进行兑付的案件数量较多。还有部分案件中,原告的诉讼请求为要求管理人、托管人履行信息披露义务,暂未将该类案件计入其中。

关于相关案件审理法院的级别,有13件案件的审级是高级人民法院,有49件案件的审级是中级人民法院,有51件案件的审级是基层人民法院。

关于相关案件的地域分布情况,收集到的113件案件分布在19个省级行政区。其中在广东省审理的案件为25件,在北京市审理的案件为22件,在山东省审理的案件为21件,在上海市审理的案件为9件,在浙江省审理的案件为7件,在四川省审理的案件为4件,在湖南省、陕西省、安徽省、江苏省审理的案件各3件,在天津市、

---

① 参见湖南省株洲市中级人民法院民事判决书,(2019)湘02民终2404号。

河南省、吉林省、甘肃省审理的案件各2件,在江西省、河北省、福建省、重庆市、山西省审理的案件各1件,相关案件主要集中在北上广及东部经济发达地区。

二、托管人参与案件的情况

在相关案件中,托管人作为被告的案件共81件,占比约72%;托管人作为第三人的案件共26件,占比约23%;托管人作为原告的案件共6件,占比约5%。

托管人在资管产品运作的过程中通常根据管理人的投资指令进行相关的行动,因此在托管人无明确违约行为的情况下可能会将其列为第三人帮助查明案件事实,故部分案件中投资人仅将托管人列为第三人,如上海长典资产管理有限公司等金融委托理财合同纠纷案①,吉林郭尔罗斯农村商业银行股份有限公司与吉林众鑫化工集团有限公司、吉林省城市建设控股集团有限公司等合同纠纷案②,山东天业国际能源有限公司、山东天业恒基股份有限公司与上海幽谷资产管理有限公司、山东天业房地产开发集团有限公司等民间借贷纠纷案③等。

在托管人作为原告的案件中,通常托管人既是托管方也是投资方,例如上海浦东发展银行股份有限公司合肥分行与上海华信国际集团有限公司合同纠纷案④,恒丰银行股份有限公司与山东泰山阳光集团有限公司等合同纠纷案⑤,广发银行股份有限公司、中山证券有限责任公司等与中国城市建设控股集团安徽有限公司等金融借款合同纠纷案⑥。

在托管人作为被告的81件案件中,47件案件的托管人为商业银行,占比约58%;34件案件的托管人为证券公司,占比约42%。综合来看,资管纠纷中作为被告的托管人通常为商业银行和证券公司。

三、涉托管人案件的案由、责任承担情况及请求权基础

在相关案例中,案由为合同纠纷的案件最多,共35件;其次为委托理财合同纠纷,共19件;再次为金融委托理财合同纠纷,共15件;案由为财产损害赔偿纠纷的案件共7件;案由为侵权责任纠纷的案件共5件;案由为民间委托理财合同纠纷、借款合同纠纷、证券投资基金交易纠纷、民间借贷纠纷的案件各4件;案由为债权人代

---

① 参见山东省高级人民法院民事判决书,(2022)鲁民终305号。
② 参见吉林省高级人民法院民事判决书,(2018)吉民初79号。
③ 参见上海金融法院民事判决书,(2019)沪74民终920号。
④ 参见安徽省合肥市中级人民法院民事判决书,(2019)皖01民初1717号。
⑤ 参见山东省济南市中级人民法院民事判决书,(2017)鲁01民初1368号。
⑥ 参见安徽省高级人民法院民事判决书,(2018)皖民初35号。

位权纠纷的案件共3件;案由为营业信托纠纷、证券纠纷、信托纠纷的案件各2件;案由为质押式证券回购纠纷、证券交易合同纠纷、委托合同纠纷、储蓄存款合同纠纷、票据纠纷、合伙企业纠纷以及损害赔偿纠纷的案件各1件。

在托管人作为被告的81件案件中,仅有6件案件法院判决托管人承担一定的责任,而在剩余的75件案件中,托管人并未承担任何责任,比例高达约93%;部分案件中,法院认为投资人并未提供证据证明托管人存在任何违约或侵权行为;还有部分案例中,法院判定托管人在"募、投、管、退"四个阶段已经合理地尽到了自己的义务,不应承担责任。

在托管人承担责任的6件案件中,其中法院判决托管人就投资者的损失承担补充赔偿责任的为4件,法院判决托管人就投资者的全部损失与管理人承担连带责任的为1件,另1件系由管理人起诉要求托管人承担委托合同项下的违约责任。

在托管人作为被告的81件案件中,原告的请求权基础为侵权的共28件,占比约35%;原告的请求权基础为违约的共53件,占比约65%,由于对托管人存在违约行为的举证较存在侵权行为相对简单,故实践中大多数投资人选择以托管人违约为请求权基础提起诉讼。

第三章　托管人法律责任认定的相关问题分析

一、托管人是否属于《信托法》项下的“共同受托人”

《信托法》第 31 条对共同受托人的定义作出了规定：同一信托的受托人有两个以上的，为共同受托人。共同受托人应当共同处理信托事务，但信托文件规定对某些具体事务由受托人分别处理的，从其规定。《信托法》第 32 条对共同受托人的担责方式作出了规定：共同受托人处理信托事务对第三人所负债务，应当承担连带清偿责任。第三人对共同受托人之一所作的意思表示，对其他受托人同样有效。共同受托人之一违反信托目的处分信托财产或因违背管理职责、处理信托事务不当致使信托财产受到损失的，其他受托人应当承担连带赔偿责任。

因此，若托管人被认定为与管理人构成“共同受托人”，则存在与管理人承担连带责任的风险。管理人和托管人是否构成“共同受托人”是认定司法实践中托管人应当承担何种责任的关键。根据《信托法》第 31 条的规定，管理人与托管人构成“共同受托人”的前提是“共同处理信托事务”。笔者理解，共同受托义务的确定应首先建立于“共同处理”之上，即使在具体事务的分配上数个共同受托人之间义务不同，但相关义务的分配仍应满足“共同”的方向一致原则，即多数义务类型及内容的内部制约关系及重叠。①

基于上述理解，笔者认为从资管产品运作中管理人和托管人的职责范围、运作地位以及担责方式综合考量，托管人与管理人尚不构成《信托法》项下的“共同受托人”。

首先，管理人和托管人在资管产品的运作过程中承担的职责不同。从资管产品

① 马琳、王靓：《私募基金托管人如何在风险事件中确定责任边界》，载虹桥正瀚律师公众号：https://mp.weixin.qq.com/s/9KsJehtPZfKh4vU1zpfKHA，2023 年 12 月 25 日最后访问。

的运作方式来看，资产的托管和管理相分离是资产管理的一项基本原则，①其明确了托管人和管理人的职责分离、相互独立，且形成一定的相互制衡及监督的运作机制，该原则已经得到了法律的确认和广泛实践。根据《证券投资基金法》《信托法》等法律法规的相关规定，托管人作为资管财产的保管者和监督者，在资管产品运作中的义务主要集中在安全保管、投资监督两大方面；而管理人的核心义务集中在依法募集、作出投资决策并全程勤勉尽责管理运作等几个方面，②因此管理人和托管人应当分别履行各自的职责，这显然与共同受托人共同处理信托事务的原则不同。

其次，管理人和托管人在资管产品运作中的地位不同。从《信托法》第 31 条条文释义对共同受托人的阐释来看，共同受托人应当"平等、共同享有受托人权利"，"共同受托人"之间没有"先后顺序、没有主从关系、没有份额关系"。而从托管制度的起源来看，托管业务是为了解决基金投资人与管理人之间的"非对称信息"及可能的利益冲突而诞生的，托管业务诞生之初就是为投资人监督管理人而设置的制衡机制，而非与管理人平等、共同行使受托人职责。在"管理—托管"的结构设计下，托管人与管理人依据各自的分工行使不同的职责，管理人在资管活动中居于核心地位，托管人居于辅助地位，二者不构成"平等、共同"受托人地位。

最后，二者的担责方式不同。《信托法》第 32 条明确规定，"共同受托人"应当对违反信托义务的行为承担连带责任。但我国不论从立法层面还是从司法层面都认为管理人和托管人应当对其各自的行为负责，只有其实施了共同侵害的行为，基于侵权责任法的基本原理，管理人和托管人才应承担连带责任。例如《证券投资基金法》第 145 条第 2 款规定："基金管理人、基金托管人在履行各自职责的过程中，违反本法规定或者基金合同约定，给基金财产或者基金份额持有人造成损害的，应当分别对各自的行为依法承担赔偿责任；因共同行为给基金财产或者基金份额持有人造成损害的，应当承担连带赔偿责任。"实践中，法院也较少判决管理人和托管人承担连带责任。

综上，由于管理人和托管人承担的职责不同、所处的法律地位不同以及责任承担的方式不同等原因，二者不当然构成"共同受托关系"。

该观点在司法实践中也得到了证实。例如在曹某与吉林省信托有限责任公司

---

① 王悦、赵久光、张昕、杨诗翰：《私募基金托管人法律责任系列之二：托管人和管理人是共同受托人么?》，载环球律师事务所公众号：https://mp. weixin. qq. com/s/3IiJzhZ6mt8g9WKLoc62nw，2023 年 12 月 25 日最后访问。

② 王团团、李欣怡、徐丹妮：《〈九民纪要〉语境下谈资管业务之五：托管法律地图及托管人责任边界解析（下）》，载金杜研究院公众号：https://mp. weixin. qq. com/s/c0Gft_qhE60L7c_F_RR9Cw，2023 年 12 月 25 日最后访问。

(以下简称吉林信托)、中国建设银行股份有限公司山西省分行(以下简称建行山西分行)合同纠纷案①中,原告曹某称其母亲代其认购吉林信托设立的信托计划,而吉林信托销售信托计划时未对投资人的资质进行适当的审核,违背了专业金融机构应有的职业道德。而该信托计划的托管人建行山西分行作为共同受托人应当共同承担连带赔偿责任。

对此,吉林省高级人民法院认为,该案中吉林信托与原告曹某是案涉《信托合同》的双方当事人,吉林信托是信托计划的受托人,建行山西分行是资管计划的资金代收付行和保管行。根据《信托公司集合资金信托计划管理办法》第16条第1款"信托公司委托商业银行办理信托计划收付业务时,应明确界定双方的权利义务关系,商业银行只承担代理资金收付责任,不承担信托计划的投资风险"的规定及其与吉林信托之间的约定,不足以认定建行山西分行系案涉信托计划的共同受托人。故对于原告主张建行山西分行作为共同受托人从而应当承担赔偿责任的主张,法院不予支持。因此,在实践中,资管产品的管理人和托管人并不会当然被认定为"共同受托人"从而承担连带责任。

二、托管人在募集阶段的责任

资管产品管理人开展募集活动时多为管理人自行募集或管理人委托募集。除非托管人兼任代销机构,否则托管人一般不参与募集阶段的工作。管理人通过募集账户将所募集的资金转入专门设立的托管账户,并向托管人提交份额确认书等文件,由托管人进行核实。托管协议或托管条款通常会约定,托管人履职的前提是上述开户、核实等步骤已经完成。但是在司法实践中,已经形成倾向性观点认定基金托管人对于基金设立前的募集工作仍具有一定程度的监督与审核义务,违反相应法定或约定的监督职责的应承担赔偿责任。在募集阶段,托管人因违反法定或约定义务而担责的情形分析如下。

(一)托管人因未审查资管产品是否成立而承担补充赔偿责任

实践中,资管合同往往对资管产品的成立条件予以约定,例如"投资者达到约定人数"或"募集财产达到一定规模"等。一般情况下,如果资管产品无法达到成立条件,管理人需将已募集的资金及时退还至投资人名下。因此,托管人应当根据资管合同审查资管产品成立的条件,避免在产品未成立的情况下执行管理人的投资指

① 参见吉林省高级人民法院民事裁定书,(2018)吉民初2号。

令,影响资金的正常退还。

在中国民生银行股份有限公司、李某洁合同纠纷案①中,原告李某洁诉称:“按照合同约定,基金若要成立,投资者交付的认购金额合计不得低于3500万元,并约定对目标公司投资的总额度为5600万元,资金的存续期限为基金成立之日起18个月。截至2018年3月30日,基金投资者交付的认购金额仍然没有达到3500万元的标准,且基金的存续期限已经到期……中泰富公司在基金本来不能成立的情况下用未足额募集的认购资金投资至目标公司……在此情况下,中泰富公司作为基金管理人,应当按照合同的约定向原告返还投资本金100万元,并向原告支付相应的利息……民生银行是基金的托管银行,理应对基金的设立和运营承担监管责任,但其在明知基金设立条件未达到的情况下仍配合中泰富公司将300万元转给被投资方,构成共同侵权,亦应承担连带赔偿责任。”

对此,深圳市中级人民法院认为,“在基金存续期已到期的情况下,基金投资者交付的认购金额合计仍远低于3500万元的标准,按照上述合同约定,涉案基金的成立条件并未成就,基金托管人不能履行职责,且基金管理人应当依约返还投资者已缴纳的款项。但是,民生银行作为基金托管人,明知或应当知道基金成立条件远未成就,却未能按照上述法律、部门规章的规定及合同约定履行监督职责,及时提示基金管理人违规风险,依法履行通知基金管理人等程序,也未跟进基金管理人的后续处理,仍然按照基金已正常成立的情况执行基金管理人的投资指令”,因此法院认为托管银行作为托管人,已经与案涉基金在法律及合同层面存在监督管理关系,对主责任人即管理人的债务不履行行为具有一定的过错,酌定托管人对投资者的损失承担15%的补充责任。

(二)托管人因未审查资管产品是否备案而承担连带赔偿责任

在中国光大银行股份有限公司北京分行(以下简称光大北京分行)等与陈某萍委托理财合同纠纷案②中,原告陈某萍与被告启明乐投公司、光大北京分行签订了《启明乐投-光大银行-西晨3号专项资产管理计划资产管理合同》,该合同明确约定“自中国证监会书面确认之日起,资产管理计划备案手续办理完毕,资产管理合同生效”,但案涉私募基金募集完毕后,管理人启明乐投公司“未向中国证券监督管理委员会备案,亦未向中国证券投资基金业协会备案”。在案涉资管计划未备案的情况下,启明乐投公司与五矿国际信托有限公司签订《五矿信托-睿智进取证券投资

---

① 参见深圳市中级人民法院民事判决书,(2018)粤03民终16126号。

② 参见北京市第二中级人民法院民事判决书,(2019)京02民终8082号。

集合资金信托计划资金信托合同》,认购1200万元份额,后启明乐投公司向光大北京分行发出电子指令信息,要求光大北京分行将1200万元划入五矿国际信托有限公司的账户。对此原告陈某萍主张光大北京分行应当"审查启明乐投公司业务资质与备案情况,在发现启明乐投公司的投资指令违反法律、行政法规的有关规定,或者违反基金合同的约定时,应当拒绝执行",但光大北京分行在基金没有成立的情况下执行了管理人的投资指令,给原告造成了损失,因此托管人光大北京分行应当与管理人承担连带赔偿责任。

对此,北京市第二中级人民法院认为,"资产托管人应当掌握备案情况,并在未备案时,拒绝执行指令。此外,光大北京分行关于安全保管资产管理计划财产的义务贯穿整个合同始终,该义务不应仅局限于对于启明乐投公司发生的指令进行审查,还须包括对于启明乐投公司是否业已获得独立管理和运用资产管理计划财产的权利、是否获得向光大北京分行发生指令的权利进行审查","托管人在资产管理计划未备案的情况下依据管理人的指令将所监管的资金汇出,须承担一定的违约责任"。因此,法院认为托管人有义务对于基金是否符合成立要件进行审核。

(三)托管人因未审查资管产品管理人是否备案而承担补充赔偿责任

在中国建设银行股份有限公司株洲市分行、中信银行股份有限公司长沙分行等与郴州汉红股权投资基金管理有限公司(以下简称汉红基金公司)、唐某平等侵权责任纠纷案[①]中,经法院审理查明:"被告汉红基金公司在未经有关部门依法批准,也未经有关部门依法备案的情况下,违反政策规定,未实际确定投资项目,对投资者不经审查……在被告建设银行株洲分行下属支行客户经理的推介下,本案原告廖某于2013年11月11日在建设银行株洲分行营业厅与被告汉红基金公司签署《优先级有限合伙人入伙协议》。该协议主要约定:原告自愿成为湖南汉红弘新投资管理中心(有限合伙)的优先级有限合伙人。普通合伙人为汉红基金公司,执行合伙人为汉红基金公司……此后,湖南汉红弘新投资管理中心(甲方)与光大银行股份有限公司长沙分行(乙方)签订《投资基金托管协议》。约定:甲方委托乙方担任基金托管人……"后发现汉红基金公司利用合伙企业非法吸收公众存款。对此,投资人主张光大银行作为托管人应当与汉红基金公司承担连带责任。

对此一审法院湖南省株洲市天元区人民法院判决认为,"被告光大银行长沙分行未提供充分证据证明其在与湖南汉红弘新投资管理中心(有限合伙)签订基金托

---

① 参见湖南省株洲市中级人民法院民事判决书,(2019)湘02民终2404号。

管协议时对汉红基金公司及湖南汉红弘新投资管理中心(有限合伙)的运作是否合法合规进行了合理审查"。二审法院湖南省株洲市中级人民法院进一步补充,"卖者尽责、买者自负的适当性义务给予托管人非常严格的法定责任,金融消费者的投资资金一旦进入了金融管道,金融产品的销售者和服务者的风险责任便已存在"。本案中,法院认为托管人首先负有保障基金财产安全性的义务,其次对基金管理人的投资运作行为也负有监督的义务。案涉基金托管协议签订之后,托管人未妥善履行上述监督管理义务,因此认定托管人在对该基金资金托管过程中存在过失。法院最终认定托管人对投资人的损失存在过失,需要承担40%的补充赔偿责任。

但也有观点认为,现行法律法规并没有设定托管人在募集阶段的审查义务。托管人在签署托管文件并取得托管资金时往往会对相关文件进行形式审查,而不会进入实质审查的范畴。故在托管人妥善履行了形式审查义务,且没有存在明显违反法律规定及合同约定的情形下,裁判机构往往不会要求托管人对管理人的违规募集等行为承担责任。

持此观点的判决如孙某园、中国农业银行股份有限公司绍兴越城支行(以下简称农行越城支行)侵权责任纠纷案①,原告孙某园认为农行越城支行在"绍兴百泰投资基金"的募集过程中存在重大过错,其中一方面在于"绍兴百泰投资基金未经备案,农行越城支行明知其违规,但仍继续托管",对此绍兴市中级人民法院认为:"对于绍兴百泰投资基金未经备案的事实及违法募集的行为,因被上诉人系绍兴百泰股权投资合伙企业托管账户的托管人,其义务仅系依据托管协议对合伙企业托管账户进行审慎托管,而对绍兴百泰投资基金的资质并无审查义务,对绍兴百泰投资基金的募集行为亦无监管义务。"因此该案中法院认为若没有特别的约定,托管人对资管产品的相关资质、募集行为并不负有法定的审查、监管义务。

在叶某明、恒丰银行股份有限公司(以下简称恒丰银行)财产损害赔偿纠纷案②中,投资人主张根据《基金合同》的约定,"基金财产可以开始托管运作的前提是募集期届满,基金符合成立条件且恒丰银行(托管人)确认资金到账"。但案涉基金募集期尚未届满,基金尚未成立之时,托管人便对基金账户中的资金进行了划转,因此要求托管人恒丰银行对此承担责任。对此山东省高级人民法院认为,"依据现有合同签订情况,恒丰银行与案涉基金产生的权利义务,是通过案涉托管协议确定。托管协议并未对基金成立的条件进行过约定。而恒丰银行与富隆公司签订的基金合同,在内容上缺失作为重要合同当事人的投资人的相关信息,在合同生效条件上亦

---

① 参见浙江省绍兴市中级人民法院民事判决书,(2016)浙06民终4190号。

② 参见山东省高级人民法院民事判决书,(2020)鲁民终2775号。

因缺少投资人订立而不可能生效,该基金合同不能作为恒丰银行权利义务的依据",因此《基金合同》约定的基金运作条件不对恒丰银行生效,故恒丰银行不存在侵害投资人利益的行为。

在杭州中观投资管理有限公司、恒丰银行股份有限公司(以下简称恒丰银行)委托合同纠纷案[①]中,管理人作为原告,以托管人拒绝在需由投资人、管理人和托管人三方签字盖章才能生效的合同上盖章为由要求托管人承担责任。托管人辩称其拒绝盖章的原因是"因发现原告合同管理混乱,从而拒绝盖章"。对此,烟台市中级人民法院认为,根据相关法律规定以及案涉《托管协议》的约定,被告恒丰银行作为托管人包含的职能主要包括"审核管理人指令的形式有效性、审核指令要素的形式齐备性以及审核指令载明的投资用途是否符合合同约定的投资范围,但托管人对基金的相关资质、募集行为并不负有法定或约定的审查、监管义务""托管人的职责范围应当以相关法律的明确规定以及基金合同、托管合同的具体约定为限……法律法规并未设定托管人在募集阶段的审查义务",因此法院认为虽然从忠于投资人的角度托管人对加盖其印章的合同进行管理具有合理性,但是托管银行不能以此为由拒绝加盖印章。

因此,司法实践中针对募集阶段托管人的责任问题存在争议,但法院通常认为如果案涉资管合同中明确约定了合同成立或基金成立的条件,托管人对于资管产品的成立、备案等相关的募集行为具有审查的义务等内容,托管人未履行该义务时将承担一定的责任。

三、托管人在投资阶段的责任

在投资阶段,托管人的主要义务包括以下三点:一是安全保管托管账户内的财产,确保资管产品的财产与管理人、托管人的固有财产相互隔离;二是审核资金投向是否符合合同约定,同时划转相应资金;三是按照合同约定对资管产品的资产进行估值核算,并形成托管报告。托管人可以要求管理人提供相关投资指令,以及涉及的交易凭证或其他会计资料,来判断投资指令的合规性和有效性。

(一)对于投资指令的审查标准

《中国银行业协会商业银行资产托管业务指引》第22条规定:"……相关当事人应当提供监督所必需的交易材料等信息,并确保所提供的业务材料完整、准确、真

---

① 参见山东省烟台市中级人民法院民事判决书,(2020)鲁06民终2522号。

实、有效，托管银行对提供材料是否与合同约定的监督事项相符进行表面一致性审查。”除此之外，托管人还应当对投资指令是否符合法律法规等相关规定进行审核。《证券投资基金法》第 37 条第 1 款规定：“基金托管人发现基金管理人的投资指令违反法律、行政法规和其他有关规定，或者违反基金合同约定的，应当拒绝执行，立即通知基金管理人，并及时向国务院证券监督管理机构报告。”

在杭州中观投资管理有限公司、恒丰银行委托合同纠纷案[①]中，烟台市中级人民法院认为，“被告恒丰银行作为基金托管人，其职权包含三大部分内容：一是审核管理人指令的形式有效性，包括核对指令加盖印鉴与预留的授权人员印鉴的形式一致性，以确保指令是管理人发出；二是审核指令要素的形式齐备性，包括划款资金数额、账号信息、用途等，以确保指令可执行；三是审核指令载明的投资用途是否符合合同约定的投资范围”。

在杜某、深圳市金色木棉投资管理有限公司等金融委托理财合同纠纷案[②]中，案涉私募基金的投资标的出现兑付困难，导致私募基金多次延期，投资人主张托管人未尽到投资监督的义务，对管理人的投资指令未进行审核，导致投资人损失。对此，济南铁路运输中级人民法院认为，“恒丰银行监督金色木棉公司的投资运作，但并不负责委托资产的投资管理和风险管理，不承担对委托资产所投资项目（或标的）的审核义务”，只要管理人的投资指令符合合同的约定且不存在违法违规的行为，托管人就应当执行，由此造成的损失不应由托管人承担责任。

根据上述规定及我们检索的司法案例来看，托管人对于投资指令的审查范围目前限于是否符合基金合同的约定以及相关法律法规的规定，但不及于投资标的及项目的真实性，仍然属于形式审查的范围。

（二）对托管财产的安全保障义务

托管人仅在其可控范围内对投资事项进行监督。托管人对于已从托管账户划转出去的财产，或处于托管人实际控制之外的财产，均不负有妥善保管的义务。从《证券投资基金法》第 36 条第 1 项“保管基金财产”和第 2 项“按照规定开设基金财产的资金账户和证券账户”的托管职责来看，也可以认为二者在逻辑上存在补充关系，而结合实践中基金托管人履行托管义务的运作模式（通过银行托管账户监督管理人的投资运作），可以得出基金托管人妥当保管基金财产的义务仅仅针对其实际控制的账户的结论。

---

① 参见山东省烟台市中级人民法院民事判决书，(2020)鲁 06 民终 2522 号。

② 参见济南铁路运输中级人民法院民事判决书，(2021)鲁 71 民初 62 号。

在陈某与上海云枫股权投资基金管理有限公司、华泰证券股份有限公司财产损害赔偿纠纷案①中，深圳市福田区人民法院认为，投资人的投资款由外包机构的募集专户转向投资标的，并未进入托管账户，故该笔款项“不属于托管人的监管范围”，从而判决托管人无须承担责任。

四、托管人在管理阶段的责任

（一）托管人因未履行基金报告复核、信息披露义务而承担连带赔偿责任

在投后管理阶段，由于托管人已经按照管理人的指示将财产从托管账户中转出，资管财产已经脱离了托管人的控制，托管人不再是资管财产的保管者，亦无法控制资金的流向，故托管协议一般会约定此时托管人不再承担安全保管职责。但是在该阶段并不意味着托管人可以脱离法律规定及合同约定的职责，包括但不限于信息披露、对财务会计报告等出具意见、复核资管财产净值等职责。

在宋某晶、杨某兰、国泰君安证券股份有限公司委托理财合同案②中，基金托管人接收了投资人交付的投资款后，未能提供尽到托管人勤勉义务的相关证据，亦未对托管基金的投资记录、收益分配、赎回情况作出说明，没有相应证据能够证明其已经按照法律规定及合同约定向投资人履行了基金报告的信息披露、复核等义务，特别是在中国证券投资基金业协会公告基金管理人失联（异常）状态、案涉基金未披露月报的情况下，仍未能尽到审查基金资产净值、监督投资运作、召集投资者代表大会等义务，因此山东省临沂市罗庄区人民法院认为，“托管人未履行基金托管人的任何重要义务，属于严重失职或者积极帮助行为，造成投资者投资款损失，依法应承担民事赔偿责任”，最终法院判决托管人对投资人的损失承担连带赔偿责任。

（二）托管人未及时进行止损操作不必然承担责任

对于止损操作，根据《证券投资基金托管业务管理办法》的规定，托管人需承担的是在管理人违规情况下的风险揭示义务，如果托管人已经尽到了该等义务，对于管理人的止损操作本身导致的损失，托管人并不必然承担责任。

在程某民与中信建投证券股份有限公司委托理财合同纠纷案③中，投资者认为

---

① 参见广东省深圳市福田区人民法院民事判决书，(2018)粤 0304 民初 31073 号。

② 参见山东省临沂市罗庄区人民法院民事判决书，(2020)鲁 1311 民初 180 号。

③ 参见北京市东城区人民法院民事判决书，(2021)京 0101 民初 15068 号。

托管人在知晓基金净值跌破止损线的时候应当制止管理人继续投资，而且应该进行平仓处理，因托管人未实施这些行为给投资者造成的损失，托管人应当承担责任。对此法院认为，相关法律法规并未赋予托管人“主动进行止损操作的义务，且基金合同亦未约定托管人有督促管理人进行止损操作或托管人可以主动止损操作的义务，且托管人在知晓基金净值跌破止损线时亦履行了相应的通知行为”，因此北京市东城区人民法院认为托管人并不存在违规行为，不应因此承担责任。

在陈某称与深圳市润沣投资管理有限公司、华泰证券股份有限公司合同纠纷案①中，深圳市龙岗区人民法院认为，托管人对于案涉基金的监督限于法律规定及合同约定的范围，其在案涉基金份额净值跌破止损线后无权代理管理人作出基金资产变现等实际操作基金的行为。并且托管人仅负有在基金份额净值跌破止损线后对管理人的提示义务，在托管人已经妥善履行该通知义务的前提下，投资人无权要求托管人承担未进行止损操作的责任。

五、托管人在清算退出阶段的责任

目前相关法律法规并未规定托管人在资管产品退出阶段有召集或组织清算的义务，而根据《证券投资基金法》第 83 条第 1 款和《证券投资基金托管业务管理办法》第 23 条的规定，托管人负有的是在管理人缺位的情况下召集基金份额持有人大会的义务。通常情况下，基金合同中会明确约定托管人是否负责组织并开展清算工作，倘若资管合同中没有明确约定托管人负有清算义务，实践中托管人往往无须为未组织清算而承担责任。

在莫某东与深圳市金色木棉投资管理有限公司、恒丰银行股份有限公司民间委托理财合同纠纷案②中，济南铁路运输中级法院认为，基金合同中倘若约定的是由管理人承担组建清算组的责任，托管人仅为清算组成员，投资人无权以托管人应履行组建清算组义务而未履行为由主张其承担违约责任。

在马某宏与江苏壹泽资本投资管理有限公司、杨某等金融委托理财合同纠纷案③中，扬州市邗江区人民法院认为，虽然该案出现了基金份额净值低于止损线从而导致案涉基金应当提前终止清算的情形，但《基金合同》中并未约定在此情况下被告东海证券公司作为托管人负有发起设立清算组的义务，故托管人无须因未发起设立清算组而向投资人承担赔偿责任。

---

① 参见广东省深圳市龙岗区人民法院民事判决书，(2019)粤 0307 民初 13462 号。

② 参见济南铁路运输中级法院民事判决书，(2020)鲁 71 民初 147 号。

③ 参见江苏省扬州市邗江区人民法院民事判决书，(2018)苏 1003 民初 2116 号。

六、托管人的责任承担

(一)投资人请求托管人承担责任的请求权基础及责任形态

如果托管人承担责任的基础源于合同,从合同关系的视角来看,资管合同中通常对于管理人和托管人各自享有的权利、分别应当履行的职责和义务作出明确的约定,投资人可依据合同向管理人和托管人主张权利。此时,由于管理人和托管人之间不存在共同的权利义务,所以投资人若以违约为请求权基础,难以要求管理人和托管人承担连带责任。

如果托管人承担责任的基础为侵权,从侵权关系的视角来看,将管理人、托管人各自或者共同实施的行为视为侵权行为,由于侵权责任的承担不以是否具备共同权利义务为基础,投资人既可以主张管理人和托管人就各自实施的侵权行为各自承担责任,也可以主张管理人和托管人就共同实施的侵权行为承担连带责任。

(二)托管人承担补充赔偿责任的司法实践

通过梳理公开裁判案例并结合我们的实务经验,在投资人同时向托管人和管理人主张权利时,除了部分案件中认定托管人与管理人承担连带责任之外,司法实践中也已出现了由托管人对投资人因管理人不能清偿债务所受损失承担补充责任的司法裁判观点。

如在前文提及的光大北京分行等与陈某萍委托理财合同纠纷案中,北京市第二中级人民法院认为托管人提交的证据材料不足以证明其履行了对资金的监管义务,因此应当承担一定的违约责任。托管人在合同中负有的安全保管资产管理计划财产之义务,类似于该条款中第三人向债权人所承担监督支付专款专用的义务,故法院参照适用该条款,认定托管人向投资人承担补充赔偿责任。

在中国民生银行股份有限公司、李某洁合同纠纷案中,深圳市中级人民法院认为,“民生银行作为基金托管人,明知或应当知道基金成立条件远未成就,却未能按照上述法律、部门规章的规定及合同约定履行监督职责,及时提示基金管理人违规风险,依法履行通知基金管理人等程序,也未跟进基金管理人的后续处理,仍然按照基金已正常成立的情况执行基金管理人的投资指令”,因此法院认为托管银行作为基金托管人,与涉案基金的运行存在法律上和合同上的监督管理关系,对主责任人基金管理人的债务不履行行为具有一定的过错,判决托管人对投资者的损失承担15%的补充责任。

（三）托管人承担补充赔偿责任的考量因素

结合既有的司法案例以及我们的实务经验，我们发现即便将案件定性为合同纠纷，裁判机构往往仍会将过错作为托管人责任承担的考量因素之一。在认定托管人是否承担补充责任时，通常考虑的因素包括以下四点：第一，托管人是否存在违约、侵权行为，是否已经按照合同约定及法律规定履行了保管基金财产、监督基金管理人的投资运作等义务；第二，托管人在履职过程中是否存在过错以及具体过错程度；第三，托管人相关行为与投资人的损失之间是否存在因果关系；第四，在发现管理人违约违规时，托管人是否已经尽到通知提示义务，并采取合理的措施防止损失进一步扩大等。在确定具体的补充责任范围时，裁判机构亦会基于公平原则，综合考虑托管人与管理人承担的权责范围相互独立，过错与责任相适应，不过分加重托管人的责任。

结　语

综上，在资管争议中，托管人是否按照合同约定、法律规定合法合规履行托管职责，是裁判机构认定托管人责任的基础。尽管目前司法实践中判令托管人不承担责任的案件比例仍占多数，但应注意到近年来托管人越来越多地作为被告出现，对此应予高度重视。托管人在履行托管职责的过程中不仅需要勤勉尽职、审慎监督，而且应避免消极不作为，在发现投资人利益可能受损或已经受损时，应及时采取措施避免损失扩大。若托管人未妥善履行托管人义务，可能会被法院判决对投资者的损失承担补充赔偿责任或与管理人承担连带赔偿责任。

专题八

“司法之眼”之下的“打破刚兑”

国浩律师（上海）事务所　丁伟晓　陆奕洁

当我们讨论“打破刚兑”的时候，我们在讨论什么？

刚兑即刚性兑付，区别于正常兑付，其“刚性”是指在资产管理过程中，底层资产出现亏损而导致管理人在正常情况下无法向投资者兑付预期收益甚至投资本金时，本应仅就资产管理计划现值向投资人支付剩余价款的管理人承诺向投资者“还本付息”，确保投资者得以实现本金及约定收益的情形。换句话说，如果存在刚兑承诺，那么投资者一定不会亏损，甚至一定能盈利，因此站在投资者的立场上，刚兑看起来是“百利而无一害”的投资保障。

然而，由于刚兑本身违背了“投资”的本质含义，长期以来，金融监管机构对于刚兑整体上持否定态度，这也就是我们讨论“打破刚兑”的政策来源，比如由中国证监会于2014年8月21日发布并实施的《私募投资基金监督管理暂行办法》第15条就规定，“私募基金管理人、私募基金销售机构不得向投资者承诺投资本金不受损失或者承诺最低收益”。金融监管机构“打破刚兑”的出发点包括但不限于避免因非理性投资而催生“刚兑泡沫”，防止金融机构借新还旧未隔离风险而最终“爆雷”或“跑路”，促使资源配置的合理性等。但正如前文所述，“打破刚兑”长期以来还只是金融监管机构的一项政策，因此“打破刚兑”的表现形式往往只是行政处罚，但是司法机关的相关认定，包括对刚兑条款本身效力的认定、刚兑条款所在资管合同效力的认定、认定合同无效后的处理方式等都还未有明确的规制，直至《全国法院民商事审判工作会议纪要》（以下简称《九民纪要》）的发布，司法层面出现了明确与监管衔接、“并轨”的表态。

那么，至此，司法是否已经完全“打破刚兑”了呢，在对一系列的司法案例研究之后，我们发现，“刚兑”在司法层面的认定仍存在相当的复杂性。本专题即想通过对不同司法判例的研究，全面呈现“司法之眼”之下“打破刚兑”的具体内涵——在打破什么，怎么打破，以及立法上是否存在难以完全打破的矛盾之处。

第一章 “打破刚兑”的相关监管规则

如上文所述，长期以来，金融监管机构就对刚兑持反对态度，这一态度从相关规章内容的出现、措辞以及演变便可见一斑。“打破刚兑”相关部分监管规则如表 8 - 1 所示。

表 8 - 1 “打破刚兑”相关部分监管规则

序号	时间	名称	内容
1	2004 年 4 月 21 日	《保险资产管理公司管理规定》（已废止）	第三十八条 保险资产管理公司不得有下列行为： …… （二）承诺受托管理的资金不受损失或者保证最低收益； ……
2	2007 年 3 月 1 日	《信托公司管理办法》	第三十四条 信托公司开展信托业务，不得有下列行为： …… （三）承诺信托财产不受损失或者保证最低收益； ……
3	2009 年 2 月 4 日	《信托公司集合资金信托计划管理办法》	第八条 信托公司推介信托计划时，不得有以下行为： （一）以任何方式承诺信托资金不受损失，或者以任何方式承诺信托资金的最低收益； ……
4	2012 年 9 月 1 日	《期货公司资产管理业务试点办法》（已废止）	第四条 证券期货经营机构不得在表内从事私募资产管理业务，不得以任何方式向投资者承诺本金不受损失或者承诺最低收益。
5	2014 年 8 月 21 日	《私募投资基金监督管理暂行办法》	第十五条 私募基金管理人、私募基金销售机构不得向投资者承诺投资本金不受损失或者承诺最低收益。

续表

序号	时间	名称	内　　容
6	2016年7月18日	《证券期货经营机构私募资产管理业务运作管理暂行规定》	第四条　证券期货经营机构设立结构化资产管理计划，不得违背利益共享、风险共担、风险与收益相匹配的原则，不得存在以下情形： （一）直接或者间接对优先级份额认购者提供保本保收益安排，包括但不限于在结构化资产管理计划合同中约定计提优先级份额收益、提前终止罚息、劣后级或第三方机构差额补足优先级收益、计提风险保证金补足优先级收益等； ……
7	2016年10月21日	《〈证券期货经营机构私募资产管理业务运作管理暂行规定〉相关问题解答》	结构化资产管理计划整体产生收益或出现投资亏损时，所有投资者均应当享受收益或承担亏损，即不能够出现某一级份额投资者仅享受收益不承担风险的情况，换言之，产品整体净值≥1，劣后级投资者不得亏损；产品整体净值<1时，优先级投资者不得盈利或保本。
8	2018年4月27日	《关于规范金融机构资产管理业务的指导意见》	金融机构发行和销售资产管理产品……金融机构应当加强投资者教育，不断提高投资者的金融知识水平和风险意识，向投资者传递“卖者尽责、买者自负”的理念，打破刚性兑付。 分级资产管理产品不得直接或者间接对优先级份额认购者提供保本保收益安排。 本条所称分级资产管理产品是指存在一级份额以上的份额为其他级份额提供一定的风险补偿，收益分配不按份额比例计算，由资产管理合同另行约定的产品。
9	2018年9月26日	《商业银行理财业务监督管理办法》	第二十六条第一款　商业银行销售理财产品，应当加强投资者适当性管理，向投资者充分披露信息和揭示风险，不得宣传或承诺保本保收益，不得误导投资者购买与其风险承受能力不相匹配的理财产品。
10	2019年6月4日	《期货公司监督管理办法》	第七十五条　期货公司及其从业人员从事期货投资咨询业务，不得有下列行为： （一）向客户做出保证其资产本金不受损失或者取得最低收益的承诺； ……
11	2022年9月1日	《保险资产管理公司管理规定》	第五十七条　保险资产管理公司不得有下列行为： …… （二）承诺受托管理资产或保险资产管理产品资产不受损失，或者保证最低收益； ……

续表

序号	时间	名称	内 容
12	2023 年 3 月 1 日	《证券期货经营机构私募资产管理业务管理办法》	第四条第一款 证券期货经营机构不得在表内从事私募资产管理业务，不得以任何方式向投资者承诺本金不受损失或者承诺最低收益。

然而，尽管监管层面已经存在大量明确规定要求“打破刚兑”，并且，如果我们回想一下，在进行购买理财产品等投资行为时，相关文件上永远会有一行黑体字——“投资有风险，本产品不保本保收益，不承诺保证最低收益和本金”，但实际上，刚兑从未离开过，只是以另外的形式存在。此种情况下，政策呼唤司法之呼应也就顺理成章了。但“打破刚兑”在司法层面的处理更加复杂，它关乎立法体系、司法原则、具体适用法律以及具体法律事实的判断。

第二章 “司法之眼”中的“打破刚兑”

一、《九民纪要》及其理解与适用

《九民纪要》于2019年11月8日发布实施，其中第92条①明确规定，金融机构作为资管产品管理人与受益人订立的保底或刚兑条款无效，管理人承担过错责任。该条款可以被视为司法层面对于“打破刚兑”的支持，但这一支持并非没有例外。《九民纪要》第90条②规定了劣后级受益人的责任承担，如资管合同中将受益人区分为优先级和劣后级，并约定由劣后级受益人对优先级受益人承担刚兑责任，该约定有效。虽然这一条款约定的是受益人之间的关系，但显然无法排除其为管理人的刚兑承诺提供了另一个可能的“场景”，实践中，这一场景确实出现在了一部分案例之中，即管理人“利用”第三方作为劣后级受益人向优先级受益人提供实质上的刚兑承诺。

《〈全国法院民商事审判工作会议纪要〉理解与适用》对于《九民纪要》第92条的解读从信托法律关系的角度出发，认为“打破刚兑”的来源是信托财产独立性，其法律基础是《信托法》第34条的规定——“受托人以信托财产为限向受益人承担信托利益的义务”。但是，从上文的表8－1可见，“打破刚兑”的规则主要以部门规章的形式出现，那么对于司法机关来说，此处存在的问题是这些规则如何与无效民事法律行为的认定规则相连接？部门规章甚至是《信托法》的相关规定是否属于效力强制性规定？对于这一问题，《九民纪要》从法益平衡的角度出发，为防止资产损失风险在金融机构内部累积而导致系统性风险，认为金融机构作为管理人所作的刚兑承诺无效。同时，《〈全国法院民商事审判工作会议纪要〉理解与适用》强调，虽然认

---

① 《九民纪要》第92条规定，信托公司、商业银行等金融机构作为资产管理产品的受托人与受益人订立的含有保证本息固定回报、保证本金不受损失等保底或者刚兑条款的合同，人民法院应当认定该条款无效。受益人请求受托人对其损失承担与其过错相适应的赔偿责任的，人民法院依法予以支持。

② 《九民纪要》第90条规定，信托文件及相关合同将受益人区分为优先级受益人和劣后级受益人等不同类别，约定优先级受益人以其财产认购信托计划份额，在信托到期后，劣后级受益人负有对优先级受益人从信托财产获得利益与其投资本金及约定收益之间的差额承担补足义务，优先级受益人请求劣后级受益人按照约定承担责任的，人民法院依法予以支持。

定前述刚兑承诺无效,但这不意味着管理人无须承担责任,而是应当根据民事行为无效的规定承担财产返还义务,并且各方依过错承担相应责任。由于司法处理可能存在后续“返还”的结果,所以同样不排除可能产生与原来“刚兑”约定项下同样的责任承担结果。这种情况在部分案例中已有所反映,将在后文进行进一步分析。

二、司法判例概况

以上海市浦东新区人民法院发布的《金融资产管理类案件审判情况通报(2021.8—2022.7)》为例,其在“金融资管案件主要特点”部分明确提及“监管政策影响明显”——在《关于规范金融机构资产管理业务的指导意见》(以下简称《资管新规》)发布后,基于“卖者尽责,买者自负”“打破刚性兑付”的监管理念,存在较多当事人要求参考适用现行监管规定来认定资管业务纠纷中资管机构的违规行为的情况,同时,金融资管案件中司法裁判与行业监管衔接配合的效应日趋明显。

然而,值得注意的是,经对具体案例的研究分析,我们仍然可以发现各地法院对于“打破刚兑”的实际操作仍然存在不同,对于“刚兑”的认定理由也各有不同。因此。虽然目前在司法层面对于“打破刚兑”存在概括性的支持,但是在实际情况中,由于存在未解决的司法冲突问题,司法机关仍需要从当事人的具体请求权基础出发,结合个案不同事实,作出司法判断。下面,我们将从具体案例分类分析和甄别监管政策中的“打破刚兑”在“司法之眼”下是如何具体解构的。

三、“刚兑”有效情形解构

“司法之眼”之下的“打破刚兑”之含义可从具体案例中窥得部分。

(一)责任主体的适格性

1. 不属于“金融机构”的管理人

如果管理人非持牌金融机构,其所作出的刚兑承诺可能有效。从监管政策来看,部分政策在“打破刚兑”时将刚兑主体限定于“金融机构”,例如《资管新规》第6条规定,“金融机构发行和销售资产管理产品……应当……向投资者传递‘卖者尽责、买者自负’的理念,打破刚性兑付”。这一主体限定在《九民纪要》中也有体现——“信托公司、商业银行等金融机构作为资产管理产品的受托人与受益人订立的含有保证本息固定回报、保证本金不受损失等保底或者刚兑条款的合同,人民法院应当认定该条款无效”。在实际操作中,可能出现管理人仅为一般有限公司而非持牌金融机构的情况,在此情况下,司法机关就有可能认定管理人所作的刚兑承诺有效。例如,在(2020)沪0115民初61274号案中,投资人与管理人签订基金合同,并于2020年5月12日约定由管理人到期回购投资人基金份额,向投资人兑付本金及利息,上海市浦东新区人民法院认为,依据《金融控股公司监督管理试行办法》,“金融机构”的定义中并不包括私募基金管理公司,另外,《资管新规》也规定私募投资基金适用私募投资基金专门法律、行政法规,而《资管新规》并不直接适用于私募基金管理公司,再加之《资管新规》仅规定了刚性兑付的表现形式及相应的行政管理监督措施,并不必然导致合同无效,最终判决双方达成的刚兑条款有效。除此之外,在(2019)京03民终148号案中,北京市第三中级人民法院也作出了类似的论述。

但需要注意的是,这一例外情况在《九民纪要》出台后可能出现收紧的趋势,比如广州市中级人民法院在(2019)粤01民终23878号案中就明确,“虽然(案涉)管理人并非证券公司,但亦属于具有资质的投资机构”,否认了该案中管理人刚兑承诺的效力。

因此,《九民纪要》第92条指称的“金融机构”这一主体的范围是否存在进一步扩大的趋势,仍然值得我们进一步关注。

2. 作为受益人的金融机构

(2020)最高法民申5362号案所涉纠纷发生在安信信托股份有限公司与郑州银行股份有限公司之间。在该案中,安信信托股份有限公司作为信托计划委托人及受益人与郑州银行股份有限公司签订01合同,将案涉信托受益权转让给郑州银行股份有限公司,转让价款为信托资金本金;双方同日签订02合同,约定郑州银行股份有限公司后续将上述受益权转让回安信信托股份有限公司,转让价款为信托资金本金+信托收益。另外,在该案中,原上海银保监局认定案涉信托计划因存在安信信托股份有限公司向郑州银行股份有限公司“承诺信托财产不受损失或保证最低收益”的违法事实而对其作出行政处罚。因此,基于案情不难看出,该案中存在明显的安信信托股份有限公司向郑州银行股份有限公司作出刚兑承诺的情况,并且该情况已经被行政监管部门确认。然而,在该案中,最高人民法院认为刚兑承诺有效,其原因在于,安信信托股份有限公司在本案中并非信托产品的管理人,而是受益人,其对郑州银行股份有限公司作出的承诺不能认为是受托人与委托人之间的刚兑条款,因此有效。换句话说,安信信托股份有限公司与郑州银行股份有限公司在本案中的身份是一致的,都是信托计划下的受益人,实际上安信信托股份有限公司的行为更近似于将其受益权作为一种“抵押”,之后的刚兑承诺也类似于一种“还本付息”。

与之相对的,同样是涉及安信信托股份有限公司,在(2020)湘民终1598号案中,由于安信信托股份有限公司为受托人(管理人),由其对委托人利用签订回购协议的方式作出刚兑承诺的情况，该案中，原上海银保监局也认定了该承诺行为违规。湖南省高级人民法院则认定刚兑条款无效，认为通过安信信托股份有限公司回购，委托人获得的收益为其原投入的信托资金本金 + 固定比例的溢价款，是固定的收益回报，其收益情况不受涉案信托计划的实际盈亏情况影响，故属于需要被打破的刚兑情况。

上述两个案例对比之下，可见是否为“管理人”身份会导致所作刚兑承诺的法律后果与责任完全不同。

3. 非管理人的第三方

这里所指的第三方主要包括管理人的实控人、第三方机构、管理人的法定代表人、管理人的股东、投资标的公司的实控人等。在(2018)最高法民终 667 号案中，最高人民法院认定第三方机构对优先级 A 份额和中间级 B 份额本金及预期收益承担连带补偿责任的条款有效；在(2019)最高法民终 1524 号案中，最高人民法院认定信托资金投资标的公司实控人承诺差额补足本金及收益不违反法律、行政法规的强制性规定，合法有效。除此之外，在(2020)沪民终 567 号经典案例中，上海市高级人民法院认可了管理人股东所作刚兑承诺的效力；在(2019)鲁 01 民终 1775 号案中，济南市中级人民法院认可了管理人法定代表人所作刚兑承诺的效力；在(2020)浙 01 民终 9807 号案中，杭州市中级人民法院认可了管理人股东、实控人等承诺保底回购的效力。

另外，在(2019)京 01 民终 10584 号案中，同一管理人同时管理 A 与 B 两只基金，而 A 基金同时是 B 基金的投资人，后管理人代理 A 基金与 B 基金的另一投资人订立了刚兑条款。北京市第一中级人民法院认为，由于管理人代理 A 基金，而 A 基金与另一 B 基金投资人均为 B 基金之投资人，二者之间并未形成委托关系或投资关系，与关于刚兑主体的规定不符，因此案涉合同有效。如果说前述多个案例中管理人还只是“借壳”，在这个案例中，管理人已经开始了“嵌套”，总而言之，或许可以认为目前司法机关对于“打破刚兑”针对的相关责任主体的认定范围有限，还未达到严格穿透的要求。

（二）刚兑承诺的时点

若刚兑承诺在资管计划已亏损之后或是退出阶段作出，则可能有效。在(2020)京 03 民终 5181 号案中，北京市第三中级人民法院认可刚兑承诺的效力，因相应协议是在涉案基金出现亏损的情况下签订的，管理人自愿对亏损承担责任，同意弥补投资人的亏损。与之相类似，在(2021)沪 74 民终 545 号案中，上海金融法院认为刚兑协议限于金融机构作为受托人在合同缔约过程中对投资者作出明确固定回报承诺的协议,而在该案中,由于所涉《回购协议》是在基金赎回阶段签署的,应当理解为“在投资人客观上无法实现投资目的时,管理人与投资人就相关补偿事项达成了一致意思表示”,从而认定为合法有效。上海市第二中级人民法院在(2021)沪02民终3211号案中也存在类似观点。

(三)不同法律关系下的司法冲突

1. 包装于不同法律关系项下的“刚兑”也可能由于法律规定的冲突而成就商业之目的

比如,在合伙型私募基金的情景下,因《合伙企业法》第33条明确规定允许合伙人通过合伙协议约定利润分配比例,故若管理人/第三方担任普通合伙人,而某投资人为有限合伙人,双方依据《合伙企业法》依法约定某投资人享受较多利润(只要不是全部利润即可)应为有效,因此同样可以达到管理人向投资人保证本金偿付以及获得保底收益的效果。

然而,根据中国证监会证券基金机构监管部对《证券期货经营机构私募资产管理业务运作管理暂行规定》相关问题的解答,“结构化资产管理计划整体产生收益或出现投资亏损时,所有投资者均应当享受收益或承担亏损,即不能够出现某一级份额投资者仅享受收益不承担风险的情况,换言之,产品整体净值≥1,劣后级投资者不得亏损;产品整体净值<1时,优先级投资者不得盈利或保本”。这一表述禁止了前述在《合伙企业法》项下可以进行的操作,因此,监管机构较为严格“打破刚兑”的目标,在现行《合伙企业法》制度下是有可能遭到突破的。

2. 无效合同的具体司法处理不能排除实质产生“保底”的结果

一部分案例表明,法院在认定刚兑条款无效的基础上进一步适用合同无效的规定,认为资管合同整体无效,从而要求管理人返还财产并参照合同约定利率支付资金占用费,这种处理方式与上述《〈全国法院民商事审判工作会议纪要〉理解与适用》中的观点相符,但变相产生了“刚兑”的效果。例如在(2020)粤03民终3849号案中,深圳市中级人民法院认为“保底条款属于合同中核心条款,与合同其他内容条款不具有可分性,其并非可以独立分离出来的合同部分,而是与合同其他部分存在紧密的牵连关系……在保底条款被确认无效后,投资人的缔约目的几乎丧失;若使合同其他部分继续有效并履行,不仅违背投资人的缔约目的,而且无履约意义,将导致极不公平合理之结果”,并由此认定保底条款无效则涉案《基金合同》整体自始无效,要求管理人返还本金及利息(按合同预期利益计算)。由此,该等司法判例可能在结果上与“打破刚兑”的“初心”相悖。

3.“借贷法律关系”等资金融通合同性质的认定同样难以“打破刚兑”

实践中也存在司法机关将刚兑条款无效后的管理人与投资人之间的关系认定为借贷关系的情况。在(2020)最高法民终682号案中,最高人民法院认为投资人订立《合伙协议》及其远期回购协议与成为真实合伙人分享合伙企业投资收益、承担风险的目的不符,而是在设立合伙企业的同时以转让合伙企业财产份额并收取固定溢价款形式变相实现还本付息的借贷目的。借贷合同法律关系之“还本付息”的主要义务显然在客观上会产生与承诺“刚兑”之“保本付息”同样的商业结果。

结 语

以上为笔者根据目前的司法判例,对现阶段司法机关对于“打破刚兑”这一监管政策响应的客观状态的分析。由于司法自成体系,且相对稳定和滞后。在其响应或助力下,实现国家为维护公共利益之目的而制定的某一项经济政策时,必然存在一个逐步厘清法律关系和认识的过程。比如,“通道”业务相关规定就存在明确的“过渡期”。因此,“打破刚兑”的司法现状绝不会一成不变。笔者认为,司法手段的价值取向毫无疑问是在金融投资活动中推动和树立“卖者尽责、买者自负”的理念和社会共识。在这一点上,与监管政策的目标完全一致。

附:相关案例汇总

序号	案号	判决法院	判决时间
1	(2018)最高法民终667号	最高人民法院	2018年10月10日
2	(2019)京03民终148号	北京市第三中级人民法院	2019年1月4日
3	(2018)沪74民终111号	上海金融法院	2019年3月11日
4	(2019)鲁01民终1775号	济南市中级人民法院	2019年5月8日
5	(2019)粤03民终11949号	深圳市中级人民法院	2019年9月23日
6	(2019)京01民终10584号	北京市第一中级人民法院	2019年12月2日
7	(2019)最高法民终1524号	最高人民法院	2019年12月13日
8	(2019)粤01民终23878号	广州市中级人民法院	2019年12月28日
9	(2019)粤01民终16045号	广州市中级人民法院	2020年1月7日
10	(2020)京03民终5181号	北京市第三中级人民法院	2020年5月26日
11	(2020)京02民终5038号	北京市第二中级人民法院	2020年7月23日
12	(2020)浙民终548号	浙江省高级人民法院	2020年8月6日

续表

序号	案号	判决法院	判决时间
13	(2020)粤03民终3849号	深圳市中级人民法院	2020年11月9日
14	(2020)苏01民终6867号	南京市中级人民法院	2020年11月17日
15	(2020)湘民终1598号	湖南省高级人民法院	2020年12月7日
16	(2020)最高法民终682号	最高人民法院	2020年12月30日
17	(2020)最高法民申5362号	最高人民法院	2021年1月26日
18	(2020)浙01民终9807号	杭州市中级人民法院	2021年2月3日
19	(2020)沪0115民初40667号	上海市浦东新区人民法院	2021年2月26日
20	(2021)沪02民终3211号	上海市第二中级人民法院	2021年4月15日
21	(2021)沪74民终545号	上海金融法院	2021年4月26日
22	(2020)沪民终567号	上海市高级人民法院	2021年6月4日
23	(2020)沪0115民初61274号	上海市浦东新区人民法院	2021年6月10日
24	(2021)沪74民终663号	上海金融法院	2021年12月9日

专题九

资管产品清算相关法律问题研究

国浩律师（上海）事务所　崔庆玮　刘　洋　刘丰仪

“清算”作为资管产品运行周期的最后阶段，关系到投资人能否顺利、平稳地取回投资本金及回报。同时，资管产品清算是否合法合规完成，也关乎管理人、托管人等资管市场参与主体的法律责任。为进一步厘清资管产品在清算阶段的相关法律问题，本专题以资管产品退出清算为视角，从投资者、中介机构等市场参与主体的不同维度出发，探讨实务中的一些重点问题。希望本专题能有助于投资者和金融中介机构对资管产品退出清算事务的了解，尽量避免引发相关的争议，从而进一步助力资管市场的健康有序发展和繁荣稳定。

第一章　资管产品清算问题概要

随着我国金融市场资产管理领域逐步进入大资管时代，资管领域的市场规模不断扩大，各类资管业务逐步发展，资管产品及交易结构的专业性、复杂性日益增强，市场主体之间关于资管产品最终如何实现清算退出的争议也随之产生。妥善处理资管产品的清算退出问题恰是积极回应资管行业的法治需求。

一、清算程序及内容

清算是资管产品终止必经的一个程序步骤，只有完成清算，产品终止程序才算顺利结束。在常见的资管纠纷中，资管产品的清算事宜也经常被提及。

（一）清算程序启动

资管产品所依托的组织形式通常分为契约型、有限合伙型和公司型，不同类型资管产品的清算需要适用与其组织形式相关的法律规定，如契约型基金需要适用《民法典》和基金合同的约定，有限合伙型基金需要适用《合伙企业法》，公司型基金需要适用《公司法》。除此之外，清算还需要适用有关金融产品的法律法规，包括《证券投资基金法》《私募投资基金监督管理暂行办法》以及中国证券投资基金协会（以下简称中基协）的相关自律规则，主要涉及私募基金的几个合同指引以及其他相关规定。

基金终止事由是触发清算程序的原因。一般而言，发生基金终止的原因可以分为三类：（1）根据基金合同的约定；（2）根据法律法规规定，如基金管理人职责终止后，在6个月内没有新管理人承接；①（3）投资人通过基金份额持有人大会作出的后期决定。按照基金类型不同，发生基金终止清算的原因一般包括以下几种（见表9－1）。

① 《证券投资基金法》第80条规定："有下列情形之一的，基金合同终止：……（三）基金管理人、基金托管人职责终止，在六个月内没有新基金管理人、新基金托管人承接……"

表9-1 基金终止清算的原因

类型	内 容
合伙型	《合伙企业法》第85条规定的情形①
公司型	《公司法》(2023修订)第229条第1款规定的情形②
契约型	《私募投资基金合同指引1号——契约型私募基金合同内容与格式指引》(以下简称《1号指引》)第56条规定的情形③
其他约定	合同约定的应当终止的其他情形: 管理人根据基金运作、市场行情、止损机制等情况决定终止; 所有对外投资提前收回; 基金发生严重亏损达到约定数额的

实务中,以下案例体现了基金提前终止的常见情形。

在上海金融法院审理的委托理财合同纠纷案④中,基金合同约定基金管理人、基金托管人书面协商一致,有权根据基金运行情况决定基金提前终止或展期。该案中,案涉基金依据合同约定的情形提前终止。

在北京市朝阳区人民法院审理的合同纠纷案⑤中,案涉信托计划于2015年设立,信托期限为20年,但之后因为证券市场大幅下跌,截至2017年4月25日,信托单位净值已经跌破止损线50元至49.89元。故某信托公司根据合同约定的特别交易权条款,对持有的股票等有价证券全部平仓,计划提前终止并进行了清算。

在上海市浦东新区人民法院审理的财产损害赔偿纠纷案⑥中,资管产品投资标的为某集合资金信托计划,系嵌套型资管产品,信托计划期限为24个月,规模为3亿元。后由于底层债务人违约,根据合同约定,信托计划提前终止,案涉资管计划也

① 《合伙企业法》第85条规定:"合伙企业有下列情形之一的,应当解散:(一)合伙期限届满,合伙人决定不再经营;(二)合伙协议约定的解散事由出现;(三)全体合伙人决定解散;(四)合伙人已不具备法定人数满三十天;(五)合伙协议约定的合伙目的已经实现或者无法实现;(六)依法被吊销营业执照、责令关闭或者被撤销;(七)法律、行政法规规定的其他原因。"

② 《公司法》(2023修订)第229条第1款规定:"公司因下列原因解散:(一)公司章程规定的营业期限届满或者公司章程规定的其他解散事由出现;(二)股东会决议解散;(三)因公司合并或者分立需要解散;(四)依法被吊销营业执照、责令关闭或者被撤销;(五)人民法院依照本法第二百三十一条的规定予以解散。"

③ 《1号指引》第56条规定:"订明基金合同终止的情形,包括但不限于下列事项:(一)基金合同期限届满而未延期;(二)基金份额持有人大会决定终止;(三)基金管理人、基金托管人职责终止,在六个月内没有新基金管理人、新基金托管人承接。"

④ 参见上海金融法院民事判决书,(2021)沪74民终1511号。

⑤ 参见北京市朝阳区人民法院民事判决书,(2019)京0105民初70915号。

⑥ 参见上海市浦东新区人民法院民事判决书,(2021)沪0115民初92325号。

随之提前终止。

在北京金融法院审理的信托纠纷案[①]中，信托合同约定了案涉信托计划期限为36个月，由委托人代表（优先级受益人）决定信托计划是否继续存续或者提前终止以及如何变现等。据此，法院认为在信托存续期间，委托人代表有权决定信托计划提前终止，受托人应根据委托人代表指令提前终止信托计划。

管理人某期货公司于2022年3月24日发布《××期货－××农产品增强1号债券集合资产管理计划清算报告》，该报告中载明对其持有的计划产品于2020年9月1日正式成立，根据《××期货－××农产品增强1号债券集合资产管理合同》的有关规定，因2022年3月21日固定开放日全体委托人提出退出申请，申请赎回本计划全部份额，管理人决定于2022年3月23日终止该计划产品，并于次日进入财产清算程序，管理人与托管人对该计划全部委托资产进行终止清算。

另外，资金所投向的相关资产或标的提前结束，亦是引发资管产品提前终止的原因之一。2023年3月以来，已有多家机构发布终止公告，宣布提前终止部分理财产品。

以某信托公司为例，2023年3月1日至3月20日，该信托公司发布公告宣布提前终止的理财产品数量为10个，公告中表明的终止原因均为“根据信托合同约定，本信托计划现已满足提前终止的条件”。对此，市场分析意见指出，由于目前宽松的货币政策，对企业而言，市场利率呈利好趋势，使得融资成本降低，在具备合同依据的条件下，可能促使很多融资方提前结束信托融资，而转向成本更低的其他融资方式。

（二）清算主体

清算程序启动后，负责基金清算的责任主体是清算组。《证券投资基金法》第81条第2款规定，“清算组由基金管理人、基金托管人以及相关的中介服务机构组成”。

根据基金的不同组织形式，清算主体具体如下。

《合伙企业法》第86条[②]规定，合伙型基金一般由全体合伙人担任清算人，也可以通过合伙人决议指定个别合伙人或委托他人担任清算人。

根据原《公司法》第183条的规定，“有限责任公司的清算组由股东组成，股份有

---

① 参见北京金融法院民事判决书，(2022)京74民终414号。

② 《合伙企业法》第86条第2款规定：“清算人由全体合伙人担任；经全体合伙人过半数同意，可以自合伙企业解散事由出现后十五日内指定一个或者数个合伙人，或者委托第三人，担任清算人。”

限公司的清算组由董事或者股东大会确定的人员组成"。据此,在原《公司法》项下,就公司型基金而言,通常根据公司的不同性质相应成立清算组。

然而,需要注意的是,根据《公司法》(2023修订)第232条第2款规定:"清算组由董事组成,但是公司章程另有规定或者股东会决议另选他人的除外。"因此,《公司法》修订后,强化了董事的清算义务,并同时保障公司自治权,允许通过公司章程和股东会决议另选他人作为清算组成员。

契约型基金的清算组通常参照《1号指引》等相关规定①,由基金管理人与托管人担任。例如,在上海金融法院审理的某证券投资基金交易纠纷案②中,某资管公司作为×号资产管理计划的管理人,根据其发布的《关于×号资产管理计划清算的公告》,某资管上海公司组建清算小组,成员为某资管上海公司以及托管人某银行上海分行。

(三)清算职责

目前市场上多数资管(基金)合同会根据相关指引规则明确清算组职责,一般清算组的主要工作内容包括:(1)统一接管资管财产;(2)根据资管财产的情况确定清算期限;(3)清理和确认资管财产,进行评估和变现;(4)制作清算报告;(5)将清算报告报中国证监会备案并告知委托人;(6)分配资管财产。

清算工作分为对内和对外两个层面:对内是核算、清理基金财产,包括核实基金拥有的现金资产、非现金资产、债权债务等;对外是将非现金资产进行变现、处理待决债权债务,以及向委托人分配财产等。据此,以管理人为主的清算组在清算阶段仍需勤勉尽责地履行职责。

以某混合型证券投资基金清算案为例,2022年8月23日,某混合型证券投资基金财产清算小组发布产品清算报告③称,根据《某混合型证券投资基金基金合同》的有关规定,截至2022年7月12日,案涉基金已连续50个工作日基金资产净值低于5000万元,出现了该基金合同约定的合同终止事由,故管理人根据相关法律法规的规定和该基金合同的约定,对案涉基金进行财产清算。案涉基金最后运作日为2022年7月12日,案涉基金自次日起进入清算流程,由基金管理人某基金管理股份有限

---

① 《1号指引》第57条规定,私募基金财产清算小组组成,说明私募基金财产清算小组成员由私募基金管理人和私募基金托管人组成。清算小组可以聘用必要的工作人员。

② 参见上海金融法院民事判决书,(2020)沪74民终461号。

③ 《东方欣利混合型证券投资基金清算报告》,载 http://eid.csrc.gov.cn/fund/disclose/instance_show_pdf_id.do? instanceid=776097。

公司、基金托管人某银行股份有限公司、某会计师事务所（特殊普通合伙）和某律师事务所组成基金财产清算小组履行基金财产清算程序。

清算报告的内容也能体现出清算小组的工作职责。在清算报告中，首先需对基金产品的成立、存续情况、基金清算原因、清算起始日等情况进行介绍。其次，清算报告需披露经审计的财务会计报告，即截至最后运作日基金的资产负债表。最后，清算报告还需对基金产品的清算情况作出重点说明，主要内容包括以下事项：(1)本次清算的费用；(2)资产的处置情况，包括本基金最后运作日银行存款、结算备付金、存出保证金；(3)负债清偿情况，包括应付管理人报酬、应付托管费、应付销售服务费、应交税费、应付赎回款和其他负债（如预提审计费、律师费及信息披露费）及各笔费用的已支付情况；(4)赎回确认及支付情况；(5)清算期间的清算损益情况；(6)资产处置及负债清偿后的剩余资产分配情况，主要为在资产处置及负债清偿后，将基金的剩余财产根据基金合同的约定，依据基金财产清算的分配方案，把基金财产清算后的全部剩余资产扣除基金财产清算费用、交纳所欠税款并清偿基金债务后，按各类基金份额持有人持有的该类基金份额比例进行分配；(7)基金财产清算报告的告知安排，即在完成主管机关备案后向基金份额持有人公告清算报告。

实务中，管理人怠于进行清算是投资者提出索赔的常见原因之一。

1. 在北京市朝阳区人民法院审理的某合同纠纷案①中，法院认为因基金管理人长期不履行清算义务，由此导致涉案基金的产品净值长期处于未定状态，故法院推定投资者损失已产生，支持了原告诉请。

2. 在北京市朝阳区人民法院审理的另一起合同纠纷案②中，法院查明管理人未按合同约定及时成立清算小组，未编制清算报告，故在基金清算退出阶段存在过错，构成明显违约。

3. 在上海市奉贤区人民法院审理的某基金合同纠纷案③中，法院经审理认为，管理人未按照基金合同的约定在规定期限内成立清算组，逾期组织清算的时间超过3年，应当认定其怠于履行清算义务，恶意阻止清算程序的完成。

此外，管理人回笼资金操作不规范也是其未尽勤勉尽责义务的表现之一。在前述上海市奉贤区人民法院裁判的案件中，法院经审理还查明，管理人虽以自己名义以股权回购纠纷向相关人员提起诉讼，但取得的全部投资收益均未入托管账户，擅自挪用本应分配给投资者的投资资金，已构成违约和风险隐患，故认定其行为构成

---

① 参见北京市朝阳区人民法院民事判决书，(2020)京0105民初4885号。

② 参见北京市朝阳区人民法院民事判决书，(2021)京0105民初15174号。

③ 参见上海市奉贤区人民法院民事判决书，(2021)沪0120民初12549号。

重大违约,应向投资者承担赔偿责任。

二、“资管产品清算”与企业“普通清算”及“破产清算”的关系

(一)概念差异

资管产品清算与企业的“普通清算”以及资不抵债“破产清算”三者虽然都具有“清算”二字,却是不同的程序,清算对象不同,所适用的法律规定及清算方式也不同(见表9-2)。

表9-2 三类清算的对比

清算分类	适用对象	主要法律依据	特点
资管产品清算	资管产品	《证券投资基金法》等私募基金相关规定的约束,同时需根据产品性质参照适用普通及破产清算法律规定	清算核心是基金产品,而非企业实体
普通清算	公司、合伙企业	《公司法》《合伙企业法》及其相关司法解释	自行清算,公权力无须介入
破产清算	企业法人	《企业破产法》及相关司法解释和规范文件	公权力介入的法定程序,必须具备破产条件

因公司型、合伙型基金所依托的组织载体以企业实体的形式存在,故清算需要适用《公司法》《合伙企业法》的相关规定。涉及企业实体层面破产的,还需要进一步适用《企业破产法》第2条、第135条及《合伙企业法》第92条等相关规定①;相较而言,由于契约型基金本身不具有企业实体,其以合同形式存在,不具有企业法人地位,故若出现“资不抵债”情形,则无法适用《企业破产法》的相关规定。

就基金产品本身而言,触发产品终止原因的,将导致基金产品清算。在此情形下,根据《私募投资基金管理人登记和基金备案办法(试行)》第23条第3项的规定,若基金发生清盘或清算,管理人应在5个工作日内向基金业协会报告,就此启动清算程序。

---

① 《企业破产法》第2条规定:“企业法人不能清偿到期债务,并且资产不足以清偿全部债务或者明显缺乏清偿能力的,依照本法规定清理债务。企业法人有前款规定情形,或者有明显丧失清偿能力可能的,可以依照本法规定进行重整。”第135条规定:“其他法律规定企业法人以外的组织的清算,属于破产清算的,参照适用本规定的程序。”《合伙企业法》第92条规定:“合伙企业不能清偿到期债务的,债权人可以依法向人民法院提出破产清算申请,也可以要求普通合伙人清偿。合伙企业依法被宣告破产的,普通合伙人对合伙企业债务仍应承担无限连带责任。”

从基金企业实体的破产角度来看，不论其以合伙企业还是公司形式为载体，两种不同类型的企业实体在不能清偿到期债务时，理论上均面临被债权人向法院提出破产清算申请的可能。

契约型基金“资不抵债”主要包括两种情形：(1)无力清偿投资者以外其他债权人的债务。比如，二级市场基金存在融资融券的情况。(2)无力偿付投资者的投资本金和收益。此时，如果是正常运作基金的亏损，一般根据“风险自担”原则由投资者自负；如果存在违约或者侵权情况，则投资者有权向负有责任的管理人或者托管人进行索赔。

1. 在北京市朝阳区人民法院审理的委托理财合同纠纷案①中，某资管公司作为基金管理人，成立案涉1号契约型基金并完成发行基金的备案，随后与投资者袁某签订基金合同，约定了包括信托计划在内的基金投资范围，后该基金到期，进入清算程序。信托清算报告载明：报告期间内，信托收入扣除信托费用后，信托计划实现的信托收益为负。本信托计划存续期内，受托人已按照信托文件的约定，向优先级受益人分配了信托本金和收益，但向次级受益人可分配的信托财产为0元。同时，1号基金清算报告载明，1号基金自基金终止日2019年12月11日次日起进入清算期，并于2020年6月24日完成清算准备，制作清算报告。案涉基金财产清偿基金债务之后，可分配剩余资产总金额0元。该案中，投资者袁某作为原告提起诉讼，诉请要求管理人某资管公司返还其投资本金，并按照银行同期贷款基准利率向其支付逾期付款利息。法院经审理认为，管理人对袁某履行了合格投资者审查义务，并履行了风险提示和信息披露义务，且已有证据不足以证明其在管理基金的过程中存在违约行为，故法院对袁某要求某资管公司赔偿其损失的诉请未予支持。值得说明的是，本案中，案涉基金未设预警止损线，所以在极端情况下，基金投资者投入的本金有可能出现全部损失的风险。因此，对于投资者而言，实务中需要注意充分了解所购产品的属性和特点，切实落实“买者自负”原则对投资者自身提出的要求。

2. 在北京金融法院2022年度十大典型案例之一某委托理财合同纠纷案②中，因基金所投资的标的公司被全国股权系统强制终止挂牌，案涉基金无法通过新三板市场卖出所持标的公司股票，导致基金剩余存续份额尚未兑付，投资者遂提起诉讼，要求管理人赔偿其投资本金及收益损失。北京金融法院经审理后认为，管理人在销售基金产品的过程中履行适当性义务不及时不全面，未能及时评估投资者风险承受能力即接受投资者认购基金产品，并在投资者认购基金产品前未能充分揭示投资风

---

① 参见北京市朝阳区人民法院民事判决书，(2019)京0105民初14779号。

② 参见北京金融法院民事判决书，(2021)京74民终482号。

险,存在一定过错,综合考量本案情形,法院酌情确定管理人按照投资者认购金额20%的标准对投资者予以适当赔偿。

(二)不同程序的衔接

鉴于公司型、合伙型基金本身具有双重法律属性,其既为经登记注册成立的公司或合伙企业的民事法律主体,同时在资管产品纠纷审判实务中,司法机关还会重点关注其“资管产品”这一核心属性。例如,在四川省成都市中级人民法院审理的某合伙企业纠纷案①中,法院认定投资者签订案涉系列协议的目的并非成为合伙人及履行合伙事务,而是通过合伙企业这一平台对外进行投资获利。因此,基金所依托的载体不单纯是一般性质的公司或合伙企业,在涉及资管产品的领域,其核心属性仍侧重于金融产品及投资渠道。这种双重法律属性既会影响基金产品的清算,还会涉及一般企业处理对外债权债务的普通清算及相关破产程序。

资管产品清算需要结合产品类型、资产清算结果、投资人意愿等情况适用相应的部门法,并由清算义务人履行对应的清算义务,且对于同一基金产品而言,前述不同的清算程序之间可能还需衔接适用。

实践中,部分地方行业监管机关通过借鉴破产制度的思路来规范资管产品的退出。例如,2019年9月,深圳市私募基金协会出台《关于发布〈深圳市问题私募投资基金退出操作参考(试行)〉的通知》(以下简称《退出指引》),要求清算组制订执行退出方案,并进行资产清收、处置及分配,以进一步提高清偿比率,保护投资者的合法权益。《退出指引》第35条②还提及,私募基金涉及破产等法定程序的,还应当依据《企业破产法》等法律规定执行。从《退出指引》的体例和内容来看,其在一定程度上有意通过借鉴破产相关制度,来优化私募基金的清退处置方式。

《企业破产法》第81条③规定了重整计划草案应包含的内容,其中债权调整和债权受偿方案往往是重中之重,常见的方案内容包括债务减免、延期支付、分期付款、债务转移,以及债转股等方式,这也为资管产品清算组制订清算退出方案提供了

---

① 参见四川省成都市中级人民法院民事判决书,(2019)川01民终11468号。

② 《退出指引》第35条规定,退出方案应充分征求广大投资者的意见,并根据重大事项表决规则投票通过后正式实施。私募基金涉及解散、清算、破产等法定程序的,应当根据《公司法》《合伙企业法》《证券投资基金法》《合同法》《企业破产法》等法律规定执行。若仍无法有效解决,在广泛征求意见的基础上,可依照重大事项表决规则进行投票表决后实行。

③ 《企业破产法》第81条规定:“重整计划草案应当包括下列内容:(一)债务人的经营方案;(二)债权分类;(三)债权调整方案;(四)债权受偿方案;(五)重整计划的执行期限;(六)重整计划执行的监督期限;(七)有利于债务人重整的其他方案。”

参考借鉴空间。

（三）清算分配的顺序

1. 结构化资管产品的分配顺位

2010 年颁发的《关于加强信托公司结构化信托业务监管有关问题的通知》最早对“结构化”一词进行了定义，其中第 1 条规定：“结构化信托业务是指信托公司根据投资者不同的风险偏好对信托受益权进行分层配置，按照分层配置中的优先与劣后安排进行收益分配，使具有不同风险承担能力和意愿的投资者通过投资不同层级的受益权来获取不同的收益并承担相应风险的集合资金信托业务。本通知中，享有优先受益权的信托产品投资者称为优先受益人，所有享有劣后受益权的投资者称为劣后受益人。”

2018 年，《关于规范金融机构资产管理业务的指导意见》第 21 条第 3 款规定：“本条所称分级资产管理产品是指存在一级份额以上的份额为其他级份额提供一定的风险补偿，收益分配不按份额比例计算，由资产管理合同另行约定的产品。”据此，在这类结构化资管产品中，分配顺位的约定会对投资者权利的行使产生影响。最常见的分配顺位为“优先 > 一般（劣后）”，即优先级受益人先于劣后级受益人的顺序进行利益分配。并且，当优先级受益人的财产利益无法确定时，存在劣后级受益人由于无法确定财产范围而不能请求分配利益的情况。

例如，在北京市第二中级人民法院审理的某信托纠纷案[①]中，法院认为由于信托计划提前终止，受托人本应履行清算分配义务，但由于位列在前的其他受益人与受托人之间存在尚未审结的案件，导致分配金额暂无法确定，故该案不具备分配条件。

2. 破产清算的清偿原则

《企业破产法》第 113 条[②]以及相关司法解释的规定明确了破产财产的清偿顺序（见图 9－1），每一个债权根据性质的不同，其享有的清偿顺位不同。

---

① 参见北京市第二中级人民法院民事判决书，（2018）京 02 民终 10812 号。

② 《企业破产法》第 113 条第 1、2 款规定：“破产财产在优先清偿破产费用和共益债务后，依照下列顺序清偿：（一）破产人所欠职工的工资和医疗、伤残补助、抚恤费用，所欠的应当划入职工个人账户的基本养老保险、基本医疗保险费用，以及法律、行政法规规定应当支付给职工的补偿金；（二）破产人欠缴的除前项规定以外的社会保险费用和破产人所欠税款；（三）普通破产债权。破产财产不足以清偿同一顺序的清偿要求的，按照比例分配。”

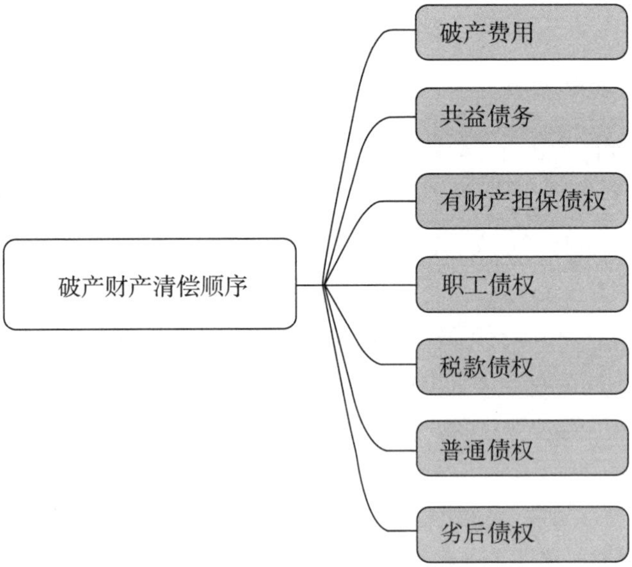

图9-1 破产财产清偿顺序

相比于资管产品的分配顺位,破产债权的法定清偿顺序更为细化,涉及的债权种类多,实操上也更为复杂。并且,普通债权人之间或者普通债权人与债务人之间关于清偿顺位的约定不会影响破产财产法定的分配顺序。

第二章　投资者退出时的损失赔偿纠纷探讨

一、投资者追偿路径选择

（一）结构化产品中，投资者向底层债务人或担保人直接行使权利的情形

当结构化资管产品出现投资亏损而收益无望的情况时，一些投资者为了最大限度维护自身权益，可能会选择向产品底层债务人或担保人主张权利，以期尽量弥补自身亏损。

1. 清算对投资者行使债权人代位权的影响

《民法典》第 535 条[①]规定了债权人代位权制度。根据该条法律规则，投资者认为其作为产品份额持有人（有限合伙人），其有权代替基金对外追索到期债权，通过行使债权人代位权的方式向次债务人主张权益。但是，司法实践中，若基金到期尚未清算完成，则投资者行使代位权可能受阻。

北京市第三中级人民法院在 2022 年审理的一起债权人代位权纠纷案[②]中，法院认为，投资者向次债务人行使债权人代位权，前提是其对债务人（管理人）存在合法有效的到期债权，且该债权需确定。然而，案涉基金已到期但未进行清算，投资人的可分配收益并未确定，无法确定其债权金额，所以其对次债务人的债权也并未确定。在此情形下，投资者要求次债务人向其支付投资款本金及投资收益，于法无据，法院未予支持。

在北京市朝阳区人民法院 2019 年审理的某债权人代位权纠纷案[③]中，法院认为，债权人代位权成立的要件之一是债权人对债务人享有合法、确定且权属清晰的到期债权，而在合伙型私募基金中，投资者在未经利润分配、清算等程序形成对合伙

---

① 《民法典》第 535 条第 1 款规定："因债务人怠于行使其债权或者与该债权有关的从权利，影响债权人的到期债权实现的，债权人可以向人民法院请求以自己的名义代位行使债务人对相对人的权利，但是该权利专属于债务人自身的除外。"

② 参见北京市第三中级人民法院民事判决书，（2022）京 03 民终 10389 号。

③ 参见北京市朝阳区人民法院民事判决书，（2019）京 0105 民初 86863 号。

企业的确定债权之前,不得行使代位权。

在山东省济南市中级人民法院审理的某债权人代位权纠纷案①中,法院同样认为,在依据法律规定和基金合同对案涉基金进行清算前,投资者不享有债权,其仅是基金份额持有人之一,无权代表合伙企业对外主张到期债权,不具备提起代位权诉讼的前提。

在浙江省丽水市中级人民法院2020年审理的盈余分配纠纷案②中,法院甚至进一步指出,有限合伙人与合伙企业的关系不属于适用债权人代位权规定的情形。

从目前司法裁判的结果来看,投资者以债权人代位权的思路进行维权的,司法实践中法院会从投资者对基金是否享有到期债权、基金对次债务人是否存在到期债权这两个递进的逻辑来审查。因此,清算结果是投资者可分配利益的确定和债权产生的基础和前提。如果基金到期尚未清算,那么投资者行使代位权将会面临阻碍。

值得关注的是,2023年1月10日召开的全国法院金融审判工作会议上,最高人民法院审委会专委刘贵祥法官就金融领域纠纷裁判规则发表了讲话,③其中关于债权人代位权的行使问题,该会议指出,以往司法实践多以债权人与债务人的债权未经生效判决确认为由驳回代位权起诉。对此裁判规则拟调整为,只要存在《民法典》第535条规定之情形,人民法院就应受理债权人提起的代位权诉讼。料想此次金融审判会议纪要发布后,将会对债权人代位权的案件走向产生实质性的重大影响。

2. 通过提起派生诉讼的方式主张权利

基金管理人向被投资主体等基金债务人积极主张权利,亦是资管产品清算退出时的重要事项。根据《合伙企业法》第68条第2款第7项的规定,执行事务合伙人怠于行使权利时,有限合伙人督促其行使权利或者为了本企业的利益以自己的名义提起诉讼,不视为执行合伙事务。实践中就存在投资者适用该条规定以管理人怠于向目标公司主张权利为由直接起诉目标公司债务人的案例,具体如下。

在湖南省长沙市中级人民法院审理的某合同纠纷案④中,关于投资者(有限合伙人)是否为适格原告的问题,法院经审理认为,在执行事务合伙人行使权利时,王某作为有限合伙人单独就其所占合伙份额为了自身利益以自己的名义向目标公司及债务人提起诉讼,该提起诉讼的行为不属于以维护合伙企业的利益为目标,且可

---

① 参见山东省济南市中级人民法院民事判决书,(2021)鲁01民终2525号。

② 参见浙江省丽水市中级人民法院民事判决书,(2020)浙11民终250号。

③ 参见刘贵祥:《关于金融民商事审判工作中的理念、机制和法律适用问题》,载《法律适用》2023年第1期。

④ 参见湖南省长沙市中级人民法院民事裁定书,(2018)湘01民终6537号。

能损害其他合伙人的利益，故王某不可以以自己的名义代表合伙企业提起诉讼。

最高人民法院在2017年审理的国内首起私募基金有限合伙人派生诉讼案①中认为，管理人就合伙企业到期债权未提起诉讼或仲裁，仅就纠纷签订不具有任何履行保障的补充性协议，该行为构成“怠于行使权利”，并进一步认可了有限合伙人可以自己的名义向债务人提出诉讼。

同样，在广东省高级人民法院审理的某金融借款合同纠纷案②中，管理人明确表示因其和合伙企业的共同实际控制人涉嫌犯罪已被逮捕，管理人和合伙企业的公章及账户等也已被扣押、冻结，故其无法就与目标公司的争议履行起诉职责，在此情况下，法院支持了投资者作为原告要求目标公司向合伙企业付款的诉讼请求。

因此，司法实践中，法院是否支持投资者以有限合伙人身份提起派生诉讼，个案中需要审查的重点在于管理人是否确有“怠于行使权利”的行为，以及投资者和债务人享有债权的情况等具体案件事实，若经法院审查，管理人确实未尽勤勉尽责义务，则借鉴最高人民法院在前述案例中作出的裁判观点，通过派生诉讼的方式主张权利不失为投资者可选择的追偿路径之一。

（二）底层资产尚未完成清偿时投资者损失的认定

如果资管产品底层资产的债务人或保证人处于破产程序中，或者管理人失联，资管产品往往已经提前终止，却很难完成清算。此时，投资者能否跨越合同相对方直接追收底层资产，这一做法在实际中尚未形成统一的司法裁判标准。

最高人民法院于2020年就某合同纠纷案所作的再审裁定③中认为，虽然资管产品的底层债务人进入破产程序，但是只要最终清偿结果没有确定，投资者损失就并未最终确定。最高人民法院在该案中作出的裁判观点及理由在实务中较为典型。

山西省高级人民法院在2019年审理的一起信托纠纷案二审判决④中认为：该案信托计划项下的债权在涉案破产重整程序中获得清偿后，仍享有就债权剩余未获清偿部分对其他连带债务人或其他保证人的追偿权，且信托公司已对涉案保证人申请强制执行，执行回款金额还不确定。故卢某作为该案信托产品的投资人，其最终损失暂不能确定。

---

① 参见最高人民法院民事判决书，(2016)最高法民终756号。

② 参见广东省高级人民法院民事判决书，(2015)粤高法民二初字第11号。

③ 参见最高人民法院民事裁定书，(2020)最高法民申4151号。

④ 参见山西省高级人民法院民事判决书，(2019)晋民终182号。

上海金融法院审理的某财产损害赔偿纠纷案[①]体现了司法机关的一种创新性裁判思路。该案中,法院经审理认为,虽然投资者在案涉资管计划中的具体损失暂无法确定,但管理人在案涉资管计划存续期间存在信息披露不及时等多项侵权行为,且底层债务保证人破产重组计划虽然取得进展,但投资者是否能实际获得清偿仍有赖于重组计划的实施情况。故法院认定投资者的损失已经产生,并酌定判决管理人赔偿投资者损失本金的10%。

结合以上案例可以看出,投资者与合同相对方(如管理人)之间,以及合同相对方与次债务人(底层交易方)之间是否构成明确的债权债务关系,各自的债权范围及金额是多少,以及追讨回来的债权如何分配等问题,均是此类案件司法实践中的审查重点。因此,在底层债务出现问题导致资管产品无法清算时,投资者的损失往往也处于不确定状态,此时,投资者以诉讼方式主张权利可能存在一定程度的法律障碍。并且,在管理人失联的情况下,如何查明案件事实对法院而言亦将是较大的挑战。

随着近年来司法裁判对金融消费者的保护力度加大,认定投资者损失是否确定的裁判规则也在慢慢改变,尤其是上海金融法院关于支持投资者损失的创新性裁判观点,对于此类案件的审理具有很大的借鉴价值,也对减少投资者讼累,更好地维护投资者权益起到了重要影响。

二、托管人的职责边界

如前所述,资管产品的清算组成员一般会包括托管人。托管人通常为金融中介机构,比如商业银行或者证券公司。在资管产品面临损失,尤其是管理人失联或丧失偿债能力的情况下,托管人往往会成为投资者追责的对象,判断托管人承担责任与否,需要先审查其是否履行了法定及约定的职责。关于托管人的责任审查方式,根据《证券投资基金法》第145条[②]之规定,管理人与托管人责任相互独立,应予以分别审查。

(一)托管人的法定职责

从不同身份属性的角度出发,托管人可能是基金托管行,也可能是信托财产保

① 参见上海金融法院民事判决书,(2021)沪74民终1378号。

② 《证券投资基金法》第145条规定:"违反本法规定,给基金财产、基金份额持有人或者投资人造成损害的,依法承担赔偿责任。基金管理人、基金托管人在履行各自职责的过程中,违反本法规定或者基金合同约定,给基金财产或者基金份额持有人造成损害的,应当分别对各自的行为依法承担赔偿责任;因共同行为给基金财产或者基金份额持有人造成损害的,应当承担连带赔偿责任。"

管人，故根据实际场景的变化，其会受到《证券投资基金法》《信托公司集合资金信托计划管理办法》等法律法规的约束，笔者对托管人责任的相关法律规定梳理如表9－3所示。

表9－3　托管人责任的相关法律规定

法律规定	条文内容
《证券投资基金法》	第三十六条　基金托管人应当履行下列职责： （一）安全保管基金财产；（二）按照规定开设基金财产的资金账户和证券账户；（三）对所托管的不同基金财产分别设置账户，确保基金财产的完整与独立；（四）保存基金托管业务活动的记录、账册、报表和其他相关资料；（五）按照基金合同的约定，根据基金管理人的投资指令，及时办理清算、交割事宜；（六）办理与基金托管业务活动有关的信息披露事项；（七）对基金财务会计报告、中期和年度基金报告出具意见；（八）复核、审查基金管理人计算的基金资产净值和基金份额申购、赎回价格；（九）按照规定召集基金份额持有人大会；（十）按照规定监督基金管理人的投资运作；（十一）国务院证券监督管理机构规定的其他职责。
《证券投资基金托管业务管理办法》	第十七条　基金托管人应当安全保管基金财产，按照相关规定和基金托管协议约定履行下列职责： （一）为所托管的不同基金财产分别设置资金账户、证券账户等投资交易必需的相关账户，确保基金财产的独立与完整；（二）建立与基金管理人的对账机制，定期核对资金头寸、证券账目、净值信息等数据，及时核查认购与申购资金的到账、赎回资金的支付以及投资资金的支付与到账情况，并对基金的会计凭证、交易记录、合同协议等重要文件档案保存20年以上；（三）对基金财产投资信息和相关资料负保密义务，除法律、行政法规和其他有关规定、监管机构及审计要求外，不得向任何机构或者个人泄露相关信息和资料。 非银行金融机构开展基金托管业务，应当为其托管的基金选定具有基金托管资格的商业银行作为资金存管银行，并开立托管资金专门账户，用于托管基金现金资产的归集、存放与支付，该账户不得存放其他性质资金。 第三十七条、第三十八条规定了托管人的相关信息披露义务。
《信托公司集合资金信托计划管理办法》	第二十一条　保管人应当履行以下职责： （一）安全保管信托财产；（二）对所保管的不同信托计划分别设置账户，确保信托财产的独立性；（三）确认与执行信托公司管理运用信托财产的指令，核对信托财产交易记录、资金和财产账目；（四）记录信托资金划拨情况，保存信托公司的资金用途说明；（五）定期向信托公司出具保管报告；（六）当事人约定的其他职责。
	第二十二条　遇有信托公司违反法律法规和信托合同、保管协议操作时，保管人应当立即以书面形式通知信托公司纠正；当出现重大违法违规或者发生严重影响信托财产安全的事件时，保管人应及时报告中国银行业监督管理委员会。

根据表9-3不难看出,托管人的法定职责主要集中在对财产的安全保管和投资监督两个方面。

(二)托管人的业务范围

除了前述法定义务外,合同约定的具体职责亦是审查托管人责任的重要依据。根据《中国银行业协会商业银行资产托管业务指引》第5条的规定,委托业务,是指"商业银行作为独立的第三方当事人,根据法律法规规定,与委托人、管理人或受托人签订托管合同(包括但不限于明确托管权利义务关系的相关协议),依约保管委托资产,履行托管合同约定的权利义务,提供托管服务,并收取托管、保管费用的商业银行中间业务"。实务中,多数情况下,托管人银行按照法律法规的规定及合同的约定,履行安全保管财产、办理清算交割、复核审查净值信息、开展投资监督、召集基金份额持有人大会等职责。司法实践中,法院通常会通过侧重审查合同约定的托管人职责范围来判断其责任的承担。

在浙江省绍兴市中级人民法院审理的某侵权责任纠纷案①中,法院认为投资者与管理人形成基金份额认购关系,管理人与托管人形成企业账户托管关系,两种法律关系是各自独立的。并且,在认定管理人存在过错行为的情况下,对于托管人是否也存在过错的问题进行了较为详细的论述。法院进一步认为:对于案涉基金未经备案的事实及违法募集的行为,托管人的义务仅系依据托管协议对合伙企业托管账户进行审慎托管,而对基金的资质并无审查义务,对募集行为亦无监管义务,托管人的义务限于托管协议约定的范围内,而对基金的相关资质、募集行为不负有法定或约定的审查、监管义务。故法院认为托管人已尽到审慎托管义务,在托管过程中不存在过错。

同样,广东省深圳市中级人民法院在某合同纠纷案②中进一步指出,"基金托管人承担的责任界限也应当与基金管理人相区别,在尽可能保障投资者合法权益的同时,不应过分加重托管人责任",该案也体现出法院对于管理人与托管人的责任应予以区别审查的裁判观点。

华南国际经济贸易仲裁委员会公开的华南国仲金融仲裁案例精选(二十三):某私募基金合同纠纷仲裁案③中,仲裁庭在认可基金管理人应承担损害赔偿责任的情

---

① 参见浙江省绍兴市中级人民法院民事判决书,(2016)浙06民终4189号。

② 参见广东省深圳市中级人民法院民事判决书,(2018)粤03民终16127号。

③ 参见《华南国仲金融仲裁案例精选(二十三):基金赎回份额的确定、托管人的责任》,载微信公众号"深圳国际仲裁院"2017年7月31日,https://mp.weixin.qq.com/s/mFmSSqAiKSKhQaTV8 XpHpA。

况下进一步指出，按照相关法律的规定，基金托管人投资监督义务的具体内容应当由基金合同进行约定，《私募基金合同》中并未约定基金托管人投资监督义务中包括复核各份额持有人赎回份额数量以及止损操作方面的监督，且《证券投资基金托管业务管理办法》列举的投资监督内容亦未包含前述义务，因此托管人不应承担连带赔偿责任。

华南国际经济贸易仲裁委员会公开的华南国仲金融仲裁案例精选（二十七）：A投资人与B基金管理人、C基金托管人关于基金合同纠纷仲裁案①中，投资人认为管理人未按照宣传的投资策略投资使用基金财产，违反了其宣传时所承诺的投资策略；在基金净值跌破止损线时未及时止损，违反了合同约定，应承担违约赔偿责任。同时，申请人认为托管人对上述问题未尽到监管义务，亦存在违约行为。对于托管人的监管责任，仲裁庭认为，合同相关主体权利义务应当严格按照合同约定来认定，基金合同未明确约定在跌破止损线时，托管人有义务及时督促管理人进行止损操作，因此，申请人关于托管人承担违约责任的请求，没有合同依据，仲裁庭不予支持。

通过对类案检索的司法判决和仲裁裁决进行观察，可以看出托管人以不存在法定或约定义务为由而免除赔偿责任的案例不在少数，法院和仲裁机构对于托管人是否承担责任的审查重点通常落在托管人职责是否具备法定或约定的依据上，在其职责范围缺少明确依据的情况下，目前司法裁判的审理思路体现出了不应无限度地加重和扩大托管人责任的趋势。

（三）托管人责任的外延

托管人责任通常是指托管人因自身行为造成的损失向投资者承担赔偿责任。司法实践中，托管人责任案件的争议焦点一般围绕以下问题展开，包括投资者主张的请求权基础，托管人是否全面履行了法定或约定义务或托管人是否存在过错，投资人的损失与托管人行为是否有因果关系等请求权的各项构成要件是否成立。除此之外，法院在个案的审查中，也会视案件的具体情况综合衡量托管人的赔偿责任。

湖南省株洲市中级人民法院在2020年审理的某合同纠纷二审案②中，法院经审理认为，托管人虽与原告不具有直接的合同关系，但其作为基金的托管行，其职责在于保证基金的财产安全，并应监督基金管理人的投资运作行为，对基金投资人实际

① 参见微信公众号“深圳国际仲裁院”，https://mp. weixin. qq. com/s/37WqySsPQm MRRCqja-jirIA，2023年3月22日最后访问。

② 参见湖南省株洲市中级人民法院民事判决书，（2020）湘02民终591号。

上具有财产保管及代投资人对基金运作进行监督的义务。但是,托管人未提供充分证据证实其对基金的运作过程是否合法合规进行了合理审查与监督。故一审法院认为,托管人在对基金资金托管过程中存在过失,该过失行为与原告在该案中的损失亦具有因果关系,其亦应对原告的损失承担一定的赔偿责任。综上,法院认定某基金公司以签订协议的形式进行非法吸收公众存款活动,造成投资者的财产损失,其应对原告的财产损失承担全部的赔偿责任,并酌情认定销售行承担60%的补充赔偿责任,托管行承担40%的补充赔偿责任。

该案中,二审法院进一步阐明,该案系金融产品发行人、销售者以及金融服务者(托管行)与金融消费者因销售高风险等级金融产品和为金融消费者参与高风险等级投资活动提供服务而引发的民商事案件,“卖者尽责、买者自负”是处理此类案件的基本原则,一审法院综合考虑上述情由及对原告造成损失的原因力大小,作出的划分责任和承担比例的认定无不妥之处,故维持了一审判决。

山东省临沂市中级人民法院在2020年审理的某合同纠纷案①中,一审法院经审理查明,基金托管人接收了投资人交付的投资款后,未提供谨慎勤勉尽到托管人义务的相关证据,庭审中亦未能对托管基金的投资记录、收益分配以及回赎情况作出说明,无法证实其已经按照合同约定或法律规定向投资人履行了基金报告复核、信息披露等义务,特别是中国证券投资基金业协会公告基金管理人失联(异常)状态,案涉基金应披露未披露月报情况下,仍未尽到审查基金资产净值、监督投资运作、召集投资者代表大会等义务,因此,法院认为“托管人未履行基金托管人的任何重要义务,属于严重失职或者积极帮助行为,造成投资者投资款损失,依法应承担民事赔偿责任”,最终判决托管人对投资人的损失在投资款本金及LPR利息范围内承担清偿责任。

因此,在投资者面临产品投资出现亏损,管理人又失联的情况下,部分投资者会将托管人视为“救命稻草”,将托管人作为被告提起诉讼。在此情形下,投资者可能会在信息披露、监督运作、审查基金净值甚至召集投资者代表大会、履行清算等义务上对托管人苛以更高的要求。

三、托管人是否应承担组织清算义务

托管人是否应承担组织清算的义务关系到衡量托管人在清算阶段是否尽到托管职责的基础。《证券投资基金法》第36条并未规定托管人需要履行召集或组织清

---

① 参见山东省临沂市中级人民法院民事裁定书,(2020)鲁13民终5747号。因案涉合同约定了仲裁管辖,后二审裁定人民法院对本案不具有管辖权,驳回原告起诉。

算的义务，仅在第 83 条第 1 款[①]以及《证券投资基金托管业务管理办法》第 23 条[②]中明确，托管人负有在管理人缺位的情况下召集份额持有人大会的义务。但是，由于实务中托管人一般也是清算组的成员之一，尤其在管理人未能及时组织清算的情形下，投资者能否以托管人未替代管理人履行组织清算的义务为由提起索赔呢？对此，司法实践中，司法机关或仲裁机构会重点审查合同约定的托管人义务条款。

1. 山东省济南市中级人民法院在 2021 年审理的某委托理财合同纠纷案[③]中认为，在投资者、管理人与托管人同时签署的基金合同中如果仅约定由管理人承担组建清算小组的责任，托管人仅为清算小组构成成员，投资者无权以托管人须履行组建清算小组义务为由主张其承担违约责任。

2. 江苏省扬州市邗江区人民法院在 2020 年作出的一份判决[④]中认为，虽然该案出现了基金份额净值低于止损线，从而导致案涉基金应当提前终止清算的情形，但基金合同中并未约定在此情况下托管人负有发起设立清算小组的义务。因此，托管人无须因未发起设立清算小组向投资人承担赔偿责任。

据此，关于管理人未能组织开展清算，托管人是否应替代履行组织清算义务的问题，目前多数司法裁判的观点认为，若合同中仅约定基金管理人承担组织清算职责，而对托管人义务并无明确合同约定，则托管人通常无须履行组织清算义务。因此，一般情况下，基金合同没有明确约定托管人承担组织清算的义务时，投资者提出因托管人未组织清算而要求其承担相应责任的，托管人有权提出免责的抗辩，且获得法院或仲裁机构支持的可能性较高。

结　语

对资管产品进行清算是投资者可能选择的退出路径之一，清算结果亦是产品最终价值的直观体现，资管产品顺利完成清算，有利于保障投资者权益的落地实现。由于现有的立法及监管层面的规则存在滞后性，在资管产品出现投资亏损，以及管理人失联、丧失履职或者偿债能力的情况下，涉及的问题可能还会相应增多。对此，

---

① 《证券投资基金法》第 83 条第 1 款规定："基金份额持有人大会由基金管理人召集。基金份额持有人大会设立日常机构的，由该日常机构召集；该日常机构未召集的，由基金管理人召集。基金管理人未按规定召集或者不能召集的，由基金托管人召集。"

② 《证券投资基金托管业务管理办法》第 23 条规定："对于转换基金运作方式、更换基金管理人等需召开基金份额持有人大会审议的事项，基金托管人应当积极配合基金管理人召集基金份额持有人大会；基金管理人未按规定召集或者不能召集的，基金托管人应当按照规定召集基金份额持有人大会，并依法履行对外披露与报告义务。"

③ 参见济南铁路运输中级法院民事判决书，(2020)鲁 71 民初 147 号。

④ 参见江苏省扬州市邗江区人民法院民事判决书，(2018)苏 1003 民初 2116 号。

司法机关或仲裁机构在处理此类纠纷时,需要审查的关注点较多,包括确认投资者损失是否产生,相关主体法定或约定的职责义务、损失赔偿范围以及责任承担方式和比例等,很多问题在理论和实务中仍存在争议,所以对于司法裁判而言具有一定的难度。因此,在处理与资管产品清算问题相关的纠纷时,需要明确多种市场参与主体关于资管产品清算的权利义务,还需要注重资管产品运行的特殊属性。

纠纷应对篇

专题十

资管纠纷中当事人“起诉路径”与“抗辩策略”的司法实证分析

国浩律师（上海）事务所　朱奕奕　钟　茜

资管业务在蓬勃发展的同时也导致了相关纠纷的产生。投资者在资管产品到期未能兑付，自身财产遭受损失时，往往会起诉管理人、托管人，要求其承担损害赔偿责任。从投资者角度来看，合同责任及侵权责任路径的选择在庭审中“殊途同归”，庭审关注的重点均为管理人、托管人义务违反行为导致投资者损失；从管理人、托管人角度来看，抗辩实际上是针对同一事实内容的对立面，可从投资者的主张出发进行对应抗辩。

第一章　概　　述

一、《资管新规》下资管纠纷现状

近年来,随着我国资产管理业务的快速发展,在满足社会投融资需求的同时,资管业务当事人之间的法律纠纷也随之产生。为了应对资管业务中出现的种种问题,2018 年 4 月 27 日,《关于规范金融机构资产管理业务的指导意见》(以下简称《资管新规》)出台。其中第 8 条规定了金融机构的管理人职责,并明确金融机构未按照诚实信用、勤勉尽责原则切实履行受托管理职责,造成投资者损失的,应当依法向投资者承担赔偿责任。

二、资管纠纷涉诉案件的基本情况

资管纠纷涉诉案件多发生在资管产品到期未能兑付的情形下,以投资者为原告,以管理人、托管人等为被告。具有涉诉群体广泛、系列案频发、案件类型多样化、社会影响程度大等特征。此类案件可能会对资管业务造成一定压力,为平衡投资者与管理人、托管人之间的利益,在保护投资者合法权益的同时,确保管理人、托管人过错与责任相适应,避免管理人、托管人赔偿责任过重,避免投资者通过诉讼方式变相实现"刚性兑付",有必要对资管纠纷中当事人的"起诉路径"与"抗辩策略"进行研究和分析。

第二章　投资者起诉路径

一、司法实践中投资者起诉案由

实践中，投资者起诉案由包括合同纠纷、委托理财合同纠纷、私募基金合同纠纷、金融借款合同纠纷、信托纠纷、证券投资基金交易纠纷、财产损害赔偿纠纷等。按起诉路径区分，上述案由可以区分为两大类，即合同责任相关案由和侵权责任相关案由。

二、两种不同起诉路径

从目前的司法实践来看，投资者起诉要求管理人、托管人承担民事责任，主要集中在两个路径，即合同责任路径及侵权责任路径。

（一）合同责任路径

资管合同中对管理人、托管人的义务均有明确的约定，若管理人、托管人违反了先合同义务或违反了约定义务，则构成资管合同项下的违约，需要承担缔约过失责任或按合同约定承担违约责任。

《民法典》第577条规定：“当事人一方不履行合同义务或者履行合同义务不符合约定的，应当承担继续履行、采取补救措施或者赔偿损失等违约责任。”违约责任归责原则为严格责任，无须证明当事人存在过错。

合同责任路径下，论证的核心为存在违反先合同义务或合同义务的行为。

（二）侵权责任路径

关于归责原则，《民法典》第1165条第1款规定：“行为人因过错侵害他人民事权益造成损害的，应当承担侵权责任。”资管纠纷并非法律规定的特殊侵权类型，适用一般归责原则即过错责任。

关于构成要件，我国法律中的侵权责任通常为四要件：侵权行为、行为人的过错、存在损害、侵权行为与损害结果之间的因果关系。因此在侵权责任起诉路径下，需要论证管理人、托管人违反法定义务(存在侵权行为),具有过错的违法行为造成了投资者财产权利损害。

(三)起诉路径的选择在庭审中“殊途同归”

若投资者选择合同责任路径起诉,需要证明管理人、托管人违反先合同义务或合同约定义务;若投资者选择侵权责任路径起诉,则需要证明管理人、托管人因其具有过错的违法行为导致投资者遭受损失。

选择合同责任路径与侵权责任路径最大的区别在于构成要件的证明上,具体如下:

首先,违反先合同义务、合同约定义务和违反法定义务的证明在实践中没有明显区别,适当性义务性质上属于先合同义务,但同时是法定义务,而管理人、托管人的法定义务与约定义务往往具有较高的一致性。

其次,选择侵权责任路径起诉时,需要证明管理人、托管人具有过错,在实践中,法院往往将过错论述糅合在管理人、托管人的违法、违约行为的论述中,管理人、托管人未尽到勤勉义务至少是有过失的,因此对于管理人、托管人的过错判定在审理中一般不单独展开,而是在庭审中查明管理人、托管人的履职事项时予以一并关联和判定。例如,在吴某与某信托公司财产损害赔偿纠纷案①中,法院裁判观点中写道:“这些违规行为是被告作为专业信托机构所不应当存在的行为,因此被告在进行涉案信托业务过程中存在一定过错。”

最后,选择侵权责任路径起诉时,需要证明损失和因果关系。实际上,资管合同中往往会约定,管理人、托管人违反法律法规的规定或者合同约定,给基金财产或投资者造成损失的,应当依法承担赔偿责任。因此,合同责任路径下,投资者起诉的原因也是管理人、托管人的行为造成了财产损失,这本质上与侵权责任要件的损失和因果关系无异。

综上所述,选择合同责任路径或侵权责任路径在实际庭审中殊途同归,庭审关注的要点无本质差异,均为管理人、托管人义务违反行为导致投资者损失,要求管理人、托管人进行赔偿。因此,作为当事人尤其是起诉当事人而言,起诉路径的选择更多是基于客观情况,如因合同无效或合同义务约定不明确而选择侵权责任路径,因合同约定的争议解决方式为仲裁而选择侵权责任路径等。

---

① 参见上海市浦东新区人民法院民事判决书,(2018)沪0115民初80151号。

三、管理人、托管人违反管理义务的行为

管理人、托管人违反管理义务的行为是资管纠纷发生的源起,也是投资者通过诉讼途径寻求救济成功最基础的要素。明确管理人、托管人承担何种义务是判定其是否存在违反义务行为的前提。

(一)适当性义务

《全国法院民商事审判工作会议纪要》(以下简称《九民纪要》)第72条规定了适当性义务是卖方机构在向金融消费者推介、销售高风险等级金融产品,以及为金融消费者参与高风险等级投资活动提供服务的过程中,必须履行的了解客户、了解产品、将适当的产品(或者服务)销售(或者提供)给适合的金融消费者等义务,是“卖者尽责”的主要内容,也是“买者自负”的前提和基础。《证券法》第88条、《资管新规》第6条也有类似规定。同时,《九民纪要》第74条规定了违反适当性义务的损害赔偿责任。

关于适当性义务内容的具体来源,《九民纪要》第73条规定:“在确定卖方机构适当性义务的内容时,应当以合同法、证券法、证券投资基金法、信托法等法律规定的基本原则和国务院发布的规范性文件作为主要依据。相关部门在部门规章、规范性文件中对高风险等级金融产品的推介、销售,以及为金融消费者参与高风险等级投资活动提供服务作出的监管规定,与法律和国务院发布的规范性文件的规定不相抵触的,可以参照适用。”因此,适当性义务是一项法定义务,管理人、托管人违反该义务给投资者造成损害时,投资者可以通过侵权责任路径起诉。从责任性质角度来看,适当性义务发生在合同缔约阶段,理论通说将其界定为先合同义务,适用《民法典》第500条,如有违反,需承担缔约过失责任。因此,管理人、托管人违反该义务给投资者造成损害时,投资者也可以通过合同责任路径起诉。

适当性义务具体包括以下三点:一是对金融消费者进行风险测评和分类;二是向金融消费者告知说明基金的产品内容,明示产品风险情况,即告知说明义务;三是将适当的产品推介、销售给适当的金融消费者。[①] 最高人民法院《关于当前商事审判工作中的若干具体问题》中明确指出告知说明义务是“适当性”义务的核心,是金融消费者能够真正了解产品和服务的投资风险和收益的关键。《九民纪要》第76条规定了已履行告知说明义务的衡量标准为“根据产品、投资活动的风险和金融消费

---

① 参见浙江省宁波市中级人民法院民事判决书,(2021)浙02民终3326号。

者的实际情况，综合理性人能够理解的客观标准和金融消费者能够理解的主观标准”，因此在判断告知说明义务是否充分履行时，不能流于形式，仅凭投资者签字的风险揭示书等书面签字文件认定，而应通过实质性审查，结合一般人能够理解的客观标准和特定投资者的投资经验、投资习惯、投资知识水平进行衡量。管理人、托管人适当性义务标准的高低一般与投资者信赖程度成正比，与投资者的专业资质和能力水平等成反比。① 例如，在深圳某基金管理公司、李某等委托理财合同纠纷案②中，法院对管理人适当性义务的告知说明义务予以实质审查而非形式判断，确认管理人制作了案涉基金的风险评估标准、程序性信息且有对案涉基金划分风险的制度，审查了投资者签名的风险揭示书、调查问卷。确认了问卷中，投资者认可自己是一位非常有经验的投资者，参与过两年以上包括期权、期货在内的金融产品交易，且能够承受较大投资；案涉基金产品约定基金净值从 1 元跌至 0.8 元时全部平仓止损。因此法院认为投资者能够理解案涉基金可能给其造成的潜在损失程度，且该损失程度应属于其可承担的范围。调查问卷已实质性地达到了风险测评目的，管理人未违反适当性义务。

此外，需要注意，如果在合同缔约阶段，管理人、托管人存在欺诈行为，投资者有权根据《民法典》第 148 条③的规定请求撤销合同。

（二）法定、约定义务

如前文所述，虽然合同义务为当事人约定的，但实践中管理人、托管人的法定义务与资管合同的约定义务较大程度上具有一致性，且法定义务规定的模糊性需要结合监管规则和实践中的合同约定进行细化。

《证券投资基金法》《信托法》《资管新规》《私募投资基金监督管理暂行办法》等规定中对管理人、托管人的义务均采用“诚实信用”“勤勉尽责”或类似表述，但该规定过于笼统抽象，不具有实践中的可操作性，对此，本专题结合实践情况，分类阐述如下。

1. 管理人相关义务

学界将管理人相关义务称为信义义务，包括忠实义务和谨慎管理义务，前者是

---

① 参见朱忠念：《法律研究 | 涉资管产品纠纷案件特征、审理难题与规制路径》，载微信公众号“一川Law”2022 年 11 月 25 日。

② 参见广东省深圳市中级人民法院民事判决书，(2021) 粤 03 民终 3484 号。

③ 《民法典》第 148 条规定：一方以欺诈手段，使对方在违背真实意思的情况下实施的民事法律行为，受欺诈方有权请求人民法院或者仲裁机构予以撤销。

消极义务，是指管理人应当诚信管理，不得实施损害投资者利益的行为，不得利用资管产品为自己或他人牟利。后者又称注意义务，是积极义务，是指管理人在管理资管产品时应当尽到合理的注意义务。实际上，管理人管理资管产品、实现资管目的本就是一个自由裁量过程，具有较强的专业性和主观性，在判断其义务是否适当、充分履行时，需要结合具体情形，综合各方面因素进行界定，下文将通过司法实践中的案例对管理人在资管业务各个阶段的主要义务进行举例分析。

（1）募集阶段的相关义务

资管产品募集、成立阶段，管理人的主要义务有适当性义务、审查资金来源义务等，适当性义务前文已具体论述，此处不再赘述。关于审查资金来源义务，在吴某与某国际信托公司财产损害赔偿纠纷案①中，被告某国际信托公司在管理涉案信托计划时存在“对机构委托人未作充分调查，对其委托资金来源的调查流于形式，对该信托计划的委托资金来源未尽到合规审查义务，违反审慎经营规则”等具体违规行为，法院认为其违反了《信托法》所要求的受托人诚实、信用、谨慎、有效管理的法定义务，因此存在违法行为。

（2）投资阶段的相关义务

在资管产品投资阶段，管理人的主要义务包括调查投资标的、按照合同约定进行投资等。

关于投资标的的尽职调查义务，在莫某与深圳市某投资管理公司、某银行民间委托理财合同纠纷案②中，深圳市某投资管理公司作为基金管理人，于2017年2月17日作出的案涉基金尽职调查报告及其向投资人出具的案涉基金简要投资说明书中均载明“融资方及其控股企业目前有多个深圳项目正在经营，预计未来将有大量经营现金流；融资方及其控股企业持有多个优质资产，再融资能力较强”，案涉私募基金设有多项风控措施，包括“深圳龙华区占地面积5.6万m^2土地办理抵押并公证”。而案涉基金融资方某科技公司于2017年2月15日才注册成立，该公司从案外人处转让取得深圳某公司的股权，基金投资项目所涉拟抵押公证的土地使用权并未登记在深圳某公司名下。据此，法院认定管理人未充分履行对案涉基金项目的尽职调查，未对融资人设立及经营情况进行审慎调查，未对基金项目投资风险信息进行全面、充分的揭示。

关于按约投资义务，在王某与上海某基金管理公司、上海某文化发展公司等其

---

① 参见上海市浦东新区人民法院民事判决书，（2018）沪0115民初80151号。

② 参见济南铁路运输中级法院民事判决书，（2020）鲁71民初147号。

他合同纠纷案[①]中，合同约定，上海某基金管理公司作为管理人应当取得常州某公司40%的股权，并在基金合同到期终止后立即组织成立清算小组对基金财产进行清算分配。但管理人并未按照约定取得常州某公司40%的股权，而是在2019年2月该案被受理后才取得常州某公司42%的股权质押，这违反了合同关于投资范围的约定，故法院认定管理人违反合同约定管理和使用资金，已构成违约，理应承担相应的违约责任。

（3）投后管理阶段的相关义务

资管产品投后管理阶段，管理人主要需承担信息披露义务、风险控制义务等。

信息披露义务实际上贯穿资管产品的整个运作过程，但在资管产品的投后管理阶段，该义务更容易被忽视，且信息披露义务的违反往往与其他义务如尽职调查义务的违反同时发生。《证券法》第78条第2款规定：“信息披露义务人披露的信息，应当真实、准确、完整，简明清晰，通俗易懂，不得有虚假记载、误导性陈述或者重大遗漏。”

关于风险控制义务，投资是收益和风险并存的业务，管理人无法避免风险的发生，也无法保证风险发生后一定能予以化解，但其应当及时采取积极的风险控制措施，如果怠于实施，则可能会被认定为违反了勤勉义务。在上海某投资基金管理公司、孔某与上海某资管公司财产损害赔偿纠纷案[②]中，上海某资产管理公司在发现相关风险后，采取发函、催告等手段，法院认为虽然提起仲裁或诉讼并不是履行管理人谨慎勤勉义务的必要条件，但其未能举证证明其采取了切实有效挽回损失的措施，故其在履行诚实信用、谨慎勤勉义务上存在瑕疵。该案例表明风险控制义务措施需要切实、有效，足够维护投资者权益，简单的通知催告并不能证明管理人已尽到该义务。

此外，若资管产品约定了平仓线，则管理人未按约定平仓的行为构成违约，投资者可以采取合同责任路径进行起诉。例如在赵某与上海某资管公司、某证券公司金融委托理财合同纠纷案[③]中，法院认为管理人在满足合同约定的平仓条件后，仍有买入股票的操作，已违反平仓义务。管理人较长时间段内未及时平仓，给投资者造成较大损失，而投资者对此并无过错，管理人应就该损失承担赔偿责任。

---

① 参见上海市徐汇区人民法院民事判决书，(2019)沪0104民初4517号；上海金融法院民事判决书，(2020)沪74民终1045号。

② 参见上海市杨浦区人民法院民事判决书，(2019)沪0110民初11905号；上海金融法院民事判决书，(2020)沪74民终371号。

③ 参见上海市闵行区人民法院民事判决书，(2019)沪0112民初1943号；上海金融法院民事判决书，(2019)沪74民终663号。

(4)清算退出阶段的相关义务

投资者的投资在资管产品中体现为一定的份额,在投资期限届满或终止时,份额需要通过清算来确定最终的实际价值,从而分配给投资者,基金终止后及时组织清算也是管理人的重要义务之一。在王某与上海某基金管理公司、上海某文化发展公司等其他合同纠纷案①中,一审法院认为,根据基金合同的约定,合同终止后,管理人应立即组织成立清算小组,按照法律法规和基金合同的规定对基金财产进行清算。因此,及时组织清算是基金终止后基金管理人的义务,而非其在基金终止后不向投资人分配利益的理由。管理人在基金终止后未及时组织清算并按顺序分配收益,违反了合同约定和法定的义务,构成违约。

2. 托管人相关义务

托管人的义务大体上可以划分为两大项——对基金财产的保管义务和对管理人的监督义务。根据《证券投资基金法》第36条的规定,管理义务具体包含安全保管基金财产;按照规定开设基金财产的资金账户和证券账户;对所托管的不同基金财产分别设置账户,确保基金财产的完整与独立等。实践中,托管人违反财产保管义务的案例较少,而监督义务贯穿整个资管产品运作过程,托管人责任也主要出现在违反监督义务的情形中。

在陆某、某银行侵权责任纠纷案②中,法院在裁判观点中写道:"根据案涉托管协议约定……托管银行并无必要审查该合伙企业移交托管财产的来源……上诉人的主要义务系根据托管协议的约定履行对'某股权投资合伙企业'托管账户的托管义务,而对'某投资基金'的相关资质、募集行为并不负有法定或约定的审查、监管义务,故上诉人关于被上诉人在'某投资基金'募集过程中存在过错的上诉主张,本院不予采纳。"由此可以看出,实践中对于托管人监督责任的具体范围一般以合同约定为主要衡量标准。

托管人最重要的监督责任是对投资划款的监督,即投资指令审查监督义务。在某银行、史某合同纠纷案③中,银行作为托管人,在接到划款300万元给目标公司的投资指令后,明知划款金额并未达到合同中约定的金额,却没有提出异议或者告知管理人,而是直接将基金开设账户内的300万元汇入了投资的目标公司账户,汇款后也没有针对管理人的后续投资进行询问或者督促。银行怠于履行基金合同中规

① 参见上海市徐汇区人民法院民事判决书,(2019)沪0104民初4517号;上海金融法院民事判决书,(2020)沪74民终1045号。

② 参见浙江省绍兴市中级人民法院民事判决书,(2016)浙06民终4189号。

③ 参见广东省深圳市中级人民法院民事判决书,(2018)粤03民终16127号。

定的监管义务,构成违约,应当对投资人的损失承担补充清偿责任。

投资指令监督义务之外,违反合同约定的其他具体监督义务也需要承担责任。在上诉人某证券公司与被上诉人高某、原审被告某股权投资基金管理公司合同纠纷案[①]中,《基金合同》第九节“保管人义务”中约定,保管人对于管理人违反该合同或有关法律法规规定的行为,对基金财产及其他当事人的利益造成重大损失的情形,有权报告中国证监会并采取必要措施。法院认为虽然约定的系保管人有权报告中国证监会,但由于该内容在保管人的15项义务范围内,仍然属于保管人应承担的义务范畴。管理人在初始销售期限届满之日起20个工作日内未按法律、法规规定和合同约定到中国证券投资基金业协会办理基金的备案手续,致使其在基金合同履行期间被注销管理人资质,从而导致基金终止事由发生。而保管人(托管人)在发现管理人未按法律规定及合同约定对案涉基金备案后,并未履行向中国证监会报告的义务,其应当对投资人的损失承担相应的补充赔偿责任。

3. 管理人和托管人的关系

管理人与托管人是否构成《信托法》上的共同受托人,二者是否承担共同受托责任尚存在争议,但主流观点认为管理人和托管人不构成共同受托人,二者的责任承担需要进行独立判断。

《证券投资基金法》第145条第2款规定:“基金管理人、基金托管人在履行各自职责的过程中,违反本法规定或者基金合同约定,给基金财产或者基金份额持有人造成损害的,应当分别对各自的行为依法承担赔偿责任;因共同行为给基金财产或者基金份额持有人造成损害的,应当承担连带赔偿责任。”

实践中,目前看来,管理人、托管人共同违反义务的行为较为少见,一般均为托管人违反相关监督义务,对投资者承担补充赔偿责任,如上文提及的上诉人某证券公司与被上诉人高某、原审被告某股权投资基金管理公司合同纠纷案[②]。

(三)构成根本违约的行为

当管理人、托管人的严重违约行为导致合同目的无法实现,构成根本违约时,投资者可以根据《民法典》第563条[③]的规定主张解除合同,并根据《民法典》第566条

---

① 参见江苏省南京市中级人民法院民事裁定书,(2020)苏01民终3990号之一。

② 参见江苏省南京市中级人民法院民事裁定书,(2020)苏01民终3990号之一。

③ 《民法典》第563条规定:“有下列情形之一的,当事人可以解除合同:……(四)当事人一方迟延履行债务或者有其他违约行为致使不能实现合同目的……”

第 1、2 款[①]的规定要求管理人、托管人承担赔偿责任。实践中对于管理人、托管人违约行为构成根本违约的认定较为严格。

在周某与某资管公司等委托理财合同纠纷案[②]中,法院认为,合同目的是当事人通过订立和履行合同想要达到的目标和结果,合同目的不完全等于投资目的,签订基金合同的合同目的是通过投资基金份额成为基金份额持有人后以期获得约定的投资收益,该案中,涉案私募基金已经备案成立,原告成为涉案基金的基金份额持有人,合同目的已经实现,原告未实现投资收益不能认定为合同目的不能实现。且合同未约定到期不能清偿原告享有合同解除权,故原告要求解除涉案基金合同缺乏事实和法律依据,法院不予支持。

在某资管公司、常某与某银行证券投资基金交易纠纷案[③]中,管理人已经提示股权投资产品具有风险且风险大于其他投资产品,资管合同中全面揭示了投资风险尤其是股权投资项目的特殊风险,常某仍然在风险承诺函中表示愿意承担投资风险,此时,管理人是否履行问卷程序并不具有决定性影响,这一程序性瑕疵不会导致常某作出投资决策,以及不构成投资未能按期收回的主要原因。同时管理人虽未按约清算,但即便在项目到期时及时组织清算,也已不可能按原计划通过挂牌新三板实现退出,换言之,尽管未能及时组织清算构成违约,但项目未能退出并非这一违约行为所导致,即逾期清算违约行为不构成清算不能的原因。因此一审法院认为,管理人在风险揭示和风险评估方面的瑕疵以及逾期清算的违约行为不构成合同目的不能实现的原因,不存在合同法所规定的法定解除事由,常某要求解除合同的主张缺乏事实和法律依据,法院不予支持。

实践中,支持合同因合同目的无法实现而解除的案例情形一般需要综合多方面因素分析判断。例如在某投资管理公司与沈某证券投资基金交易纠纷案[④]中,管理人未尽风险评估及提示义务,所涉基金产品尚未备案成立,管理人订立合同时未经基金管理人备案登记。法院综合认定管理人在签订系争合同的过程中违反法律及规范性文件相关规定,未能履行系争合同义务,约定基金尚未成立备案,合同目的无

---

① 《民法典》第 566 条第 1、2 款规定:"合同解除后,尚未履行的,终止履行;已经履行的,根据履行情况和合同性质,当事人可以请求恢复原状或者采取其他补救措施,并有权请求赔偿损失。合同因违约解除的,解除权人可以请求违约方承担违约责任,但是当事人另有约定的除外。"

② 参见上海市浦东新区人民法院民事判决书,(2021)沪 0115 民初 112270 号。

③ 参见上海市黄浦区人民法院民事判决书,(2019)沪 0101 民初 12687 号;上海金融法院民事判决书,(2020)沪 74 民终 461 号。

④ 参见上海市黄浦区人民法院民事判决书,(2018)沪 0101 民初 17421 号;上海金融法院民事判决书,(2019)沪 74 民终 123 号。

法实现。沈某诉请主张要求解除系争合同有其事实及法律依据，应当予以支持。合同解除后，管理人应当返还沈某投资款并按银行同期存款利率承担损失。

四、投资者损失的确定

损失的存在是投资者诉请赔偿的前提，也是法院审理的重点内容之一。关于损失的确定，实务界存在争议的两个问题是赔偿责任是否以清算完成为前提，损失是否包括预期收益及资金占用损失。

（一）赔偿责任与清算完成与否无直接关联

实践中，资管产品退出和清算耗时较长，关于赔偿责任是否以清算完成为前提，法院在不同的案件中有不同的裁判观点，以下列举几个案例进行对比分析。

案例一：钱某与上海某投资公司证券投资基金交易纠纷案①，该案中，法院认为案涉基金已到期，管理人应依照合同约定组织成立清算小组，进行清算并将清算后的剩余财产按合同约定进行分配。在案涉私募基金尚未清算完毕的情况下，基金份额持有人对于清算后所持有的基金份额是盈利还是亏损以及盈亏的程度等均处于不能确定的状况，在此种情形下，钱某主张返还投资款本金并按业绩比较基准支付投资收益，缺乏合同与法律依据。但投资者有权起诉要求清算，在获得清算分配后，若尚有其他权利未获清偿，可就其因管理人或托管人违法、违规或违约行为导致的损失再行向相关方主张权利。

案例二：在曹某与深圳某资管公司、王某合同纠纷案②中，法院认为管理人已被注销私募基金管理人资格，且未按照合同约定的清算程序对涉案基金予以清算，存在明显的违约行为，应当承担相应的违约责任，因此投资者要求管理人返还其基金投资本金的诉讼请求，于法有据，予以支持。

案例三：在王某与上海某基金管理公司、上海某文化发展公司等其他合同纠纷案③中，法院认为管理人未按照合同约定的投资范围进行投资的行为直接导致投资人投资并无基金项下财产作为保障，综合以上事实可推定投资人对其全部投资的损失已经发生。

---

① 参见上海市嘉定区人民法院民事判决书，（2020）沪 0114 民初 1184 号；上海金融法院民事判决书，（2020）沪 74 民终 566 号。

② 参见广东省深圳市前海合作区人民法院民事判决书，（2019）粤 0391 民初 2856 号。

③ 参见上海市徐汇区人民法院民事判决书，（2019）沪 0104 民初 4517 号；上海金融法院民事判决书，（2020）沪 74 民终 1045 号。

案例四:在某资管公司、深圳市某基金销售公司委托理财合同纠纷案[①]中,管理人委托的销售公司违反适当性管理义务,二审法院认为关于是否发生实际损失的问题,虽涉案资管产品尚未完成清算和分配,但在销售公司违反适当性义务管理规定应当承担全部还本付息责任的情况下,涉案资管产品是否完成清算和分配,或者说是否计算出实际、具体的损失并不影响本案的实体处理。

案例五:在某资管公司、常某与某银行证券投资基金交易纠纷案[②]中,法院认为因案涉资管计划尚未完成清算,故损失的具体金额尚未确定,但管理人因违反适当性义务而应承担的赔偿责任范围已可确定。为避免投资人诉累,法院先行就管理人的赔偿范围作出判决。

案例一中,除未按期清算外,管理人无其他违约行为,也不存在无法清算的障碍,投资者持有的份额盈亏未定,判决管理人进行清算后分配并不会损害投资者权益;案例二中,清算因具有实质性障碍而无法进行,没有清算的可能和必要,直接对损失进行认定判决赔偿即可;案例三中,在基金未清算的情形下,管理人的严重违约或违法行为综合推定损失已经发生,则无须将清算作为损失认定、赔偿的前提;案例四、案例五中,管理人或委托的代销机构违反的是推介时的适当性义务,该行为导致了投资者的投资行为,给投资者造成的损失是确定的,恢复到其未投资情况下,即投资本金及期间资金占用利息,虽然在表述上案例五采用了"避免诉累","先行"就管理人赔偿范围作出判决,但从"违反适当性义务而应承担的赔偿责任范围已可确定"的观点不难看出实质上清算与否不会影响适当性义务违反产生的赔偿责任,清算并非损失认定、赔偿的前提。

因此,综合上述案例,法院的不同裁判实际上是对不同案情的针对性处理,不存在实质性矛盾。管理人、托管人赔偿责任与是否已完成清算无直接关联,而取决于投资者损失是否已确定或可推定发生。

(二)损失范围的确定

在认可投资者损失存在的情况下,损失的范围确定也与投资者利益息息相关。《九民纪要》第77条第1款规定:"卖方机构未尽适当性义务导致金融消费者损失的,应当赔偿金融消费者所受的实际损失。实际损失为损失的本金和利息,利息按照中国人民银行发布的同期同类存款基准利率计算。"该规定明确了适当性义务违

---

① 参见广东省深圳市中级人民法院民事判决书,(2020)粤03民终19093号、19097号、19099号。

② 参见上海市黄浦区人民法院民事判决书,(2019)沪0101民初12687号;上海金融法院民事判决书,(2020)沪74民终461号。

反造成的投资者损失范围为本金及资金占用损失，不包括预期收益。但其他违约行为造成的投资者损失范围界定尚未有明确规定，因此在实践中存在不同裁判观点。大多数法院认为预期收益并非一定会实现，若投资者无法举证证明该部分收益实际存在，则预期收益不应被认定为投资者损失，而仅认可资金占用损失，该裁判观点也与禁止刚性兑付的监管要求相适应。例如，在王某与上海某基金管理公司、上海某文化发展公司等其他合同纠纷案①中，一审法院认为管理人存在一系列重大违约行为，应偿还投资者投资本金及资金占用损失，至于投资者主张的收益款在基金合同中明确为“预期收益”，“并不意味着管理人保证投资人取得相应数额的投资收益，亦不意味着管理人保证基金本金不受损失”，鉴于投资者对该部分收益的存在并未举证证明，故一审法院不予支持。

但实践中也存在判决认可投资期间预期收益的案例。在曹某与深圳某资管公司、王某合同纠纷案②中，管理人已被注销私募基金管理人资格，且未按照合同约定的清算程序对涉案基金予以清算，存在明显的违约行为，应当承担相应的违约责任，法院支持了投资者要求返还投资本金，按照基金合同预期年化收益率 12% 的标准计算的应付未付投资收益及本金对应的自合同终止之日起算的占用资金期间的利息的主张。③

（三）管理人或代销机构欺诈情况下的“惩罚性赔偿”

《九民纪要》第 77 条第 2 款规定：“……卖方机构的行为构成欺诈的，对金融消费者提出赔偿其支付金钱总额的利息损失请求，应当注意区分不同情况进行处理：(1)金融产品的合同文本中载明了预期收益率、业绩比较基准或者类似约定的，可以将其作为计算利息损失的标准；(2)合同文本以浮动区间的方式对预期收益率或者业绩比较基准等进行约定，金融消费者请求按照约定的上限作为利息损失计算标准的，人民法院依法予以支持；(3)合同文本虽然没有关于预期收益率、业绩比较基准或者类似约定，但金融消费者能够提供证据证明产品发行的广告宣传资料中载明了预期收益率、业绩比较基准或者类似表述的，应当将宣传资料作为合同文本的组成部分；(4)合同文本及广告宣传资料中未载明预期收益率、业绩比较基准或者类似表

---

① 参见上海市徐汇区人民法院民事判决书，(2019)沪 0104 民初 4517 号；上海金融法院民事判决书，(2020)沪 74 民终 1045 号。

② 参见广东省深圳市前海合作区人民法院民事判决书，(2019)粤 0391 民初 2856 号。

③ 2019 年 8 月 19 日前，利息按照中国人民银行同期贷款基准利率的标准计算，2019 年 8 月 20 日起按照全国银行间同业拆借中心公布的贷款市场报价利率的标准计算。

述的，按照全国银行间同业拆借中心公布的贷款市场报价利率计算。”

五、民事赔偿责任的范围

（一）因果关系与过错程度

在管理人、托管人违反管理义务的行为与投资者损失之间的因果关系中，管理人、托管人的过错程度是管理人、托管人承担民事赔偿责任范围的重要考量因素。如前文论述，关于过错的论述，法院一般与违法违约行为的论述并行，存在违法违约行为至少能够说明管理人、托管人存在过失，违法违约行为越严重，管理人、托管人过错程度也就越高，承担民事赔偿的范围可能越大。而因果关系越直接、越密切（更容易落入“若无则不”因果关系的判断路径），管理人、托管人承担民事赔偿的范围可能也就越大。

（二）存在其他造成损害的原因

关于因果关系的论证，当管理人、托管人存在多项严重违约行为且不存在其他造成投资者损失的因素，行为与损害结果之间的因果关系显而易见时，法院不会在因果关系的论证上进行赘述，而是直接认定赔偿范围，由其承担全部损失的赔偿责任。例如在王某与上海某基金管理公司、上海某文化发展公司等其他合同纠纷案①中，法院在争议焦点论述中写明：综合考量本案基金管理人的严重违约行为，对基金管理人信义义务的违反，管理人应当对投资人的全部损失承担赔偿责任。

但通常资管业务具有复杂性，损害的发生可能并非一方因素导致的，法院在论证管理人、托管人赔偿范围时会综合考量各方面因素进行论证，酌定赔偿比例。

例如，在袁某与某证券公司、某信托公司财产损害赔偿纠纷案②中，法院首先论证了违法行为与损害后果之间存在因果关系：投资者基于信赖管理人的资产管理能力而投资涉案资管计划，但管理人未能按照相关资管业务的法律和行政法规，谨慎严格地履行资管合同，及时披露相关信息，采取积极有效的风险控制措施，为委托人的最大利益服务，依法保护委托人的财产权益，故上述侵权行为和投资者财产损失之间存在因果关系。其次，法院就侵权行为对造成损失的范围问题进一步论述，投资者应当充分了解自身所投资产品的交易内容和交易风险，并不能片面追求收益而

---

① 参见上海市徐汇区人民法院民事判决书，（2019）沪 0104 民初 4517 号；上海金融法院民事判决书，（2020）沪 74 民终 1045 号。

② 参见上海市浦东新区人民法院民事判决书，（2019）沪 0115 民初 10860 号。

漠视投资风险。该案中,管理人在资管合同中加黑特别提示了涉案资管计划的中高风险及面临的各种风险,本金损失的可能及投资者自担风险与损失。同时在官网对相关文件和风险进行了披露与公示,且通过计划风险揭示书提示了投资风险。并且,在发生标的公司司法冻结后,采取了致函、现场考察、洽谈等方式督促其履约,在其承诺不能兑现后即指令受托人按照回购合同的约定要求标的公司提前回购,并在限期还款日后向法院提起诉讼。综上,投资者亦应当对自己的投资行为承担相应不利的法律后果,不能将由此产生的损失全部要求由管理人承担。故综合前述意见,法院认定管理人对涉案实际损失承担20%的补充赔偿责任。

因此,在因果关系论证上,应从“若无行为,则无损害”出发,并结合“若有行为,通常有损害”的相当性,综合考虑多方面因素,如投资者是否存在过错、投资者自身投资经验和风险预见能力等,维护投资者合法权益的同时,避免管理人赔偿责任过重。

第三章　管理人、托管人抗辩策略

在管理人、托管人被投资者起诉至人民法院时，如果确实存在义务违反行为，应当承担行为相应的责任，但如果不存在义务违反行为或者投资者要求赔偿过重，管理人、托管人有权积极进行抗辩，维护自身合法权益。

管理人、托管人的抗辩实际上是针对同一事实内容的对立面，因此管理人、托管人的抗辩与投资者的主张是一一对应的。

一、针对适当性义务的举证责任

《九民纪要》第 75 条规定了适当性义务的举证责任倒置，管理人、托管人应当对其履行了适当性义务承担举证责任，提供其已经建立了金融产品（或者服务）的风险评估及相应管理制度，对金融消费者的风险认知、风险偏好和风险承受能力进行了测试，向金融消费者告知产品（或者服务）的收益和主要风险因素等相关证据。不能提供的，应当承担举证不能的法律后果。

《九民纪要》第 76 条规定了卖方机构需要提供已履行投资风险和收益相关告知说明义务的证据，简单地以金融消费者手写了诸如"本人明确知悉可能存在本金损失风险"等内容主张其已经履行了告知说明义务，无其他证据的，法院不支持其抗辩理由。

《九民纪要》第 78 条规定："因金融消费者故意提供虚假信息、拒绝听取卖方机构的建议等自身原因导致其购买产品或者接受服务不适当，卖方机构请求免除相应责任的，人民法院依法予以支持，但金融消费者能够证明该虚假信息的出具系卖方机构误导的除外。卖方机构能够举证证明根据金融消费者的既往投资经验、受教育程度等事实，适当性义务的违反并未影响金融消费者作出自主决定的，对其关于应当由金融消费者自负投资风险的抗辩理由，人民法院依法予以支持。"

二、针对义务违反行为与过错的抗辩

正如前文所述，义务违反行为与过错往往是同时存在的，管理人、托管人可以通过其不承担该项义务或其已经充分履行该项义务进行抗辩。

针对管理人、托管人不承担该项义务，可以从法律规定和合同约定入手，若确实无须承担该项义务，则可以以此抗辩，如在陆某、某银行侵权责任纠纷案①中，法院基于托管协议的约定，认定托管人不负有对相关资质、募集行为的法定或约定的审查、监管义务，对于投资者关于托管人存在过错的主张，人民法院不予支持。

针对管理人、托管人已经充分履行该项义务，需要提供相关工作记录等证据材料加以证明。投资行为本身就存在风险，管理人、托管人无法保证不出现亏损，其管理行为本身就是基于商业判断的行为，具有主观性，即使出现投资判断失误，投资者受损，只要证明自己尽到了诚信、勤勉的管理义务，不存在过错，就无须承担赔偿责任。例如，在广西某公司与某证券公司委托合同纠纷案②中，管理人答辩称在管理委托资产过程中并无不当；委托资产的损失是整个股票市场大环境所致的，其已及时通知报告了资产状况，不应承担赔偿投资损失的责任。法院认为在股市证券买卖操作中，管理人基于商业判断而作出的正常投资行为，即使出现投资判断失误，但其只要尽到了合同约定的谨慎、勤勉的管理人义务，不存在明显过错，就不能以受托人当时的商业判断与市场后来的事实发展相悖为由，要求其承担赔偿责任。

三、针对损失确定的抗辩

根据前文论述，虽管理人未及时清算构成违约，但在除此之外无其他违约行为给投资者造成实质损失，未经清算投资者盈亏未定的情形下，管理人针对投资者起诉要求未经清算即赔偿的情形可以进行抗辩，但作为清算义务人，管理人仍应当尽快按约进行清算、分配。

四、针对侵权责任路径下因果关系的抗辩

在投资者通过侵权责任路径起诉的情形下，还需要证明义务违反行为与损失之间的因果关系，管理人、托管人自然也就可以针对因果关系进行抗辩，通过切断因果关系阻却责任承担。如在上海某股权投资基金管理公司、孔某与上海某资管公司财产损害赔偿纠纷案③中，管理人在发现相关风险后采取了发函措施，但未提起仲裁或要求相关方提供财产抵押或担保等合法有效的措施及时挽回责任，在履行诚实信

---

① 参见浙江省绍兴市中级人民法院民事判决书，(2016)浙06民终4189号。

② 参见最高人民法院民事判决书，(2003)民二终字第182号。

③ 参见上海市杨浦区人民法院民事判决书，(2019)沪0110民初11905号；上海金融法院民事判决书，(2020)沪74民终371号。

用、谨慎勤勉义务上存在瑕疵,但法院查明相关方早已被多家法院列为失信被执行人,有多起执行案件已中止执行,可见即使提起诉讼或仲裁也无法避免投资损失,法院认定管理人未及时提起仲裁与投资损失无必要因果关系。最后综合考量双方过错,判决管理人承担20%的侵权责任。

五、通道业务中受托人不承担主动管理职责

《资管新规》第22条规定了金融机构不得为其他金融机构的资产管理产品提供规避投资范围、杠杆约束等监管要求的通道服务。但由于历史遗留的通道业务的存在,仍有产生纠纷的可能。

《九民纪要》第93条规定了通道业务:"当事人在信托文件中约定,委托人自主决定信托设立、信托财产运用对象、信托财产管理运用处分方式等事宜,自行承担信托资产的风险管理责任和相应风险损失,受托人仅提供必要的事务协助或者服务,不承担主动管理职责的,应当认定为通道业务……"通道业务的受托人可以以其仅仅是资金流向委托人指定投资目标的通道,不承担主动管理职责进行抗辩。实践中,绝大多数通道业务受托人不承担损失赔偿责任。

但实践中也存在通道业务受托人承担责任的案例,如在某国际信托公司、吴某财产损害赔偿纠纷案①中,在受托人掌握较多资金与项目信息,知晓自身与项目投资风险关联度的情况下,未对犯罪分子借用其金融机构背景进行资金募集的行为采取必要防控措施,也未对社会投资者作相应警示,客观上促成了犯罪分子的集资诈骗行为。况且,行政监管部门也曾认定某国际信托公司对机构委托人未作充分调查,对其委托资金来源的调查流于形式,对该信托计划的委托资金来源未尽到合规审查义务,违反了审慎经营规则。由此,法院认为,受托人在信托业务开展时对委托资金来源的审核未尽必要注意义务,对投资者投资被骗受损负有一定责任。此外,虽受托人不负有尽职调查之合同义务,但其出具了内容明显虚假的项目风险排查报告,法院认为,被动管理型信托业务中,信托公司虽主要依据信托合同约定履行相应义务,但其在以自身名义独立从事信托管理事务时,仍应尽到合理注意义务。最终法院判决受托人承担20%的补充赔偿责任。

因此,原则上通道业务的受托人以合同为限承担义务,不承担主动管理职责,被诉时可以以此抗辩。但在特殊情况下,已经察觉到风险却未采取任何措施,在风险控制方面存在未尽责的瑕疵,或从事超出约定义务范围的管理行为的,其应当对从

① 参见上海金融法院民事判决书,(2020)沪74民终29号。

事的行为负责，尽到相应的注意义务，否则需要就过错承担赔偿责任。

结　语

一、投资者角度的相关建议

（一）树立良好投资观念，理性维权

投资是收益与风险并存的活动，投资者应当充分了解资管产品的风险水平和自身风险承受能力。在投资出现亏损时理性分析，如果损失确实由管理人、托管人损害行为导致，可运用法律手段依法维权，寻求救济。

（二）重视证据的收集、保留

在投资过程中，投资者应当重视相关证据材料的收集、保留，尤其是管理人、托管人可能存在违法违约行为的相关证据与损失的相关证据，以便在后续可能发生的纠纷中起到充分证明的作用，更有力地支撑自己的主张从而维护自身合法权益。

（三）集体维权

由于资管纠纷的特殊性，往往涉及大量投资者，在发生损失需要维权时，可以与同案其他投资者共同维权，共享证据和经验，提高诉讼的效率，减少诉讼的成本。

二、管理人、托管人角度的相关建议

（一）全面履职并完善配套留痕安排

管理人、托管人应当全面履职，尽到诚实信用、勤勉尽责的义务，并在履行管理职责时做好相关工作留痕，以备后期涉诉时进行举证或抗辩，维护自身合法权益。

留痕的方式、期限可参考相关规定，如《证券期货投资者适当性管理办法》第25条规定：“经营机构通过营业网点向普通投资者进行本办法第十二条、第二十条、第二十一条和第二十三条规定的告知、警示，应当全过程录音或者录像；通过互联网等非现场方式进行的，经营机构应当完善配套留痕安排，由普通投资者通过符合法律、行政法规要求的电子方式进行确认。”第32条规定：“经营机构应当按照相关规定妥善保存其履行适当性义务的相关信息资料，防止泄露或者被不当利用，接受中国证监会及其派出机构和自律组织的检查。对匹配方案、告知警示资料、录音录像资料、自查报告等的保存期限不得少于20年。”

（二）加强投资者教育

管理人、托管人应当在推介、管理资管产品时加强投资者教育，培养投资者“卖者尽责、买者自负”的正确投资观念，减少投资者因与管理人、托管人无关的正常投资风险起诉浪费司法资源的行为。

(三)加强员工教育

针对内部员工同样应当重视培训、教育,规范其日常工作,建立违规惩罚制度,加强员工的风险控制意识。防止出现个别员工在与投资者沟通过程中为了提高业绩、效率而作出不合规承诺、行为,如向投资者作出预期收益承诺,代投资者签字等行为,[①]导致在亏损发生后产生纠纷。

(四)谨慎选择代销机构

根据《九民纪要》第74条第1款的规定,代销机构若存在适当性义务违反行为,投资者可以依据《民法典》第167条[②]关于代理人与被代理人就违法行为承担连带责任的规定,要求管理人与代销机构承担连带责任。例如,在某资管公司、深圳市某基金销售公司委托理财合同纠纷案[③]中,代销公司受管理人委托销售涉案产品,二者之间形成委托代理合同关系。代销公司存在违反适当性义务的行为,法院认为管理人作为涉案产品的卖方机构,其对投资人是否符合适当性要求负有审慎审查义务,投资人的投资偏好、风险承受能力的情况属于其"应当知道"的范畴,管理人未尽到上述义务,故应承担连带清偿责任。

因此,在选择代销机构时,应该在就代销机构的业务能力、信用评价进行考察后谨慎选择。同时,监督代销机构的行为,防止因代销机构违法行为而承担连带责任。

(五)重视首次应诉

由于资管业务的特殊性,基于同一资管产品易产生系列案件,而法院在审理系列案件时由于案情高度一致,往往会以判决在先的案件为参考,因此可能对后案的裁判结果产生一定影响。管理人、托管人在首次应诉时应当高度重视,尽力做好应诉工作。

---

① 参见杜奔:《同案不同判,你该怎么办?券商资管业务投资者纠纷案例浅析》,载雪球网2022年10月31日,https://xueqiu.com/6096518911/234055163。

② 《民法典》第167条规定:"……被代理人知道或者应当知道代理人的代理行为违法未作反对表示的,被代理人和代理人应当承担连带责任。"

③ 参见广东省深圳市中级人民法院民事判决书,(2020)粤03民终19093号、19097号、19099号。

专题十一

资管纠纷中的内地香港合作

国浩律师（上海）事务所

黄宁宁　朱瑛佳慧　唐　宁　吴佳俊

2018 年 4 月 27 日，针对部分业务发展不规范、多层嵌套、刚性兑付、规避金融监管和宏观调控等问题，中国人民银行、原中国银行保险监督管理委员会、中国证券监督管理委员会、国家外汇管理局联合发布了《关于规范金融机构资产管理业务的指导意见》（以下简称《资管新规》），力求统一同类资产管理产品监管标准和统计，引导社会资金流向实体经济，加强穿透式监管和功能监管，推动资管业务回归“卖者尽责、买者自负”本源。该意见自发布之日起施行，过渡期至 2020 年年底。

《资管新规》施行后，根据中国人民银行发布的《2022 年金融统计数据报告》，资金空转情况好转，非标资产减少，标准化资产增加，影子银行规模大幅压降，较历史峰值下降约 20 万亿元。

2021 年 9 月，粤港澳三地同时发布的《粤港澳大湾区“跨境理财通”业务试点实施细则》标志着跨境理财通业务已进入实操环节。在粤港澳大湾区金融服务业深度融合的过程中，我国香港特别行政区凭借其明显的竞争优势和国际地位，进一步发挥其作为资本进入内地以及亚洲其他国家和地区的平台（跳板）作用，以及内地资金进入海外市场的窗口作用。[①]

与我国香港特别行政区相比，内地资产管理业务的类型包括信托公司的信托产品，银行的理财产品，证券公司、保险公司、期货公司的资产管理产品，基金管理公司的基金以及非金融机构的私募基金管理人的私募基金等。

香港资产与财富管理公司可分为持牌公司、注册机构（银行）、保险公司、信托公司和房地产投资信托。按业务性质不同，资产与财富管理业务可细分为资产管理与基金咨询、私人银行和私人财富管理、房地产投资信托和信托业务。

资管纠纷的常见类型可分为两类：一是资产管理机构在资产管理过程中与被投资主体间的纠纷，进一步根据投资类型的不同可细分为股权、借贷、证券、票据等不同类型的纠纷；二是投资者与

---

① 参见前海金融城邮报：《20 年增长超 9 倍，香港资管业对前海的启示》，载深圳新闻网，http://www.sznews.com/content/mb/2021-09/26/content_24602764.htm。

资产管理机构间的纠纷，进一步根据资管产品运营阶段的不同可细分为募集、销售、投资、管理、清算及退出阶段的纠纷，虽然在不同阶段，但这些纠纷多起因于资管产品出现亏损情形，争议焦点多围绕资产管理机构是否完成了约定和法定的义务（如了解客户、风险匹配、告知说明、尽职管理等），若无，则会进而对资管机构是否以及如何承担赔偿责任进行展开。

就第一类纠纷，特别是涉及境外投资的资管产品，我们发现越来越多人愿意选择由香港国际仲裁中心（HKIAC）仲裁。2021 年的伦敦玛丽皇后大学和 White & Case 调查发现，香港是欧洲以外的最受欢迎的仲裁地之一，全球排名第三。我们理解原因可能包括：其善于处理国际商事贸易争议，毗邻内地，了解内地商业、政策及法律环境，且其裁决相对容易在内地或其他公约国执行。

鉴于资管纠纷中内地与香港特别行政区越来越密切的合作，下文我们将详述前述纠纷中内地与香港特别行政区合作的实务经验分享。

第一章　内地与香港特别行政区间的仲裁保全协助机制

关于仲裁程序的保全协助，最高人民法院与香港特别行政区政司签署的《关于内地与香港特别行政区法院就仲裁程序相互协助保全的安排》于2019年10月1日生效，自此符合《关于内地与香港特别行政区法院就仲裁程序相互协助保全的安排》条件/程序的香港仲裁程序的当事人可以向内地法院申请保全，这对于保障后续香港仲裁裁决的执行具有重要意义。

根据HKIAC发布的2022年案件统计数据，自《关于内地与香港特别行政区法院就仲裁程序相互协助保全的安排》于2019年10月实施以来，HKIAC已处理86项申请，其中81项为财产保全，2项为证据保全，3项为行为保全。请求保全的财产总额达229亿元人民币（约33亿美元）。截至2022年年底，HKIAC获悉内地人民法院发布了58项裁定。在这58项裁定中，有54项批准了申请人提供担保的财产保全申请，有4项被驳回。这54项裁决所保全的财产总价值达145亿元人民币（约21亿美元）。①

根据《关于内地与香港特别行政区法院就仲裁程序相互协助保全的安排》，内地人民法院协助保全适用范围的“香港仲裁程序”需满足以下三点：一是应当以香港为仲裁地；二是由特定机构或者常设办事处管理；三是限于平等主体的公民、法人和其他组织之间发生的合同或其他财产权益纠纷，不包括投资者与东道主国家或地区之间的投资仲裁。

相较于内地人民法院的直接保全，香港仲裁程序中的内地协助保全，申请人在递交材料上还需要该仲裁机构或者常设办事处出具的已受理有关仲裁案件的证明函件，域外材料还需必要的公证证明手续、中文译本。由被申请人住所地、财产或证据所在地的内地中级人民法院管辖。

根据《关于内地与香港特别行政区法院就仲裁程序相互协助保全的安排》以及

① http://www.hkiac.org/zh-hans/about-us/statistics。

香港特别行政区的《仲裁条例》《高等法院条例》，仲裁程序的当事人可以向香港特别行政区高等法院申请临时措施，如保全资产、证据，颁发禁制令等，应当提交申请及其誓章、证据以及法庭命令的初稿等。申请人需根据法院要求作出承诺，就费用提供保证等，符合法律规定的，法院应当作出命令等。

第二章　两地判决/裁决在另一地的承认与执行

一、关于两地法院判决在另一地的承认与执行

2008 年 8 月 1 日，最高人民法院《关于内地与香港特别行政区法院相互认可和执行当事人协议管辖的民商事案件判决的安排》（以下简称《旧判决执行安排》）生效，该安排确定了内地人民法院和香港特别行政区法院在具有书面管辖协议的民商事案件中作出的须支付款项的具有执行力的终审判决，当事人可以根据该安排向内地人民法院或者香港特别行政区法院申请认可和执行以及其他相关事宜。根据前述，内地与香港特别行政区两地法院相互认可与执行异地法院判决的形式前提包括类型为民商事案件、须有金钱给付义务、具有书面管辖协议、判决为终审且具有执行力等，结合笔者过往的实务经验，通常而言依据《旧判决执行安排》进行认可与执行的主要障碍在"书面管辖协议"。

《旧判决执行安排》第 3 条第 1 款规定，"本安排所称'书面管辖协议'，是指当事人为解决与特定法律关系有关的已经发生或者可能发生的争议，自本安排生效之日起，以书面形式明确约定内地人民法院或者香港特别行政区法院具有唯一管辖权的协议"。鉴于此，仅在各方当事人之间以书面形式明确约定内地人民法院或香港特别行政区法院具有唯一管辖权的情形下，才能适用《旧判决执行安排》向另一地法院申请承认和执行前述终审判决；反之，比如"债权人有权在任何其认为适宜的司法管辖区提起针对担保人的诉讼，且在一个或多个司法管辖区提起诉讼不应排除在任何其他司法管辖区提起诉讼，不论是否同时进行"这类表述，则可参照《第二次全国涉外商事海事审判工作会议纪要》（以下简称《第二次涉外会议纪要》）第 12 条的规定，认定该协议并没有排除其他国家/法域有管辖权法院的管辖权，进而会因未明确约定香港特别行政区法院或内地人民法院对纠纷管辖的唯一性，不具备适用《旧判决执行安排》予以异地认可和执行的条件。

2019 年 1 月 18 日，最高人民法院与香港特别行政区政府联合发布了《关于内地与香港特别行政区法院相互认可和执行民商事案件判决的安排》（以下简称《新判

决执行安排》），该安排对两地相互认可和执行民商事案件判决的范围和判项内容、申请认可和执行的程序和方式、对原审法院管辖权的审查、不予认可和执行的情形、救济途径等作出了规定。

2024 年 1 月 29 日，《新判决执行安排》在内地与香港特别行政区同时生效，内地亦将就该安排配套司法解释。

二、关于两地仲裁裁决在另一地的承认与执行

根据 2000 年 2 月生效的最高人民法院《关于内地与香港特别行政区相互执行仲裁裁决的安排》以及 2020 年 11 月生效的最高人民法院《关于内地与香港特别行政区相互执行仲裁裁决的补充安排》，内地人民法院（被申请人住所地或者财产所在地的中级人民法院）执行按香港特别行政区《仲裁条例》作出的仲裁裁决，香港特别行政区法院（香港特别行政区高等法院）执行按《仲裁法》作出的仲裁裁决。申请人可以分别向两地法院申请执行，但两地法院执行财产的总额不得超过裁决确定的数额。有关法院应当按执行地法律程序处理及执行，在受理执行仲裁裁决申请之前或者之后，可以依申请并按照执行地法律规定采取保全或强制措施。

第三章　两地律师的常见配合模式

在香港特别行政区诉讼/仲裁程序中，律师一般可分为大律师（barrister）和事务律师（solicitor），两者负责的范畴不同。

事务律师负责整体把握案件进程，从程序方面进行文书准备、起草的工作，并且统筹安排聘请大律师出庭应诉。大律师主要具体负责出庭应诉工作，更专注法律方面的研究。当事人一般无法直接聘请大律师，需通过事务律师转介聘用。香港特别行政区的大律师系个人执业，完全独立、客观、不受干预。

在香港特别行政区仲裁程序中，内地律师也可以作为事务律师，并延聘大律师出庭应诉。在香港特别行政区诉讼程序中，则需要香港事务律师，并视情况延聘大律师。

第四章　两地资管纠纷实践中的仲裁比较

考虑到 HKIAC 仲裁在境外投资资管领域成为热门的约定争议解决方式之一，两地仲裁在实际操作层面的异同也成为两地当事人及律师近年来关注的重点。

一、仲裁程序的启动

1. 根据《2018 香港国际仲裁中心机构仲裁规则》（以下简称《HKIAC 仲裁规则》）第 4.1 条和第 4.2 条的规定，申请人应向 HKIAC 和被申请人传送仲裁通知，仲裁应视自 HKIAC 收到仲裁通知之日起启动。

2. 内地仲裁对程序启动节点的规定不一。部分机构规定仲裁程序自仲裁委员会受理申请之日开始。① 也存在机构规定仲裁程序自仲裁委员会收到仲裁申请书之日起开始。②

3. 在香港特别行政区仲裁中，申请人提交"仲裁通知"启动仲裁，被申请人随后提交"答复书"。前述文件一般较为简短，此时双方当事人提供的文件内容和观点可以被后来提交的仲裁文件修改。

4. 内地通常直接提交仲裁申请书及证据等文件启动仲裁，被申请人是否提交书面答辩通常不影响开庭安排。

二、仲裁庭的组成（仲裁员选择）

1. 根据《HKIAC 仲裁规则》第 8.1 条的规定，除非当事人另有约定，否则两位边裁应提名第三位仲裁员出任首席仲裁员。若其未能在第二位仲裁员被确认或指定后 30 日内作出提名，HKIAC 应指定首席仲裁员。

2. 内地仲裁机构的仲裁规则多规定首席仲裁员由双方当事人共同选定或共同

---

① 《北京仲裁委员会仲裁规则(2022)》第 9 条第 3 款规定，"仲裁程序自本会受理仲裁申请之日开始"。

② 《中国国际经济贸易仲裁委员会仲裁规则(2015 版)》第 11 条、《上海国际经济贸易仲裁委员会(上海国际仲裁中心)仲裁规则(2015)》第 10 条等。

委托仲裁委员会主任指定①。

3. 在香港特别行政区仲裁中,作为一般原则,若在依《HKIAC 仲裁规则》仲裁中的当事人国籍不同,独任或首席仲裁员不得持有与任何一方当事人相同的国籍,除非所有当事方另有特别约定。仲裁员需进行声明及披露,若可导致对仲裁员的公正性或独立性产生合理怀疑,当事人可发出质疑通知,除非被质疑的仲裁员辞职或未提出质疑的当事人于收到质疑通知后 15 日内同意质疑,HKIAC 应决定质疑。

4. 内地仲裁虽有仲裁员披露及回避制度,但仲裁员披露较为少见。从国际商事仲裁的发展进程以及国内商事仲裁的实践经验来看,仲裁员的披露制度恰恰是制度层面确保仲裁员公正性和独立性的具体措施之一。我国《仲裁法》中并未规定仲裁员披露义务,更多是通过各机构仲裁规则进行约束指引。2021 年 7 月 30 日,司法部发布《仲裁法(修订)(征求意见稿)》(以下简称《仲裁法征求意见稿》),其中虽然确立了仲裁员的披露义务,却仍未对披露的具体程序、披露的标准与边界等相关事项提供一种可以遵循的参照或指引。② 目前,国际仲裁中应用较广的指引为《国际律师协会国际仲裁利益冲突指引》③。

三、仲裁管辖权

1. Competence – competence 原则即自裁管辖权原则,是商事仲裁的重要理论之一。其主要内容为,由仲裁庭决定自己是否具备该仲裁案件的管辖权。在本专题所重点讨论的资管纠纷中,当事人各方可能来自各个不同国家和地区,为尽量避免地方保护对案件的影响,当事人之间可能倾向于约定通过较少司法干预的仲裁以解决纠纷。仲裁庭自裁管辖权原则对法院介入仲裁程序的权力进行了一定的限制,这进一步平衡了仲裁自治原则和国家司法主权之间的关系。

2. 香港特别行政区《仲裁条例》规定管辖权仲裁庭进行自裁,在仲裁庭否定了其自身的管辖权后,再讨论是否由法院管辖,且法院在判断仲裁协议效力的问题上仅进行形式性审查。

3.《仲裁法》第 20 条第 1 款规定,"当事人对仲裁协议的效力有异议的,可以请求仲裁委员会作出决定或者请求人民法院作出裁定。一方请求仲裁委员会作出决

---

① 《中国国际经济贸易仲裁委员会仲裁规则(2015 版)》第 27 条、《上海国际经济贸易仲裁委员会(上海国际仲裁中心)仲裁规则(2015)》第 22 条等。

② 《完善商事仲裁中仲裁员披露制度的问题探讨——以〈中华人民共和国仲裁法(修订)(征求意见稿)〉为视角》。

③ https://www.ibanet.org/MediaHandler? id = 5b219797 – 0407 – 4233 – a7e0 – edb0543a 0417。

定,另一方请求人民法院作出裁定的,由人民法院裁定”。前述规定在《仲裁法征求意见稿》中进行了调整。《仲裁法征求意见稿》第 28 条规定:“当事人对仲裁协议是否存在、有效等效力问题或者仲裁案件的管辖权有异议的,应当在仲裁规则规定的答辩期限内提出,由仲裁庭作出决定……当事人对仲裁协议效力或者管辖权决定有异议的,应当自收到决定之日起十日内,提请仲裁地的中级人民法院审查……”该规定中虽体现了一定程度的自裁管辖权原则,但仍设置了法院对仲裁庭决定的后置审查程序,此做法与国际通行惯例仍有区别。

四、临时措施

1. 在香港特别行政区仲裁中,仲裁庭及法院都有权作出临时措施,即当事人既可向法院也可向仲裁庭申请临时措施。

2.《仲裁法》规定财产、证据保全等裁定均须由法院作出。《仲裁法征求意见稿》中则体现了立法思想的突破,增设了临时措施章节,规定保全可以向仲裁庭提出。仲裁庭通过“并存权力”模式的立法获得了临时措施的决定权,主导仲裁全局,极大地促进仲裁有关事项的推进,有利于节省当事各方的时间成本。

五、程序安排

1. 在香港特别行政区仲裁中,通常仲裁庭与双方当事人的律师会就程序性安排进行沟通,由仲裁庭结合双方当事人意见制作和发布程序令和案件审理时间表,对整个仲裁程序的每一步作出明确的要求并写明提交文件的时间期限。

2. 内地仲裁实践中多以仲裁通知的形式逐步确定案件的答辩、举证、质证等文书提交和开庭等安排的期限,灵活性较大。近年来,内地各大仲裁机构也在日益增长的对外交流中探索仲裁程序安排的新路径,在其新修订的仲裁规则①中加入有关程序指令、庭前会议、审理范围书的规则安排。

六、证人证言

1. 在香港特别行政区仲裁中,证人证言是案件的重要证据,甚至是决定性的证据。该环节的目的,就是通过还原双方当事人处理事件的真实过程,来还原案件真相。一般来说,提交书面证言的证人都需要出庭作证,并接受双方律师的交叉盘问。若证人在没有正当理由的情况下拒绝出庭作证,则仲裁庭将不予考虑其书面证供。

---

① 《深圳国际仲裁院仲裁规则》第 36 条、《北京仲裁委员会仲裁规则(2022)》第 36 条等。

2. 内地司法实践中,对事实的还原仍以书面证据为主。各仲裁机构仲裁规则中亦仅就证人的保密义务和翻译程序作出简要规定。

七、开庭

1. 香港特别行政区仲裁通常在双方充分交换书面文见、材料之后再安排开庭,前述书面文件包括仲裁通知、仲裁通知的回复、Case Summary、证人证言、专家意见、回复意见等。开庭前亦会进行庭审前会议,起草庭审时间表以安排庭审时的具体程序事项。

2. 内地的仲裁程序一般在被申请人答辩期限经过后即择日组织开庭,效率较高。在内地仲裁中,仲裁委员会一般会承担庭审当日的所有后勤工作,包括庭审记录、设备安排等工作。而在香港特别行政区仲裁中,前述程序安排由第三方机构负责,另行收费。

八、文件总结

1. 如上所述,香港特别行政区仲裁在开庭前即存在多轮文件交换。根据仲裁庭要求,庭中、庭后还需提供相关书面材料,如大事记、结案陈词等,供仲裁庭厘清案件的整体脉络并作出裁决。

2. 内地的文件交换相对简单直接,标的金额较小的案件可能只存在一轮文件交换,即仲裁申请书和答辩状,就效率角度而言,这减轻了仲裁庭的阅读负担,加快了案件进程。

第五章　内地与香港特别行政区区际平行诉讼

平行诉讼是指相同当事人就同一争议基于相同事实以及相同目的在两个以上国家或地区的法院进行诉讼的现象。[①] 根据诉讼两造的特点，平行诉讼可进一步分为重复诉讼与对抗诉讼两类，当事人在前者中的诉讼地位相同，在后者中则诉讼地位相反。

平行诉讼的成因较为多样，如双方当事人综合考量各法域内过往判例、裁判倾向、适用法律可能、对方应诉不便等因素，各自选择管辖法院以获取有利于己方的诉讼优势而形成的对抗诉讼；又如一方当事人在某一法域未能取得有利生效裁判而在另一法域进行尝试的重复诉讼；再如某一法域所取得的生效裁判因种种原因无法在被告主要财产所处的另一法域直接获得承认与执行，基于执行效果而产生的重复诉讼。凡此种种，不一而足。

区际平行诉讼作为平行诉讼的一种表现形式，是指在同一主权国家不同法域进行的平行诉讼，[②]本专题着眼于内地与香港特别行政区之间的区际平行诉讼。《香港特别行政区基本法》第 2 条规定，全国人民代表大会授权香港特别行政区依照该法的规定实行高度自治，享有行政管理权、立法权、独立的司法权和终审权。因此，前述区际平行诉讼虽发生在同一主权国家内，但由于存在复数法域，仍会因内地和香港特别行政区法院的司法管辖权冲突而产生包括异地裁判的承认与执行，区际平行诉讼的受理、中止与驳回等一系列实务问题，有待立法与司法层面的进一步厘清，以实现法秩序的可预期和协调统一。

一、新《民事诉讼法》下的立法前沿

2022 年修正的最高人民法院《关于适用〈中华人民共和国民事诉讼法〉的解释》（以下简称《民事诉讼法解释》）第 531 条对平行诉讼案件的处理进行了原则性的规定。2023 年 9 月 1 日，中华人民共和国第十四届全国人民代表大会常务委员会第五

---

① 参见杜涛：《先受理法院规则与国际平行诉讼问题的解决》，载《武大国际法评论》2015 年第 2 期。

② 参见王晓、陈琨：《区际平行诉讼中的管辖确定》，载《人民司法（案例）》2020 年第 26 期。

次会议通过《全国人民代表大会常务委员会关于修改〈中华人民共和国民事诉讼法〉的决定》,2023年修正的《民事诉讼法》(以下简称新《民事诉讼法》)已于2024年1月1日起施行。其中,新《民事诉讼法》第280条、第281条、第282条、第302条等修正对平行诉讼的司法实践提供了更进一步的指引与规范。

新《民事诉讼法》第280条规定平行诉讼(包括对抗诉讼与重复诉讼)在中国法院有管辖权的情况下原则上应予受理,仅在当事人订立排他性管辖协议选择外国法院管辖时可以裁定不予受理或驳回起诉,但前述排他性管辖协议不得违反专属管辖规定,不涉及中华人民共和国主权、安全或者社会公共利益。这一条拟通过"原则—例外—保留"的形式将《民事诉讼法解释》第531条以法律的形式体现,在肯定国家司法主权、兼顾当事人意思自治的前提下,进一步作出了专属管辖、国家主权、安全及社会公共利益等保留。作为受理平行诉讼的基本规则,新《民事诉讼法》第280条体现出了目前立法技术的协调与规整。

新《民事诉讼法》第281条规定在外国法院受理在先的情况下,中国法院正在审理的平行诉讼可以依当事人书面申请裁定中止诉讼,但除外了当事人协议选择中国法院管辖、专属管辖、中国法院系更方便法院的三种情形,前两种除外情形分别对应了当事人意思自治与国家司法主权的价值追求。

新《民事诉讼法》第282条的前身是《民事诉讼法解释》第530条,该条规定对于中国法院正在审理的涉外民事案件,在同时满足(1)不方便法院原则,(2)无中国法院管辖协议,(3)不属于专属管辖案件,(4)无害中国国家主权、安全及社会公共利益,及(5)外国法院更为适宜五项条件的情况下,被告有权提出管辖异议,请求中国法院驳回原告起诉,告知其向更为方便的外国法院提起诉讼。值得注意的是,这一条所述及的五项条件基本与新《民事诉讼法》第280条的保留事项与不方便法院原则相一致。

虽然新《民事诉讼法》第281条与第282条都在一定程度上体现了国家司法主权在国际礼让下满足特定条件的谦抑,但第281条第2款与第282条第2款亦规定了如外国法院未采取必要措施审理或未在合理期限内审结相关案件,中国法院仍能依申请恢复诉讼或再次受理平行诉讼的起诉。前述规定为平行诉讼可能产生的司法管辖权争议而致当事人损害提供了救济途径,充分保障了当事人的诉讼权利。

除前述条款外,新《民事诉讼法》第302条同时规定了申请承认与执行外国法院判决对正在审理的平行诉讼的影响。在中止该平行诉讼案件后,中国法院将根据外国法院作出的发生法律效力的判决、裁定是否符合法律规定的承认条件,来决定后续裁定驳回承认与执行申请还是平行诉讼的起诉。

需要承认的是，新《民事诉讼法》对平行诉讼制度的深化无疑是具有重大意义的，这为平行诉讼司法实务的开展提供了重要指导与依据。但包括何为“不方便法院”、何为“外国法院未采取必要措施审理”、何为“争议与中国的联系更为密切”等问题，仍需要与立法相配套的立法解释、司法解释，以避免司法层面“被迫”行使自由裁量权而导致“同案不同判”等争议与混乱产生。

二、区际平行诉讼在内地人民法院的审理

（一）管辖

1. 对国际/涉外民商事案件的司法管辖权是国家司法主权的延伸。因此，无论是《第二次涉外会议纪要》第 10 条还是《民事诉讼法解释》第 531 条，都允许我国法院对符合 2021 年修正的《民事诉讼法》有关管辖规定的平行诉讼案件予以受理。

2. 从国际私法的角度出发，为尽可能实现国家司法主权对各国国家、公民、法人或者其他组织利益的保护，司法管辖权会在管辖连接点上作出形式上尽可能多地建立。比如新《民事诉讼法》第 276 条规定，“因合同纠纷或者其他财产权益纠纷，对在中华人民共和国领域内没有住所的被告提起的诉讼，如果合同在中华人民共和国领域内签订或者履行，或者诉讼标的物在中华人民共和国领域内，或者被告在中华人民共和国领域内有可供扣押的财产，或者被告在中华人民共和国领域内设有代表机构，可以由合同签订地、合同履行地、诉讼标的物所在地、可供扣押财产所在地、侵权行为地或者代表机构住所地人民法院管辖”，这一条就充分体现了立法技术层面对“与争议有联系”的诠释。

3. 最高人民法院《关于适用〈中华人民共和国民法典〉有关担保制度的解释》第 21 条第 2 款规定，债权人一并起诉债务人和担保人的，应当根据主合同确定管辖法院。在此基础上，对于一债务人多担保人的案件，现行法律规定允许并案审理，这极大地提高了诉讼效率，能有效降低债权人的维权成本。但值得注意的是，涉及内保外贷的案件在我国法院的管辖并不一定能匹配前述规定的要求。

4. 根据国家外汇管理局《跨境担保外汇管理规定》第 3 条第 2 款的规定，内保外贷是指担保人注册地在境内，债务人和债权人注册地均在境外的跨境担保。以笔者曾经经办的一组以某银行香港分行为债权人，香港特别行政区某企业为债务人，内地公司与自然人为担保人的金融借款合同纠纷为例，委托人某银行香港分行已在香港特别行政区高等法院取得终审判决，拟对各担保人名下在内地的资产进行执行与处置，由于不具备承认与执行该终审判决的前提条件，委托人决定对各担保人在内地法院发起诉讼。然而由于主债务人在中华人民共和国领域内没有住所，且本案不

具有判决时生效的《民事诉讼法》第272条(新《民事诉讼法》第276条)规定的管辖连接点(这一情形在涉及内保外贷的金融借款合同纠纷中并不罕见),最终只能根据各担保合同约定的管辖条款或适用《民事诉讼法》规定的法定管辖对各担保人分别提起以担保合同纠纷为案由的民事诉讼,包括平行诉讼中的重复诉讼。

(二)香港特别行政区法院判决在内地人民法院作为证据的使用

1. 在无法于内地人民法院对香港特别行政区法院判决进行承认与执行的场合,已作出的香港特别行政区法院判决仍然可以对内地人民法院的平行诉讼审理及事实查明起到重要作用。

2. 内地人民法院并不拒绝一方当事人将香港特别行政区法院所作出的生效判决以事实性证据的形式向法院提交。《民事诉讼法解释》第114条规定,国家机关或者其他依法具有社会管理职能的组织,在其职权范围内制作的文书所记载的事项推定为真实,但有相反证据足以推翻的除外,公文书证在绝大部分场合具有相当的证明力。

3. 最高人民法院《关于民事诉讼证据的若干规定》第16条规定,"当事人提供的公文书证系在中华人民共和国领域外形成的,该证据应当经所在国公证机关证明,或者履行中华人民共和国与该所在国订立的有关条约中规定的证明手续……当事人向人民法院提供的证据是在香港、澳门、台湾地区形成的,应当履行相关的证明手续"。对于香港特别行政区法院判决而言,当事人可委托有资质的香港律师出具查证属实的公证文书并由中国法律服务(香港)有限公司加盖中华人民共和国司法部转递专用章。与此同时,为证明该香港特别行政区法院判决已生效且在香港特别行政区司法管辖权内可执行,当事人可同步聘请香港律师对该等事项出具香港法律意见。

4.《第二次涉外会议纪要》第9条规定:"担保合同的主债务人在我国境外,债权人在我国仅起诉担保人的……在审理过程中,如发现依据担保合同的准据法,担保人享有先诉抗辩权或者该案需要先确定主合同债权额的,可以根据不同情况分别作如下处理:……(2)人民法院对主合同纠纷不享有管辖权的,应裁定中止审理,并指定一定的期限,告知债权人对主债务人提起诉讼或仲裁,或者以其他方式确定主债权额。债权人在指定的期限内对主债务人提起诉讼或仲裁,或者经其他方式可以明确主债权额的,人民法院应在债权人提交相应的生效裁判文书或者其他证明文件后恢复审理……"据此,若内地人民法院对主合同纠纷不享有管辖权(如主合同约定由香港特别行政区法院排他性管辖或由仲裁机构仲裁)且担保人享有先诉抗辩权或者该案需要先确定主合同债权额，香港特别行政区法院作出的生效裁判文书将成为推进内地人民法院案件继续审理的关键，实践中也可能会因此成为是否得以受理的重要因素。

（三）适用法律为香港特别行政区法律在内地人民法院诉讼中的查明方式

1. 适用法律的选择直接影响和决定了审判机关对双方权利与义务关系的评价。根据最高人民法院《关于适用〈中华人民共和国涉外民事关系法律适用法〉若干问题的解释（一）》（以下简称《法律适用法解释一》）第 17 条“涉及香港特别行政区的民事关系的法律适用问题，参照适用本规定”；又根据《涉外民事关系法律适用法》第 41 条“当事人可以协议选择合同适用的法律。当事人没有选择的，适用履行义务最能体现该合同特征的一方当事人经常居所地法律或者其他与该合同有最密切联系的法律”的规定，当事人往往会在合同中直接协议选择适用法律，避免法院依据该国或该地区法律适用法所决定的适用法律与双方权利义务关系的预期产生较大的偏离。

2.《涉外民事关系法律适用法》第 10 条规定，当事人选择适用外国法律的，应当提供该国法律。不能查明外国法律或者该国法律没有规定的，适用中华人民共和国法律。《法律适用法解释一》第 15 条第 2 款规定，根据《涉外民事关系法律适用法》第 10 条第 1 款的规定，当事人应当提供外国法律，其在人民法院指定的合理期限内无正当理由未提供该外国法律的，可以认定为不能查明外国法律。值得注意的是，《最高人民法院关于适用〈中华人民共和国涉外民事关系法律适用法〉若干问题的解释（二）》（以下简称《法律适用法解释二》）已于 2023 年 8 月 30 日通过，并已于 2024 年 1 月 1 日起施行，其第 9 条第 2 款重申，“当事人选择适用外国法律，其在人民法院确定的期限内无正当理由未提供该外国法律的，人民法院可以认定为不能查明外国法律”。《法律适用法解释二》为司法实践进一步细化了程序与实务指引，如第 3 条规定了当事人提供外国法律的形式与内容（区分成文法与判例法）；第 4 条规定了法律查明服务机构、法律专家资质/资历证明及无利害关系书面声明的提交义务；第 5 条规定了外国法律查明材料应当庭出示，以及各方当事人对外国法律内容及理解与适用发表意见的权利；第 7 条规定了法律查明服务机构、法律专家对诉讼活动的参与等。

3. 因此，如果想要协议选择的非中国法律最终适用于案涉纠纷的审理，当事人应尽可能履行其负有的向法院提供该国法律以供查明的义务。具体到内地与香港两地区际平行诉讼，结合香港特别行政区法律英美法系的特点，通常可以提交由香港律师出具的围绕案涉争议焦点展开的香港法律意见,以供法院查明。

结　语

在内地与香港特别行政区近年来愈加密切的经济、文化、法律沟通的大背景下,资管纠纷的内地香港合作将成为两地法律服务行业密切交流的一个缩影。针对上述提及的对比和趋势,笔者作出如下总结和建议:

1. 考虑到两地仲裁将成为资管纠纷热门的争议解决方式,仲裁条款的草拟必须做到准确、完整、可依赖。以内地仲裁条款效力为例,仲裁协议若约定两个以上仲裁机构,或仅约定由某地的仲裁机构仲裁,则存在无效的风险。若约定或裁或审条款,则仲裁协议无效。前述存在瑕疵的条款对当事人权益有不可磨灭的损害。相对而言,内地香港两地区际平行诉讼则会随着立法与司法实践的不断深入而日益成熟,值得进一步关注。

2. 由于内地和香港特别行政区法律文化土壤存在差异,在面对内地客户时,两地服务方式也必然存在差异。内地客户除从律师处获得法律专业意见外,往往倚赖律师在商业判断上也提供建议,而香港律师对于该等要求较为陌生。在此情况下,双方配合过程中需综合考量专业意见和商业目的的平衡,为客户达成法律目的与商业利益的统一。

延伸探讨篇

专题十二

我国家族信托业务纠纷类型化探析

国浩律师（上海）事务所　王小成　刘　威

2001 年我国出台了《信托法》,2012 年国内首单家族信托落地,2019 年家族信托存续规模突破 1000 亿元,2022 年年底突破 4000 亿元。近年来,随着居民财富的增长以及信托概念的普及,家族信托呈现出加速发展的趋势。我国信托业务一开始是作为一种金融工具而得到迅速发展的,直到今天,信托业务仍以金融信托、商事信托为主。家族信托乃至一般民事信托的发展则相对滞后。目前,家族信托受托人主要是信托公司,信托财产以资金和保单居多,其他财产形式的家族信托业务尚未形成规模。境内家族信托第一单落地至今 10 年来,家族信托相关纠纷并不多见,但随着业务的发展和时间的积累,必然会有越来越多的纠纷和争议出现。

本专题结合近年来的有关案例和监管动态尝试对家族信托业务常见的纠纷类型作出前瞻性分析:首先对家族信托的法律结构和我国目前的监管政策、法律法规进行介绍;其次对近年来我国境内外比较典型的信托案例进行分析,在此基础上提炼出家族信托常见的纠纷类型,并对其中涉及的法律问题进行分析;最后对家族信托的设立提出相关建议。

第一章　总　　论

一、家族信托的法律结构分析

家族信托在法律结构上与一般的信托没有本质区别。根据《信托法》第 3 条的规定，信托当事人包括委托人、受托人和受益人。委托人即向受托人授予信托财产的主体，委托人将自己合法所有的财产交付给受托人，由受托人作为财产权利人行使有关权利。受益人即根据信托文件享有信托利益的主体，受托人须遵守信托文件的规定，为了受益人的最大利益处理信托事务。因此一般而言，家族信托呈现出三方当事人的结构。信托设立的一般依据是信托合同，信托合同的当事人则是委托人和受托人。除上述三方主体外，信托中另外一个常见主体是监察人，或称保护人，其主要作用是监督受托人。监察人的具体职能及权限可在信托文件中予以明确，如酌情变更受托人、受益人等。

二、家族信托当事人的权利与义务

（一）委托人的权利与义务

1. 委托人的权利

根据《信托法》的规定，委托人的主要权利包括以下几种。

（1）知情权

《信托法》第 20 条规定："委托人有权了解其信托财产的管理运用、处分及收支情况，并有权要求受托人作出说明。委托人有权查阅、抄录或者复制与其信托财产有关的信托帐目以及处理信托事务的其他文件。"

（2）信托财产管理方法调整权

《信托法》第 21 条规定："因设立信托时未能预见的特别事由，致使信托财产的管理方法不利于实现信托目的或者不符合受益人的利益时，委托人有权要求受托人调整该信托财产的管理方法。"

（3）撤销权

《信托法》第 22 条规定："受托人违反信托目的处分信托财产或者因违背管理职

责、处理信托事务不当致使信托财产受到损失的,委托人有权申请人民法院撤销该处分行为,并有权要求受托人恢复信托财产的原状或者予以赔偿;该信托财产的受让人明知是违反信托目的而接受该财产的,应当予以返还或者予以赔偿。前款规定的申请权,自委托人知道或者应当知道撤销原因之日起一年内不行使的,归于消灭。"

(4)解任权

《信托法》第23条规定:"受托人违反信托目的处分信托财产或者管理运用、处分信托财产有重大过失的,委托人有权依照信托文件的规定解任受托人,或者申请人民法院解任受托人。"

2. 委托人的义务——交付信托财产

信托设立是一个财产法律行为,信托财产的交付在信托关系中具有关键意义,如信托的生效、信托财产独立性都以委托人向受托人完成信托财产的交付为前提,对于应当办理登记的信托财产,还应办理信托登记。

(二)受托人的权利与义务

1. 受托人的权利

(1)管理、处分信托财产

管理、处分信托财产既是受托人的权利,也是受托人的义务。就权利的角度而言,受托人有权按照信托文件的规定对信托财产进行有效的管理和处分,除非信托文件另有规定,否则不受委托人及受益人干涉;在对外关系上,受托人即信托财产的权利人。

(2)报酬取得权

受托人有权根据约定取得报酬。

(3)优先受偿权

《信托法》第37条第1款规定:"受托人因处理信托事务所支出的费用、对第三人所负债务,以信托财产承担。受托人以其固有财产先行支付的,对信托财产享有优先受偿的权利。"

2. 受托人的义务

(1)信义义务

信义义务包括忠实义务与谨慎义务,信义义务是受托人的法定义务,也是一种抽象的义务,具体内容不以法律或信托文件的列举为限。我国《信托法》第25条规定:受托人应当遵守信托文件的规定,为受益人的最大利益处理信托事务。受托人管理信托财产,必须恪尽职守,履行诚实、信用、谨慎、有效管理的义务。第 26 条至第 33 条进一步进行了列举细化。

(2)管理、处分信托财产

受托人须为了受益人的最大利益处理信托事务。管理、处分信托财产的具体内容可由当事人在信托文件中进行规定,并须遵守《信托法》及信托文件的要求,如将信托财产与其固有财产分别管理、分别记账,保存处理信托的完整记录,定期向委托人、受益人报告信托财产管理、处分的情况等。

(3)支付信托利益

受托人有义务按照信托文件的规定向受益人支付信托利益。

(三)受益人权利

受益人有权要求受托人依据信托文件支付信托利益。根据我国《信托法》的规定,受益人还和信托委托人一样,拥有知情权、纠正权、撤销权、解任权等权利。

(四)监察人(保护人)权利

信托监察人的权利可由信托当事人在信托文件中进行规定,如变更受托人、增减受益人等。《信托法》规定,公益信托中监察人有权以自己的名义为维护受益人的利益提起诉讼或者实施其他法律行为。

三、我国家族信托相关法律规范和监管政策梳理

目前我国涉及家族信托业务的法律法规较少,但近年来随着监管政策的引导以及信托行业的发展,家族信托逐渐进入主流视野。

2001 年出台的《信托法》是我国目前信托领域的基础性法律,对信托的一般性规则进行了明确。

2015 年,原中国银行业监督管理委员会办公厅《关于做好信托业保障基金筹集和管理等有关具体事项的通知》首提"家族信托"。

2018 年,原中国银行保险监督管理委员会《关于加强规范资产管理业务过渡期内信托监管工作的通知》指出,"家族信托是指信托公司接受单一个人或者家庭的委托,以家庭财富的保护、传承和管理为主要信托目的,提供财产规划、风险隔离、资产配置、子女教育、家族治理、公益(慈善)事业等定制化事务管理和金融服务的信托业务"。

2019 年 11 月 8 日,最高人民法院印发《全国法院民商事审判工作会议纪要》

（以下简称《九民纪要》），其中第 95 条重申信托财产独立于委托人、受托人、受益人各自的固有财产。

2023 年 3 月 20 日，原中国银行保险监督管理委员会《关于规范信托公司信托业务分类的通知》（银保监规〔2023〕1 号）将信托业务分为资产管理信托、资产服务信托、公益慈善信托三大类，其中资产服务信托项下的财富管理服务信托包括家族信托、家庭服务信托、遗嘱信托、其他个人财富管理信托等细项。该通知于 2023 年 6 月 1 日起正式开始实施。

第二章　我国近年来信托重大案例梳理与观察

一、上海市第二中级人民法院全国首例遗嘱信托案[①]

该案是目前我国公开案例中第一例遗嘱信托案例，该案遗嘱人在遗嘱中表达了“只传承给下一代，永久不得出售”、成立“家族基金会”等内容，二审法院认为，“一审法院的观点符合法律对无相对人意思表示行为解释的规范要求。尽管涉案遗嘱中部分文字表述不尽严谨与规范，但一审法院通过对涉案遗嘱通篇内容的把握与解释，将立遗嘱人在遗嘱中的财产安排定性为信托，符合该遗嘱的整体意思与实质内容”。

本案审理法院通过对遗嘱的解读，探寻立遗嘱人的真意，认为案涉遗嘱的实质即设立一个信托。法院得出这一结论与案涉遗嘱意思表达相对清晰、完整有重要关系，遗嘱人详细说明了信托财产范围、受益人范围、受益人的受益方式、管理人的人选、管理人的报酬等。在财产状况已与遗嘱人预设不符的情况下，法院通过意思表示的解释等方式，仍然肯定了信托的成立，只是对信托内容进行了相应调整。但实践中遗嘱人在缺乏专业人士协助的情况下，往往难以形成规范的表达，容易出现信托意愿表达不清晰、信托内容不完备等瑕疵，在这些瑕疵的影响下，法院能否支持成立遗嘱信托存在很大的不确定性。

二、湖北省武汉市中级人民法院首例家族信托诉讼保全案[②]

该案是执行异议纠纷，张某某与杨某发生诉讼，杨某申请法院对张某某设立的家族信托采取保全措施，该信托的受益人为张某某的儿子。随后信托委托人张某某和信托受益人张某某的儿子分别向法院提出执行异议。武汉市中级人民法院在两

---

① 参见李1、钦某某等遗嘱继承纠纷案，上海市第二中级人民法院(2019)沪02民终1307号民事判决书。

② 参见湖北省武汉市中级人民法院执行裁定书，(2020)鄂01执异661号；湖北省武汉市中级人民法院执行裁定书，(2020)鄂01执异784号。

份裁定中明确了案涉信托的受益人张某某的儿子是信托收益的权利主体，并认为张某某的儿子在该信托项下的收益可以排除杨某申请强制执行。与此同时，法院认为可以对信托项下的资金进行冻结，理由如下："避免委托人转移信托受益权或信托理财回赎资金行为……该冻结措施不涉及实体财产权益的处分，不影响信托期间中国对外经济贸易信托有限公司对张某的信托财产进行管理、运用或处分等信托业务活动，只是不得擅自将张某某的本金作返还处理，不属于对信托财产的强制执行。"

按照信托法原理，信托财产独立于委托人，不是委托人的责任财产，委托人的债权人无权申请采取强制措施。法院的上述理由虽未直接否定信托财产的独立性，但又以避免委托人赎回的理由认为对信托财产采取冻结措施是合法的。此种理由不仅与信托财产的独立性相冲突，对于法院或债权人而言，采取此种措施也并不能实现任何执行目的。针对该案保全信托财产的争议，法律界和金融界掀起了广泛的讨论。该案所折射出来的家族信托设立时委托人财产的尽职调查、信托设立后委托人权利的保留等问题，均值得大家思考。

三、山东烟台法院信托财产独立性确认案①

2015 年 A 公司与 B 公司签订《代持股合同书》，约定 B 公司为 A 公司代持某公司股权 800 万股，股本由 A 公司提供，B 公司不享有利润分配权和财产处置权，且 A 公司有权随时将股份过户至自己名下。后因 B 公司与 C 公司的诉讼，C 公司申请查封和执行 B 公司持有的某公司股权，A 公司遂提起执行异议之诉。该案中法院支持了 A 公司关于信托关系的主张，认可了财产的独立性，故判决不能执行信托财产。信托财产的独立性是信托关系的核心特征，《信托法》及《九民纪要》均对此予以明确。本案中信托关系成立的前提是 A 公司能够举证证明其与 B 公司关于股权代持的安排，且该案中 A 公司与 B 公司的合同中明确了是依据《信托法》订立，因此信托关系认定相对容易。但实践中存在大量类似的"代持"合同关系，是否属于信托关系裁判呈现出较大分歧。

四、某知名企业"托孤信托"侵占案②

案涉信托的受托人是 W，委托人和受益人是当时 LN 公司的掌舵人赵某完全控

---

① 参见山东建源集团有限公司与洪某革案外人执行异议之诉纠纷案，山东省烟台市芝罘区人民法院(2019)鲁 0602 民初 6968 号民事判决书。

② 案件有关情况参见东加勒比最高法院网站公布的判决：https://www.eccourts.org/judgment/zhao-long-et-al-v-endushantum-investments-co-ltd-et-al-2。

制的一家 BVI 公司,赵某临终前要求受托人将信托财产交付给自己的女儿,但 W 并未听从指示,反而用该信托项下的信托财产设立了新的信托。W 的女儿和赵某的女儿都是这个新信托的受益人,W 的丈夫作为保护人有权变更受益人。该案在国内引起了广泛的讨论。该案至少在信托层面存在以下问题值得思考:首先,W 及其丈夫与实质上的委托人赵某存在深度的业务合作及私人往来,信托财产本身的历史沿革也非常复杂,W 及其丈夫深度参与其中,这种情况下,由 W 作为受托人虽然可以基于信赖等因素免去一些麻烦,利于保密,但也极易引发道德风险。其次,信托财产必须是委托人合法所有的财产,应尽可能权利归属清晰,不存在重大瑕疵或争议,否则信托可能会面临被"釜底抽薪"的风险。

五、香港法院潘某陶夫妻离婚信托权益分割案①

潘某陶和妻子于 1968 年结婚。1995 年潘某陶在泽西岛成立了潘氏家族信托,信托财产包括公司和房产,后来夫妻二人感情逐渐疏远,2010 年法院正式判决二人解除婚姻关系。在附属济助程序中,潘某陶妻子要求分割信托财产。该案法院并未否定信托本身的有效性,潘某陶的妻子也认为该案不存在虚假信托的问题。该案涉及的实质问题是信托财产是否可以分割。一个有效成立的信托自然是独立于委托人的一般财产的,因此该案中并不是将信托资产作为一般财产,而是定性为"经济来源"(financial resource)。显然信托资产并非当然可以作为夫妻财产或经济来源予以分割,因此法院也对此进行了详细论证。法院认为潘某陶作为委托人对信托具有强有力的支配力,其中很重要的体现即根据以往的情况,只要委托人提出要求,受托人即会提供资金,这在某种程度上与银行存款是类似的。法院由此将信托财产纳入了可分割的财产范围,潘某陶作为支配信托的一方须对其妻子支付相应数额的资金。

六、香港法院季某信托财产投资损失赔偿案②

案涉信托设立后,委托人季某担任了信托财产(一家 BVI 公司)的投资顾问,并实际绝对支配着信托的对外投资,后投资失败亏损巨大,委托人季某及其丈夫要求受托人赔偿损失。此案涉及许多普通法下的法律和判例规则,虽然终审判决作出前双方已达成和解,但法院仍然基于该案的重要性作出了判决。该案重要性在于这是第一个关于离岸信托"免责条款"的终审级别案件,并可能对此后的案件产生先例的

① 参见香港终审法院判决,编号 FACV Nos 20 & 21 of 2013,判决日期:2014 年 7 月 17 日。

② 参见香港终审法院判决,编号[2019] HKCFA 45,判决日期:2019 年 11 月 22 日。

影响。

本案审理中,香港高等法院认为即使信托协议中有免责条款,但受托人仍负有"高水平监督义务",而香港终审法院认为,在免责条款之外并不存在这种高水平监督义务,除非证明受托人有严重疏忽。股权信托中受托人往往没有专业的经营管理能力,也不想承担经营风险,而委托人希望继续主导公司的经营发展,这一类条款能够满足各方的需要。否则,受托人基于成本和风险的考虑,势必不愿接受股权信托,股权信托的发展也就大大受到阻碍。

七、梅母挑战"梅某某信托"系列案①

梅某某于2003年12月30日不幸离世。2003年12月3日,梅某某签署了一份遗嘱,将财产用于设立全权信托。同一天,梅某某签署了信托契约。遗嘱指定汇丰国际信托有限公司为遗嘱执行人,也是信托的受托人。信托受益人包括梅母以及梅某某的一个好友刘某,还有妙境佛学会。梅某某去世后,其母亲覃某某提起诉讼,质疑遗嘱和信托的效力,香港高等法院和终审法院均驳回了覃某某的诉讼请求。这之后覃某某又提起诉讼要求终止信托,香港法院以并非所有受益人一致同意终止信托等理由予以驳回。

梅某某所设的家族信托从时间线来看比较匆忙,其临终前一两个月才开始了解和实施信托设立的相关程序。就信托效力而言,梅某某的信托经受了覃某某的数次挑战,但均遭法院驳回。但在这个过程中,受托人遭受了诉讼纠缠,承受了高额的诉讼成本,覃某某因诉讼产生的高额支出也由信托承担了一部分。该案例一方面说明了信托法律"盾牌"的坚硬,另一方面凸显了信托面对"人性贪婪"的无力和张力。

八、某餐饮品牌创始人家族信托案②

张某是某餐饮品牌的创始人,2014年欧洲私募股权基金"CVC"收购了某餐饮品牌的大部分股权,之后CVC与张某发生诉讼。2019年张某败诉,需偿付CVC1.42亿美元。为了执行这笔款项,CVC对张某世界各地的资产采取法律措施,其中包括张某设立的家族信托。张某2014年成立了一家BVI公司(Success Elegant Trading Limited),公司下开设了两个银行账户,之后张某以该公司股权为信托财产设立了家族信托。2022年11月,新加坡法院认定家族信托下银行账户资产为张某的个人资

---

① 参见香港终审法院判决,编号FACV No.11 of 2010,判决日期:2011年5月26日;香港高等法院裁决,编号HCA 1856/2014,裁决日期:2015年6月22日。

② 参见新加坡高等法院判决,编号[2022] SGHC 278,判决日期:2022年11月2日。

产,同意了 CVC 下设的 L 公司任命银行账户接管人的申请,以便债权人能够执行生效判决。法院作出此种认定的主要依据是,张某 2014 年、2015 年从信托下的银行账户分别转出 300 万美元用于个人目的;2014 年 11 月转出的一笔资金最终用于在纽约购买房产,该房产已被美国地方法院裁定为张某的个人财产;2015 年在新加坡法院签发保全令之前,张某又紧急从银行账户中转走约 3600 万美元;收到保全令之后,张某的律师向银行表示账户归张某所有。信托受托人对张某的上述行为并未提出异议。这些事实表明张某并未真正将资产交给受托人,而是保留了对信托财产的支配权。

虽然法院并未直接对张某信托的效力进行认定,但注入信托的财产将不能因为有信托而免受执行,其根源就在于法院认为张某"手伸得太长"。信托财产仍在张某的控制下,信托形同虚设,既然信托并未阻断张某的手伸向信托,那么,张某也不能指望信托能阻止债权人的追索。这再次提示我们,信托不是我们逃避债务或达到其他非法目的的工具,这既不符合信托制度的初衷,也不受现行信托制度的保护。即使委托人主观上并没有此等非法目的或动机,但由于对信托制度的理解有偏差,或不熟悉信托架构下自己的权利义务,从而实施了一些客观上冲击信托财产独立性的行为,也会面临信托财产不受隔离保护的后果。因此,对于委托人而言,具备基本的信托知识,严守信托财产的独立性,同时借助专业人士的指导,方能有效地发挥信托风险隔离的功能。

第三章　国内家族信托纠纷类型化思考与前瞻性分析

一、遗嘱信托效力认定，以及遗嘱信托执行纠纷——继承纠纷的新领域

遗嘱信托兼具遗嘱和信托的性质，当然就法律行为的定性而言，其仍属于遗嘱的范畴，只是通过遗嘱的形式设立信托这一法律架构。遗嘱信托的效力首先涉及的是遗嘱的效力，这在司法实践中各方争议比较大，遗嘱信托也会面临同样的局面。而且，遗嘱信托同时涉及以《民法典》为代表的民事法律和以《信托法》为代表的信托法律法规，规范的衔接与冲突需要关注。

信托是比遗嘱更复杂的法律结构。遗嘱人能否基本清晰地表达出信托意愿以及基本的信托成立要素，存在较大疑问。对遗嘱内容的解读者——法院而言，这是一个意思表示的解释以及对信托成立的理解与认定问题。如果遗嘱信托有效成立，信托内容如何执行等也是需要面对的新问题和新挑战。

（一）《信托法》与《民法典》的法律衔接

遗嘱信托同时受继承和信托两个领域的法律制度调整，二者的衔接对于遗嘱信托有重要影响。

1. 遗嘱信托的形式

《民法典》“继承”编第三章“遗嘱继承和遗赠”第 1 条（《民法典》第 1133 条）第 4 款规定：自然人可以依法设立遗嘱信托。随后 6 个条文规定了遗嘱的法定形式。遗嘱虽然以书面形式最为常见，包括自书、代书、打印和公证遗嘱，但亦不妨以录音录像或口头（危急情况下）的方式为之。

《信托法》第 8 条规定，设立信托，应当采取书面形式。书面形式包括信托合同、遗嘱或者法律、行政法规规定的其他书面文件等。按照《信托法》的规定，遗嘱信托中的遗嘱形式以书面形式为限，《民法典》则未予限定。《信托法》可以被认为是特别法，也是信托领域的基础性法律，而《民法典》是调整民事法律关系的一般法，但其相对于《信托法》而言是新法。《立法法》第 105 条第 1 款规定：法律之间对同一事项

的新的一般规定与旧的特别规定不一致，不能确定如何适用时，由全国人民代表大会常务委员会裁决。因此，如果自然人以录音录像遗嘱或口头遗嘱的方式设立信托，设立行为的有效性就会有疑问。

本专题认为，《信托法》对书面形式的强调没有特别的合理性，而且遗嘱本身就属于典型的要式行为，要求比单纯的“书面形式”更高，非书面形式的遗嘱需要满足严格的条件，如两个以上见证人在场见证，因此自然人以非书面形式的遗嘱设立信托的也应当有效。

2. 遗嘱信托的成立

《信托法》第 8 条第 3 款规定：采取信托合同形式设立信托的，信托合同签订时，信托成立。采取其他书面形式设立信托的，受托人承诺信托时，信托成立。根据该条规定，遗嘱信托的成立时间取决于受托人承诺信托的时间。[①] 但在被继承人死亡后、受托人承诺之前，若遗嘱信托尚未成立（或未生效），则在此期间，遗嘱中所确定的用于设立信托的财产尚不具备信托财产的独立法律地位，而应属于遗产。受托人“承诺”又无期限限制，相关财产有被作为遗产分割或被强制执行的风险。

但是，遗嘱信托从字面解释和信托设立方式上解释，实际上是指通过遗嘱方式设立的信托。在法律行为层面，首先属于遗嘱，遗嘱是典型的单方行为，自行为作出时成立，自行为人死亡时生效。遗嘱本身的成立与生效不可能同时发生，这是遗嘱的性质决定的。针对遗嘱信托的成立或生效，我们还应根据《信托法》第 13 条的规定进行认定，该条第 1 款明确规定，“设立遗嘱信托，应当遵守继承法关于遗嘱的规定”，第 2 款又对遗嘱信托受托人拒绝（不承诺）信托时如何选任受托人进行了详细规定。因此，我们从信托法关于遗嘱信托的立法本意来看，以及把《信托法》第 13 条作为《信托法》第 8 条的“特别条款”来解读，应当可以得出结论：遗嘱生效时遗嘱信托即告成立、生效。《民法典》生效后，第 1133 条关于遗嘱信托的规定已经实现了信托法与继承法的衔接，上述结论也在司法实践中得到了运用和认可。

《信托法》第 8 条第 3 款可能是考虑到受托人的“承诺”或“同意”是事实上不可或缺的一环，与合同的“要约”“承诺”十分相似，因此规定自承诺时信托设立。但事实上这并非唯一的处理方式，如遗赠同样需要受遗赠人的“承诺”，但在立法上并不因此认为遗赠系双方行为，也并未规定遗赠自承诺时生效。

（二）遗嘱信托内容的确定与执行

遗嘱信托在内容上常见的问题是完备性不足，轻则影响遗嘱信托的执行，重则

---

① 受托人承诺的理论最早时点是被继承人死亡时。

影响遗嘱信托的成立,这涉及意思表示的解释以及信托必备条款的问题。

1. 遗嘱信托与意思表示的解释

遗嘱本身在实践中受到否定的比例较大,重要原因之一就是遗嘱人多不具备法律知识,也无专业人士的协助,而信托是更为复杂的概念,遗嘱人能否在遗嘱中表达较为明确的信托意愿以及相对完整的信托要素将成为遗嘱信托效力要面临的重大挑战。当然,这首先需要进行意思表示作业。

在笔者目前看到的几个遗嘱信托相关案例中①,遗嘱人多采用了"基金""基金会"的表述。基金会本身具有法人资格,只能以从事公益事业为目的,对资金规模、专职工作人员、固定住所等均有要求。② 基金会更接近于公司法人,而信托是一种财产持有的法律架构。通常所说的基金如证券投资基金、维修基金则相当于信托,与基金会相去甚远。虽然这几个案例都未提及基金会与信托的差异,而是直接作为遗嘱信托讨论,但也说明法院和争议双方均认为遗嘱人的意思不包含成立法律意义上的基金会。在李某某与贺某继承纠纷案中,再审法院认为:"贺某 1 未提供充分证据对上述内容指向由其'继承所有'的主张予以证明,不应仅依据部分语汇判定本案遗嘱文件真正的意思表示……实质上更符合遗嘱信托之性质。"因此,遗嘱信托案件首先需要对遗嘱的内容进行意思表示解释,确定遗嘱人的内心真意是否包含设立信托。

2. 遗嘱信托的必备要件

意思表示解释的前提是存在解释的内容,如果遗嘱内容对某些核心要素完全未涉及,则遗嘱信托可能归于无效。《信托法》第 9 条规定的"应当"载明的事项可以被视作信托的必备条款③,缺少这些内容的,遗嘱信托无效。在曾某某与李某某遗嘱继承纠纷案中,法院认为,"该遗嘱对曾氏基金如何设立,以及曾氏基金设立的目的,基金如何运转,财产如何分配、使用等均没有明确,对遗产具体由曾某甲如何管理使用也没有明确的要求",最后驳回了原告的请求。非必备条款缺失或有争议则不影

---

① 参见曾某某与李某某遗嘱继承纠纷案,江西省高级人民法院(2016)赣民申 392 号民事裁定书;李某某与贺某继承纠纷案,北京市高级人民法院(2021)京民申 5415 号民事裁定书;李 1、钦某某等遗嘱继承纠纷案,上海市第二中级人民法院(2019)沪 02 民终 1307 号民事判决书。

② 参见《基金会管理条例》第 2 条、第 8 条。

③ 《信托法》第 9 条规定:"设立信托,其书面文件应当载明下列事项:(一)信托目的;(二)委托人、受托人的姓名或者名称、住所;(三)受益人或者受益人范围;(四)信托财产的范围、种类及状况;(五)受益人取得信托利益的形式、方法。除前款所列事项外,可以载明信托期限、信托财产的管理方法、受托人的报酬、新受托人的选任方式、信托终止事由等事项。"

响信托的执行，法院可根据案件情况在判决中予以明确。[①]

二、夫妻离婚涉家族信托权益或信托受益权分割纠纷——离婚财产分割新问题

一个有效设立的信托一般不受婚姻变动的影响，因为信托财产在法律上已经不属于委托人的财产，自然也不会是夫妻共同财产。但是从香港潘某陶案中我们可以看到，在某些特殊情况下，信托资产仍然有可能被作为夫妻共同财产进行分割。虽然在中国境内还未有相关案例，但该案可以给我们一个提示：即使有信托之名，司法机关在审查信托时，仍可能会因为信托财产实质上仍受委托人控制而进行分割。

2008年，澳大利亚最高法院对 Kennon v. Spry[②] 案作出判决，判决指出法院可以将家族信托中的资产认定为共同财产并对其进行分割。该案确立的一个规则是信托并不能绝对地与婚姻风险相隔离，在这之后也有其他案例将信托作为婚姻共同财产的一部分进行分割。

这些判例提出的一个共同问题是信托财产的独立性与夫妻共同财产的关系，通常所说的信托独立性更多是强调信托可免于外部的追索，但夫妻关系带来的共同财产关系是一种特别的财产关系，比如共同财产制下夫妻任何一方的收入都会经过“逻辑的一秒”自动转化为共同所有，无须公示。在此意义上夫妻二人的人格如同融为一体，这是其他任何法律关系都不具有的特点。但是这近乎融为一体的两个主体又有破裂的可能（离婚），在随之而来的财产分割中，信托是否能像通常情况下那样保持一种超然的地位不受影响并非不言自明。这同时涉及信托法的逻辑与婚姻法的逻辑，如同一般夫妻财产关系同时涉及物权法的逻辑与婚姻法的逻辑。我们大胆作一个假设，如果龙湖地产创始人离婚前设立的不是两个家族信托，而是由单方控制的一个家族信托，这个经典案例的走向也许将是另外一个版本。笔者近年来处理的协议离婚案件中，已经涉及了对婚姻关系存续期间设立的家族信托进行架构调整的操作。

当然，从境外判例中我们可以看到，法院在适用婚姻法规则时兼顾或平衡了信托法规则，一方面认为信托财产权益应当进行分割，另一方面不否定信托架构本身，而是由一方对另一方作出价值补偿。信托关系是一类特殊的财产规范，婚姻财产关系也是一类特殊的财产规范，婚姻关系中的信托如何实现与婚姻财产规

---

① 参见钦某某、李某今与李某根、李某芳等民事信托纠纷案，上海市静安区人民法院（2020）沪0106民初30894号民事判决书。

② See Kennon v. Spry, 238 CLR 366 (2008).

则的互动和衔接是一个值得观察和研究的课题。

三、信托财产投资失败损失赔偿纠纷

管理、处分信托财产是受托人的核心职责之一。《信托法》第22条规定:受托人违反信托目的处分信托财产或者因违背管理职责、处理信托事务不当致使信托财产受到损失的,委托人有权申请人民法院撤销该处分行为,并有权要求受托人恢复信托财产的原状或者予以赔偿。信托财产遭受损失且受托人对此有过错的,受托人就可能承担赔偿责任。

委托人如果要提出赔偿要求,最重要的就是证明受托人"违反信托目的处分信托财产或者违背管理职责、处理信托事务不当"。信托关系中,除了信托文件中明确约定的受托人义务外,受托人还具有法定的"信义义务"。信义义务是一种抽象义务,不以明文列举为限。信义义务大致可包括忠实义务和善管义务两类。忠实义务如自我交易禁止、双方代理禁止等;善管义务即善良管理义务。《信托法》第25条规定:受托人应当遵守信托文件的规定,为受益人的最大利益处理信托事务。受托人管理信托财产,必须恪尽职守,履行诚实、信用、谨慎、有效管理的义务。

受托人的义务可由当事人在信托文件中明确约定,包括排除受托人的某些义务,问题是对受托人义务或责任的排除是否一律有效,即如果信托财产遭受损失,受托人能否因免责条款全身而退。这种免责条款的极致体现即将事实上的管理、处分信托财产的权利交给第三方或委托人,同时相应免除受托人对财产损失所可能承担的责任。香港季某案中受托人通过"anti - Bartlett provisions"(反巴特利特条款)来免除自己的责任。针对此案,香港高等法院和香港终审法院的关键分歧即在于"anti - Bartlett provisions"能否有效免除受托人的全部责任,香港高等法院认为这种条款仅能免除部分责任,而在此之外的"high level supervisory duty"(高水平监督义务)是不能被免除的,而香港终审法院认为,并不存在所谓的"high level supervisory duty"。

信托委托人可以把信托完全交给受托人管理,但部分委托人更希望主动介入信托的管理,如在香港季某案中,季某实质上主导了信托财产的对外投资,最后出现亏损。该案的判决是建立在一定的司法实践和判例积累的基础上的,即已经有相当数量的案例涉及对"反巴特利特条款"效力的认定。"反巴特利特条款"是在域外信托实践中发展出来的一种防御性条款,目的就是在此类信托中,受托人能够降低责任风险。香港季某案终审法院认可了这种条款的效力,我们认为终审法院的判决是有说服力的。在内地的实践中,如果通过某种设计授予委托人实质上主导信托的权利,那么想必受托人也会有类似的条款进行风险控制,但这种条款的效力以及免责的范围是有待观察的。

香港季某案中，委托人季某对于信托财产投资决策的控制十分明显，受托人也对季某的决策提出了异议和建议，只是未行使实质上的否决权。但受托人原则上应有自身独立的判断和作为，按照信托文件为受益人的最大利益处理信托事务（《信托法》第 25 条第 1 款），如果认为受托人的义务可通过约定完全排除，受托人将完全形式化，似乎也未见得妥当。如果受托人自己作出了投资决策，是否应对投资损失承担责任关键还是在于受托人是否违反了适当管理义务，如果投资人将主要用来传承的财产进行高风险投资，或者疏于管理，则应承担相应的责任。

四、信托财产管理知情权纠纷

受托人受委托人之托为受益人利益处理信托事务，委托人、受益人自然应当有权了解受托人处理信托事务的情况，但是委托人或受益人与受托人对于应当披露的信息范围或方式可能发生分歧，进而产生诉讼。一般而言，知情权纠纷与受托人责任纠纷有紧密的联系，这是因为受托人违反法定或约定的管理义务是受托人对委托人或受益人承担责任的前提，这需要委托人、受益人进行举证。通过行使知情权了解受托人就处理信托事务的作为或不作为，委托人或受益人与受托人的信息不对称能够得到缓解，有利于减少举证难度。

委托人、受益人的知情权范围并不是无限的，这受到必要性、成本及第三人合法权益等多方面因素的影响。① 必要性是指有关信息的披露对于保护委托人、受托人的利益是必要的；成本是指受托人披露有关信息所要付出的成本，特别是营业信托受托人往往掌握大量的资料，如果都要披露，是否会对受托人施加过重的负担；第三人合法权益是指有关信息的披露是否可能损害第三人合法权益，如披露其他委托人的信息或事务管理过程中涉及的商业秘密。②

信托受托人的披露义务可分为主动的披露义务与被动的披露义务，主动的披露义务即受托人根据法律法规的要求不待委托人向受托人申请所进行的披露，如《信托公司集合资金信托计划管理办法》第 36 条、第 37 条的规定。被动的披露义务即

---

① 比如北京金融法院（2021）京 74 民终 686 号民事判决书指出："但委托人（受益人）知情权是有限度的，不应被无限放大。委托人（受益人）的知情权应当以委托人（受益人）能够了解信托财产的管理运用、处分及收支情况为限，应当以不损害其他委托人（受益人）合法权益为限，应当以保护受托人业务相关方商业秘密为限，应以受托人实际掌握的相关文件为限。"

② 《信托公司集合资金信托计划管理办法》第 35 条规定，受益人有权向信托公司查询与其信托财产相关的信息，信托公司应在不损害其他受益人合法权益的前提下，准确、及时、完整地提供相关信息，不得拒绝、推诿。

受托人根据委托人、受益人的申请披露有关信息的义务。目前,我国家族信托法规和实践均处于相对初级阶段,家族信托受托人的披露义务还没有特别规定。除《信托法》第33条第2款规定的"受托人应当每年定期将信托财产的管理运用、处分及收支情况,报告委托人和受益人"外,委托人、受益人也可在合同中约定受托人披露有关信息的方式、周期、范围、内容等。家族信托相较于一般的理财信托而言,其事务管理属性、个性化定制属性、更高程度的信赖属性、更强的保密诉求属性等特点决定了在信息披露上有不同的要求。总体而言,家族信托中的委托人、受益人应具有更广泛和深入的知情权。同时,委托人根据需要,可对受托人的信息披露义务作出限定,比如梅某某信托案中受托人就根据信托条款拒绝对梅母披露其他受益人的信息。

五、家族信托解除纠纷

信托法律关系不是合同法律关系,但信托的基础文件一般是合同,信托合同法律关系与信托法律关系呈现出二元结构体系,类似于债权行为与物权行为的关系。但我国《信托法》并未特别清晰地区分作为基础的合同与建立在合同基础上的信托本身,比如信托合同的成立、生效与信托本身的成立、生效。在信托成立的过程中,一般情况下,先有信托合同的成立生效,这时产生的是一般合同关系中的约束力,即受托人的信义义务开始产生,委托人应将信托财产交付给受托人等。随着信托财产的交付(登记),信托关系才有效成立,适用信托法而非合同法的规则进行调整。这种信托构建中的递进关系是结合《信托法》条文以及法理所进行的一种阐释,但信托"拆除"时合同与信托的二元结构如何变化,似乎尚缺少分析和阐述。

不过本专题暂且只讨论单纯的信托解除,不涉及基础合同法律关系的解除,此时不会产生信托层面与合同层面交叉的问题。信托的解除与一般的合同解除有所不同。《信托法》第50条、第51条规定了信托解除的事由,第53条规定信托解除是信托终止的情形之一,第54条至第58条规定了信托终止的法律效果,因此信托解除同信托撤销、信托终止具有相同的法律效果。根据《信托法》第50条、第51条的规定,信托解除的解除权人只能是委托人。第50条规定的情形(自益信托的解除)一般而言不易出现纠纷。第51条第1款第3项(经受益人同意的解除)相当于合意解除,第1项"受益人对委托人有重大侵权行为"中何为"重大侵权行为",尚未见到案例,理解上可以参考《民法典》第663条(赠与人撤销赠与)与第1125条(继承人丧失继承权、受遗赠人丧失受遗赠权)的规定。

实践中较可能发生争议的是第51条第4项"信托文件规定的其他情形",其功能类似于约定解除条件的合同解除。在罗某沛与高某设民事信托纠纷案中,作为委托人的61名职工中除原告外均已将股份转让,是否符合信托文件规定的委托人信托股权发生变更就成为一审、二审判决分歧的关键点。[①] 根据《信托法》第54条的规定,信托解除以及其他情形下的信托终止,信托财产的归属首先遵照信托文件规定,信托文件未规定的,按照受益人或者其继承人、委托人或者其继承人的顺序确定。

六、股权家族信托股东责任承担纠纷

股权家族信托股东责任纠纷,是指股权信托中受托人作为股东时因股东身份而与信托当事人以外的主体就责任承担引发的纠纷。股权家族信托即以公司股权为信托财产,受托人可以直接持有公司股权,也可以通过合伙企业等间接持有公司股权,受托人股东责任发生在受托人直接作为目标公司股东的情形下。

股东作为股权持有者可享受股东利益、行使股东权利,但股权持有者也可能因股权本身而负担债务。股权本身所生债务是指股东对公司的出资义务,违反出资义务的情形包括未按期缴纳出资、出资不实、抽逃出资等。违反出资义务的,股东需承担相应的责任。股权家族信托中,受托人直接被登记为股东的,即可能承担上述责任。《信托法》第37条规定,受托人因处理信托事务所支出的费用、对第三人所负债务,以信托财产承担。如果股东出资责任的承担限于信托财产,不涉及受托人的固有财产,受托人就没有实质的风险。

因此,问题的核心就是受托人是否需以其固有财产承担股东责任,换言之,公司、公司其他股东或公司的债权人主张权利是否受信托财产的限制。站在受托人的角度,出资瑕疵非因受托人而生,受托人实际上只是管理股权而非"拥有"股权,如果受托人固有财产被追索似乎有失公平。在爱建信托与方大碳素案[②]、北京天文弘建筑装饰与中信信托案[③]两个案件中,对于受托人承担责任是否受信托财产的限制,最高人民法院和北京市高级人民法院从信托持股内外关系的区分、信托登记公示等方

---

① 参见罗某沛与高某设民事信托纠纷案,宁夏回族自治区银川市中级人民法院(2016)宁01民终1435号民事判决书。

② 参见上海爱建信托有限责任公司等与方大炭素新材料科技股份有限公司股东损害公司债权人利益责任纠纷案,(2020)最高法民再77号民事裁定书。

③ 参见北京天文弘建筑装饰集团有限公司与中信信托有限责任公司股东损害公司债权人利益责任纠纷案,北京市高级人民法院(2021)京民申4928号民事裁定书。

面论述得出了相反的结论。而在更早的中信信托与青岛海融案[①]中,最高人民法院认为受托人承担责任与不承担责任均有道理,最终判决受托人承担责任的重要理由是法院认为该案“债权来源存在特殊性”,与信托持股没有关系。

本专题认为,受托人固有财产能否被追索应首先考虑公司法的一般规则。信托固然是一类特殊的法律关系,但首先在外观上受托人就是股东,这与名义股东在法律上的地位是类似的。[②] 无论信托还是代持都是内部关系,不能对抗外部第三人。其次,《信托法》并未规定受托人的固有财产可免于追索。受托人承担责任后也可向委托人追偿,并对信托财产享有优先受偿的权利。至于信托财产本身则更不能免于追索,因为该债务即信托财产本身所生,不属于信托财产独立性可对抗的范畴。最后,从信托基本原理来看,信托关系中的受托人就是信托财产的权利人,可基于这一地位按照信托文件的规定对信托财产进行有效处分,委托人或受益人也不能随意干涉,这不同于代持人或名义权利人,因此受托人作为“真正”的股东就应承担一般的股东责任。信托受托人辩称其不是真正权利人,既没有法律依据,也不符合信托关系的基本原理。

七、委托人去世后信托受益人请求终止信托纠纷

委托人去世后,受益人有较强的动力要求终止信托从而与受托人发生纠纷,受托人因此将承受较大的压力,包括应对受益人提起的诉讼。如在梅某某信托案中,梅某某母亲覃某某起诉受托人要求终止信托,法院最终判决驳回了覃某某的请求,理由之一是并非所有受益人均同意终止信托。因此,为避免委托人设立信托的初衷在委托人去世后被改变,也为避免受托人受到受益人的诉讼或非讼的纠缠,信托文件对信托目的、信托期限、信托终止的条件或不能终止信托的情形等内容应尽可能作清晰、准确的描述,这样即使发生纠纷,受益人也很难获得支持。

---

① 参见中信信托有限责任公司、青岛海融兴达商业管理有限公司追偿权纠纷案,最高人民法院(2016)最高法民终475号民事判决书。

② 最高人民法院《关于适用〈中华人民共和国公司法〉若干问题的规定(三)》第18条规定:“有限责任公司的股东未履行或者未全面履行出资义务即转让股权,受让人对此知道或者应当知道,公司请求该股东履行出资义务、受让人对此承担连带责任的,人民法院应予支持;公司债权人依照本规定第十三条第二款向该股东提起诉讼,同时请求前述受让人对此承担连带责任的,人民法院应予支持。受让人根据前款规定承担责任后,向该未履行或者未全面履行出资义务的股东追偿的,人民法院应予支持。但是,当事人另有约定的除外。”

第26条规定:“公司债权人以登记于公司登记机关的股东未履行出资义务为由,请求其对公司债务不能清偿的部分在未出资本息范围内承担补充赔偿责任,股东以其仅为名义股东而非实际出资人为由进行抗辩的,人民法院不予支持。名义股东根据前款规定承担赔偿责任后,向实际出资人追偿的,人民法院应予支持。”

《信托法》第53条规定了信托终止的情形，并不包括因受益人请求而终止。但该条第1项表明信托文件可以规定终止事由，即可以载明信托因受益人的请求而终止。受益人也可以通过主张信托存续违反信托目的等方式达到终止信托的效果。信托终止后，若信托文件对信托财产的分配未另作安排，则第一顺位的承受者即信托受益人或其继承人。同时，《信托法》第46条规定，全体受益人放弃信托受益权的，信托终止，即受益人可以通过主动放弃权利的方式达到终止信托的目的。

《信托法》第46条位于该法第四章（信托当事人）第三节（受益人），该法第五章是"信托的变更与终止"，第46条情形下的信托终止之后的信托财产分配是否适用第54条归委托人或其继承人所有，《信托法》条文没有明确。根据全国人大常委会法工委的释义，这种情形下的信托终止，信托财产属于信托文件规定的人，信托文件没有规定的，信托财产属于委托人或其继承人。家族信托的受益人一般由委托人指定，如果委托人指定的全体受益人就是自己的继承人，那么全体受益人可通过放弃受益权的方式实现信托财产"一次性回归"继承人。

目前，在我国作为"新生事物"的家族信托历史非常有限，绝大多数的委托人还健在并控制着自己设立的家族信托，后续的"历史演进"还有待观察。

八、债权人申请撤销家族信托或确认信托设立无效纠纷

《信托法》第11条规定了信托无效的情形，第12条规定了债权人撤销权。对于债权人而言，其既可以从信托无效的角度击穿信托，也可以行使债权人撤销权撤销信托，但撤销权行使受1年除斥期间的限制，自知道或者应当知道撤销原因之日起算。同时，根据《民法典》第541条的规定，信托设立5年后（自行为发生时起算），债权人的撤销权消灭。

就《信托法》第12条而言，典型情形即借信托转移资产、逃避债务。一般而言，这要求债务发生在信托设立之前，且信托财产从委托人责任财产中剥离导致剩余责任财产不足以清偿全部债务，从而影响债权人的利益。《信托法》第6条明确规定，设立信托，必须有合法的信托目的，因此以避债为目的设立信托是不受法律保护的。通常所说的信托的债务隔离功能主要是指在债务发生前未雨绸缪设立信托，信托设立之后再发生债务的，信托财产在债务发生之时就不属于委托人的责任财产，因此不会损害债权人的利益，信托受到法律保护。

《信托法》第11条列举了6种信托无效的情形，前5种是具体的情形，第6种是兜底规定。该条第1项"信托目的违反法律、行政法规或者损害社会公共利益"应仅限于法律法规中的效力性强制性规定，与《民法典》及学说保持一致。真正的家族信

托不会因为信托目的不合法而无效。但根据法律行为的一般规则,违反法律、行政法规的强制性规定的民事法律行为无效。因此,只要信托违反了强制性规定就会无效,而不仅限于信托目的。实践中,信托无效也不仅限于违反法律和行政法规,也可能因违反规章而被认定无效。①

信托的设立以合同形式最为常见,但信托合同与信托并非同一法律关系,前者本质上是合同关系,后者则是信托法律关系。《信托法》条文并未刻意区分信托合同法律关系与通过合同所设立的信托法律关系。《信托法》第11条所述的"有下列情形之一的,信托无效"不仅指信托关系无效,也指信托合同无效。《信托法》第54条规定了信托终止时信托财产的处理规则,根据《信托法》第53条的规定,信托终止包含信托被撤销、解除的情形,但并未规定信托无效的处理规则。此时应适用合同无效的有关规则,如《民法典》第157条的规定。

《信托法》只在第12条规定了撤销信托的事由,即委托人设立信托损害其债权人利益。信托撤销作为信托终止的情形之一,适用信托终止的法律效果,即除信托文件另有规定外,按受益人或其继承人、委托人或者其继承人的顺位确定归属。这一处理明显不能达到债权人行使撤销权的目的,因此债权人信托撤销权本质上应和一般的债权人撤销权(《民法典》第538条至第542条)具有相同的规范意旨,债权人行使撤销权的后果是被撤销的法律行为自始没有约束力,并同法律行为无效适用相同的财产返还规则(《民法典》第157条)。否则,债权人撤销信托并不能起到保护其债权的作用。

九、信托财产执行异议纠纷

信托财产需由受托人来管理、处分,一般需要登记至受托人名下或交由受托人管理控制,但信托财产也非受托人的责任财产,受托人应将信托财产与固有财产区别开来。信托财产的独立性使得通常情况下其不应受到第三人的追索,如果违反规定对信托财产采取强制措施,委托人、受托人以及受益人可提出执行异议。

在武汉市中级人民法院首例家族信托执行异议纠纷案中,债权人因对委托人的诉讼,申请法院冻结了信托资产,在受托人向法院说明了拟冻结资产系信托资产,委托人和受益人分别提出执行异议后,法院一方面肯定了被冻结资产系信托资产,另一方面维持了对信托资产的冻结。本专题认为其做法是值得商榷的,因为所谓"避免委托人转移信托受益权或信托理财回赎资金"对于实现申请执行人的执行目的没

---

① 参见福州天策实业有限公司诉福建伟杰投资有限公司、君康人寿保险股份有限公司营业信托纠纷上诉案,最高人民法院(2017)最高法民终529号民事裁定书。

有任何意义。在一个信托财产执行异议案件中，法院指出，“因法律设定财产保全制度的目的是保障将来的生效判决能够得到执行，而保全他人的财产、保全将来不能用于执行的财产无法实现这一目的，故对其主张不予支持”①。虽然此处针对的是申请执行人提出的保全不同于强制执行这一辩解，但用于武汉市中级人民法院这个案例也十分契合。

如果受托人的债权人要求对信托财产采取强制措施，如前文提到的山东烟台法院信托财产独立性确认案，只要能证明信托关系的有效性以及信托财产可以与受托人固有财产相区分，信托财产也应不受强制执行。

当然以上的前提均是信托本身未受到挑战，如果债权人在信托无效或撤销的诉讼中申请对信托财产进行保全，法院可以根据情况决定是否准许。如果信托本身未受到挑战，信托财产与受托人的固有财产未发生混同，则在法律层面通常情况下不应存在强制执行信托财产的可能。因此，信托合法设立、运行仍然是信托财产受法律保护的基础。

① 参见广东省高级人民法院执行裁定书，(2019)粤执异9号。

第四章　针对家族信托的相关建议

一、信义义务是信托关系中“相关受托人”的法定义务和责任

信托是因信托付，法律将这种信任关系下受托人对委托人所负有的义务称为信义义务，信义义务是受托人的法定义务和责任。《信托法》第 25 条规定了受托人的信义义务，并且自第 26 条以下对信义义务的具体内容进行了细化，包括违反信义义务的法律后果。比如受托人利用信托财产为自身谋取利益的，所得利益将归入信托财产。第 30 条规定，受托人依法将信托事务委托他人代理的，应当对他人处理信托事务的行为承担责任。

信义义务或信义关系在遗产管理、委托、公司与董事等关系中均有体现，但信托关系中受托人的信义义务最为凸显。这是因为信托关系中受托人享有对信托财产管理、处分的权利，在法律上，受托人就是信托财产的真正权利人，只是权利的行使必须是为了信托目的或受益人的利益。但由于信托财产完全脱离了委托人的掌控，更不受受益人的制约，所以必须在制度上对受托人施加限制，避免道德风险的发生，这便是信义义务产生的原因。信义义务是受托人的法定义务，同时是一种抽象义务，即其具体内容不以法律明文规定为限。

对于受托人而言，其履行受托职责必须合乎信义义务的要求。在“托孤信托”案中，无论案涉股权的权属从法律乃至道义上应作何种评价，所涉信托受托人的行为显然违反了信义义务，这正是该案在互联网上引起强烈反响的重要原因。信义义务可以通俗地表达为“受人之托，忠人之事”。受托人是为了受益人利益进行管理或者处分，因此受托人的信义义务并非忠于委托人的任何指示或意见，一般而言，对委托人的意愿的遵循应以信托文件为依据，此即“意思冻结功能”，特别是在他益信托中，委托人的事后意见可能会损害受益人的利益。委托人事后的意愿如果没有信托文件的依据且与信托文件相冲突，受托人应予以拒绝，否则造成损害的受托人应承担赔偿责任。受托人根据信义义务的要求，有所为有所不为才能维护受益人的利益乃至维护信托的效力。

二、委托人需“真信真托”，信托意愿决定了信托是否会被“击穿”

信托财产“独立”于委托人，这是有效信托的必要条件，如果只是名义上设立了信托，但实质上委托人通过各种方式支配信托财产，受托人沦为委托人的工具，说明委托人并没有真正的信托意愿，如果仍然肯定信托的隔离性，无疑是使得信托成为委托人规避债务、实现不法目的的工具。

“真信真托”首先要求委托人基于合法目的设立信托，如果目的不合法，信托有效性必然存在巨大风险，债权人等利害关系人极可能击破信托；“真信真托”还要求委托人合理把握自身与信托财产的联系，如果委托人对信托财产“恋恋不舍”，过度控制信托，则仍可能被“击破”。

在张某案、潘某陶案等案例中，我们可以看到委托人实质上具有支配信托财产的权利，信托也因此被“击穿”，但法院并未对信托本身的效力进行否定，而只是支持了相关权利人对信托财产的追索。换言之，信托仍然可以合法存续，只是根据判决，信托对特定的权利人将不再具有财产隔离作用。

三、家族信托与家风建设，“两手抓两手都要硬”

家族信托本质上是一个法律工具，但是再缜密的工具也会有漏洞。即使工具本身没有漏洞，子孙后代如果不能体会前人的良苦用心，不停地通过诉讼方式挑战信托，信托的目的也会大打折扣。因此，家风建设同样重要，要让家庭成员正确看待信托的传承意义。信托不仅仅是财富传承的工具，更重要的是借助信托传递一种优良的家风、价值观，这是比财富的传承影响更为深远、意义更为重大的一个方面。

孟子说：君子之泽，五世而斩。古语又云：“道德传家，十代以上，耕读传家次之，诗书传家又次之，富贵传家，不过三代。”可见，古人早就认识到了仅有财富的传承是远远不够的，财富归根结底是由人来支配的，在不同的人那里，财富有不同的意义，起到不同的效果。《民法典》第 1043 条规定：家庭应当树立优良家风，弘扬家庭美德，重视家庭文明建设。这是在法律层面上提出要重视家风的建设。

在重视家风建设的同时，也要充分利用信托等财富传承工具，将两者结合起来，实现最优的传承效果。无论是家风的传承还是财富的传承，都不是一朝一夕的事情，财富的传承要充分考虑传承需求、家庭情况、工具选择等因素。财富传承与财富管理是紧密联系的，需要专业人士的参与和帮助，并且尊重专业人士的意见，让专业的人来做专业的事，才能尽可能地避免风险和隐患。许多高净值人士没能提前做好传承规划和预案，或者虽然做了规划和预案，但缺少专业人士的协助或忽视专业人士的意见,导致传承规划出现问题甚至完全没有发挥作用,令人遗憾。

"前事不忘,后事之师",诸多案例可以让我们借鉴和反思。许多高净值人士在开创事业的过程中可谓"筚路蓝缕,以启山林",需要传承的不只是事业或财富,更是一种开拓进取的精神。"创业难,守业更难",创业者历经千辛万苦打下基业后,不得不面临的问题就是如何做到基业常青而不是昙花一现。在这个意义上,高净值人士应当把守业当作创业来严肃对待,给予足够的重视和投入。家族信托相比其他传承工具,最能满足财富的长远传承以及财富传承与精神传承并重的需要。

结　语

本专题梳理了多个家族信托知名案例,这些案例虽然反映的主要是家族信托所面临的种种风险和挑战,但目的是后来者可以"避雷"。通过这些案例我们可以看到,有哪些事情在家族信托中是不能做的,有哪些事情在家族信托中做了是有风险的,有哪些事情是仅靠家族信托所不能解决的。这些"反面教材"并不是说明家族信托是一个不可靠的传承工具,而是通过一个个案例告诉我们遵守信托规则的重要性。这些案例说明,如果我们的家族信托能够规范地设立、运行,财富的传承是可以得到保障的,被"击穿"的信托几乎都是因为存在严重违反信托规则的情形。家族信托是财富的传承工具,不是实现非法目的的工具。家族信托能承载多少期待,最终还是取决于我们能否合理利用它。